[英] 约翰·巴肯 著
梁力乔 译

索姆河战役

第一次世界大战的幽灵

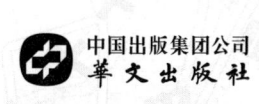

中国出版集团公司
华文出版社

图书在版编目（CIP）数据

索姆河战役 / (英) 约翰·巴肯著；梁力乔译. -- 北京：华文出版社，2019.7

（华文全球史）

ISBN 978-7-5075-5157-0

Ⅰ. ①索… Ⅱ. ①约… ②梁… Ⅲ. ①索姆河战役 (1916)—史料 Ⅳ. ①E194.4

中国版本图书馆CIP数据核字(2019)第141625号

索姆河战役

作　　者：	[英] 约翰·巴肯
译　　者：	梁力乔
选题策划：	盛世章
插图供应：	029—85504182
责任编辑：	毛娟
出版发行：	华文出版社
社　　址：	北京市西城区广外大街305号8区2号楼
邮政编码：	100055
网　　址：	http://www.hwcbs.com.cn
电　　话：	总编室010—58336239
	发行部010—58336212
经　　销：	新华书店
印　　刷：	三河市国英印务有限公司
开　　本：	710×1000　1/16
印　　张：	18
字　　数：	235千字
版　　次：	2019年11月第1版
印　　次：	2019年11月第1次印刷
标准书号：	ISBN 978-7-5075-5157-0
定　　价：	75.00元

版权所有　侵权必究

出版前言

随着中国开放的大门的越开越大,关注世界各国尤其是西方国家文明的源流、发展和未来已经成为当下世界史研究的一个热点,为了成系统地推出一套强调"史源性"且在现有世界史出版物中具有拾遗补阙价值的作品,我们经过认真论证,推出了"华文全球史"系列,首次出版约为一百个品种。

"华文全球史"系列从书目选择到人名地名的规范,从书稿中图片的采用到译者的确定,都有比较严格的遴选规定、编审要求和成稿检查,目的就是要奉献给读者一套具有学术性、权威性的高质量的世界史系列图书。

书目的选择。本系列图书重视世界史学科建设,视角宽阔,层级明晰,数量均衡,有所突出。计划出版的华文全球史中,既有通史,也有专题史,还有回忆录,基本上是世界历史著作中的上乘之作,同时也是填补国内同类作品出版的空白。

人名地名规范。本系列图书中人名地名,译名规范,重视专业性。同时,在人名翻译方面,我们坚持"姓名皆全"的原则,加大考据力度,从而实现了有姓必有名,有名必有姓,方便了读者的使用。另外,在注释方面,书中既有原书注,即完整地保留了原著中的注释;也有译者注,又体现了译者的研究性成果。

书中的插图。本系列图书的一个重要特征是书中都有功能性插图，这些插图全方位、多层次、宽视角反映当时重大历史事件、或与事件的场景密切相关，涉及政治、军事、经济、社会、外交、人物、地理、民俗、生活等方面的绘画作品与摄影作品。全景插图与文字结合，赋予文字视觉的艺术，增加了文字的内涵。

译者的确定。本系列图书的翻译主要凭借的是一个以大学教师为主的翻译团队，团队中不乏知名教授和相关领域的资深人士。他们治学严谨，译笔优美，为确保质量奉献良多。

"华文全球史"系列作为一套具有较高学术价值的优秀的世界历史丛书，对增加读者的知识，开阔读者的视野，具有积极的意义。但也要看到，很多西方历史学家虽然也包含着一些正确的即符合事实的观点，但很多都存在错误的历史观，甚至还有较多的史实的歪曲，对于这些，我们希望读者不要不加分析地对它们全盘接受或全盘否定，而是要批判地吸收外国文化中有益的东西。

华文出版社
2019 年 8 月

协约国军队正在索姆河附近的战场上修路

索姆河战役中使用的重型炮弹

索姆河战役中佩戴防毒面具的机枪手

为回到前线战壕的士兵们配发子弹

1916年7月1日下午的一次点名

设在德军阵地后方的火炮观测站

清理通往孔塔尔迈松的公路

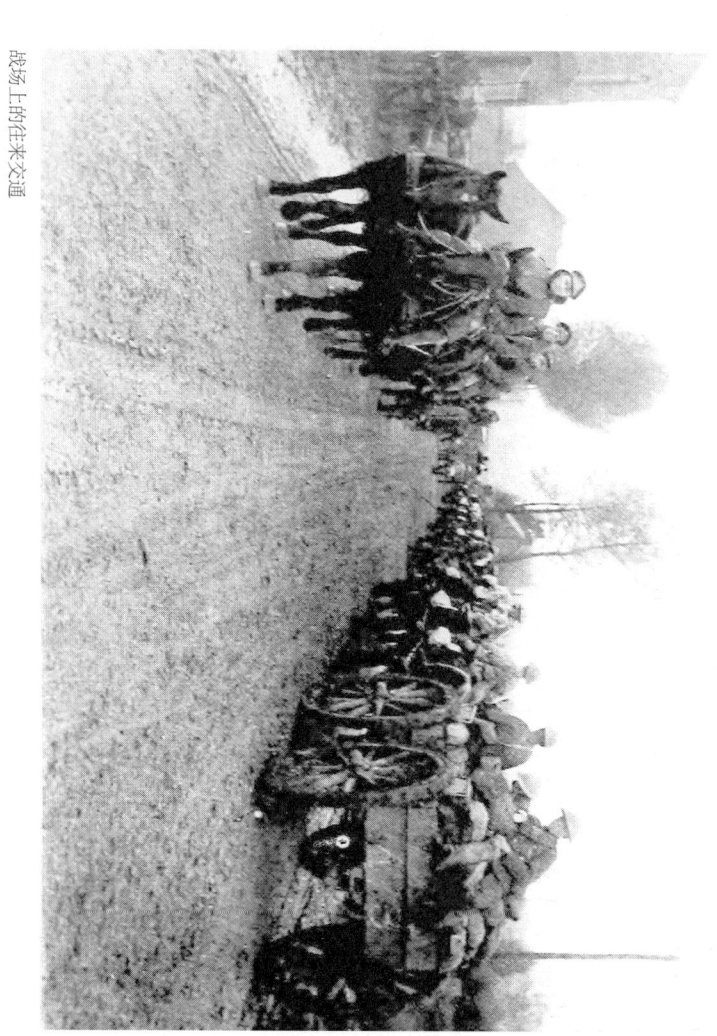
战场上的往来交通

准备冲锋的加拿大士兵

靠近蒂耶普瓦勒的战壕

在占领隆格瓦勒后,苏格兰高地警卫团的乐手们为士兵们演奏

位于奥维莱尔地区的战壕

占领蒂耶普瓦勒后的一名士兵

战壕中被换下来的加拿大将士

伍斯特团的将士准备冲锋陷阵

十五英寸口径的炮弹

一支被替换下来的加拿大部队遇上了向前线运送弹药的补给队

英军在泥泞中拖曳重炮前进

重炮正在瞄准目标

重炮正在轰击

目 录

001　第 1 章
　　　序　曲：索姆河战场态势与交战双方的战前准备

027　第 2 章
　　　第一阶段：摧毁德军第一道防御体系

061　第 3 章
　　　第二阶段：英军大破德军

101　第 4 章
　　　第三阶段：协约国的新式武器、泥泞的战场与骇人的死亡

145　第 5 章
　　　第四阶段：被寒冬"逼停"的战役

165　附录 1
　　　道格拉斯·黑格爵士致英国陆军部的第二封战报

200 **附录 2**
1916 年 7 月德国第四军索姆河战记

227 **附录 3**
索姆河战役地图集

255 **专有名词英汉对照**

第 1 章

序 曲：
索姆河战场态势与交战双方的战前准备

精彩看点

皮卡第省景观——"桑德里亚"——1916年仲夏前的索姆河前线——德军的处境——为什么不可能缩短战线——德军在索姆河地区的形势——协约国的计划——德军的作战部署——英国新军——英国新军的战斗素质——英国新军的武备——英军的作战部署——法军的作战部署——大轰炸——堑壕袭击与毒气进攻——1916年7月1日早晨：进攻开始

从西线前线的法国城市阿拉斯往南,离开阿图瓦的煤矿和酸性土壤,就进入了美丽的皮卡第省。在索姆河蜿蜒的上游河道横切昂克尔河支流河谷形成的一片连续台地上,点缀着一个个小镇和上百条发源于这里的碱水溪流。皮卡第省地势低平。放眼望去,三十英里①内一切景致尽收眼底。除了一座隆起的丘陵,皮卡第省几乎没有海拔高于五百英尺的地方。通常,当地农民们都以村落为单位聚居,而独立的农庄则非常少见。篱笆围不住的、长长的玉米地一直延伸到台地边缘极富皮卡第当地特色的、拱卫着两排杨树的罗马时代的道路旁。灌木丛生长在索姆河和昂克尔河之间抬升的山坡上。有时可以看到林中村落教堂的尖顶从山坡上的树后边"长"出来。索姆河在宽阔山谷的白垩质峭壁上蜿蜒,旁边有一条水流湍急的运河忠实地相伴。运河同"穿过长着密密麻麻杂草的小岛"的乌洱斯河一样有趣,流经之处形成的水域有的像湖泊,有的像大沼泽。同我们英国威尔特郡的小溪一样,昂克尔河也盛产鳟鱼。仲夏时节,山坡上装点着盛开的黄芥菜花、红罂粟花和矢车菊。除此之外,还有佛兰德平原上绿油油的草地、加莱海峡"黑色国度"般的海景、香槟地区阴沉低温的气候及略带一丝奇特忧郁的凡尔登山区。这里多么生机盎然,完全不像受过战火的袭扰。

皮卡第还有另外一个名字,"桑德里亚"。有人认为这个名字是由词组"健康之地"演变而来,还有人认为它来自"洁净之地",因为隐士彼得②就是皮卡第

---

① 使用于英国、美国、前英国殖民地和英联邦国家的长度单位。1英里折合约1609.344米。(本书中除原注外,均为译者注,不再另行说明)
② 隐士彼得(Peter the Hermit, 1050—1115),法国北部城市亚眠的一位修士,第一次十字军东征中的重要人物。他率领平民十字军攻打贝尔格莱德和君士坦丁堡,兵败后加入正规十字军。

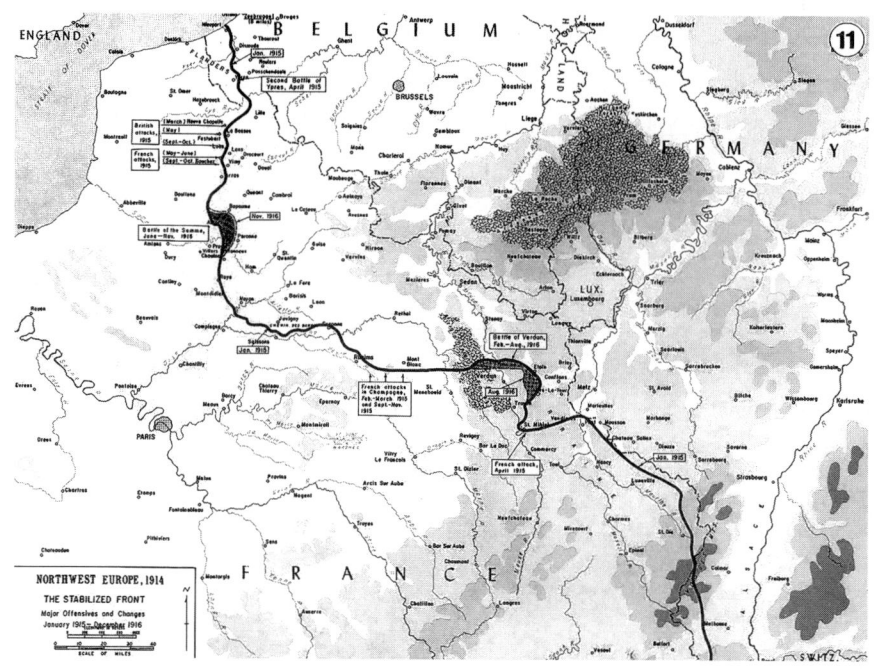

1914年，第一次世界大战西线形势图

人。虔诚的十字军战士①在这里留下了数不清的教堂和其他历史遗迹。另外一些人将这里叫作"血腥的地方"②，这样称呼似乎理由很充分。皮卡第在加斯科涅北边，这里的郊区历来就是兵家征战之地。克洛维一世和查理曼大帝都曾经将政府设在这里；诺曼人蹂躏过这里；英格兰人更是反复蹂躏过这里；路易十一和"大胆"查理曾经在这里兵戎相见；英法百年战争曾经让这里生灵涂炭；德意志人和西班牙人的军队、欧根亲王的潘都尔兵③和沙皇亚历山大一世的哥萨克骑兵曾经在这片土地上行军。1814年，佩罗讷城里开了拿破仑战争的最后一枪。如今，在战争史上规模最大的第一次世界大战中，皮卡第注定又要成为"角斗场"。与这次相比，古代那些著名战役将显得如同街头斗殴一般微不足道。

---

① 1096年至1291年，罗马天主教教皇准许西欧封建势力发兵收复"圣城"耶路撒冷。以此为目的的军队在胸前和手臂上佩戴十字标记，因此得名"十字军"。
② 在法语中这四个名字发音相似。"桑德里亚"原文为"Santerre"，"健康之地"原文为"sana terra"，"洁净之地"原文为"sarta terra"，"该死的地方"原文为"sang terre"。
③ 奥匈帝国军队中的一种部队编制，是一种特殊形式的非正规步兵。

  直到1916年仲夏，皮卡第前线的动静都不大。1914年9月，狂热的"奔向大海"战役①时，卡斯泰尔诺延展了协约国的左侧防线。在卡斯泰尔诺部队更远一点位置的是路易·毛德休伊将军的部队。当时，前线没有什么大动作。凡尔登战役开始前，德军佯攻索姆河，占领了弗里斯和栋皮埃尔②的一部分。有时，双方阵地局部会发生交火，但彼此战壕都没有遭到严重破坏，而两军也没有将对手对自己阵地偶然发动的局部进攻当回事。法军阵地后不远就是工业重镇亚眠，而对面德军阵地的背后则是圣昆廷、康布雷和拉费尔。在这个地区，只有发动一次兵力投入大、持续时间长的进攻才能收到战略上的效果。1915年7月，英军控制了阿拉斯-索姆河一带的绝大部分战线。将士们在新战壕里度过了一个平静的冬天。然而，勤劳的德军抓住英军停滞不前的机会，将白垩质的山体改造成自诩为"坚不可摧"的堡垒。德军本来就占据了地利，现在倾一切科技手段将自己的"堡垒"筑得更坚固。可以这么说，尽管在欧贝岭、朗斯和维米岭，德国最高统帅部或许都打了败仗，但毫无疑问，德军在皮卡第的阿尔贝高地防线固若金汤。

  德军在西线的计划是在马恩河和伊普尔对协约国发起进攻（被协约国挡住），然后用少量宪兵和强大的火力守住阵地，并在东线赢得一场决定性胜利。然而，俄罗斯军队坚决执行"弃地保人"的战术，因此德军的战果无法扩大。1915年与1916年之交的冬季，德军最高统帅部开始变得焦躁不安，在德维纳河和巴尔干半岛发起的一系列攻势都无法动摇协约国坚守到底的决心。在十八个月的血战中，协约国积累了丰富的对德作战经验。在兵员方面，协约国已经开始占优势。而在武器装备水平上，协约国也将很快追平德国。古代叙利亚王对部将们说："无论大小将兵，你们都不要与他们争战，只要与以色列王争战。"③协约国的将领们似乎从这句话中汲取到经验。他们不再各自为战，并且变得团结一致。显然，德国这个"以色列王"并不希望局势这样发展。

---

① 从1914年9月到1914年10月，英法联军与德军曾经在瓦兹河-加莱海峡一线长期对峙。在这次战斗中，德军伤亡十三万人，而英法联军伤亡十万人。
② 地名，位于法国北部，索姆河东南方。
③ 出自《圣经·列王记上》。这里取比喻义，指协约国明白了要集中兵力打垮德军的道理。

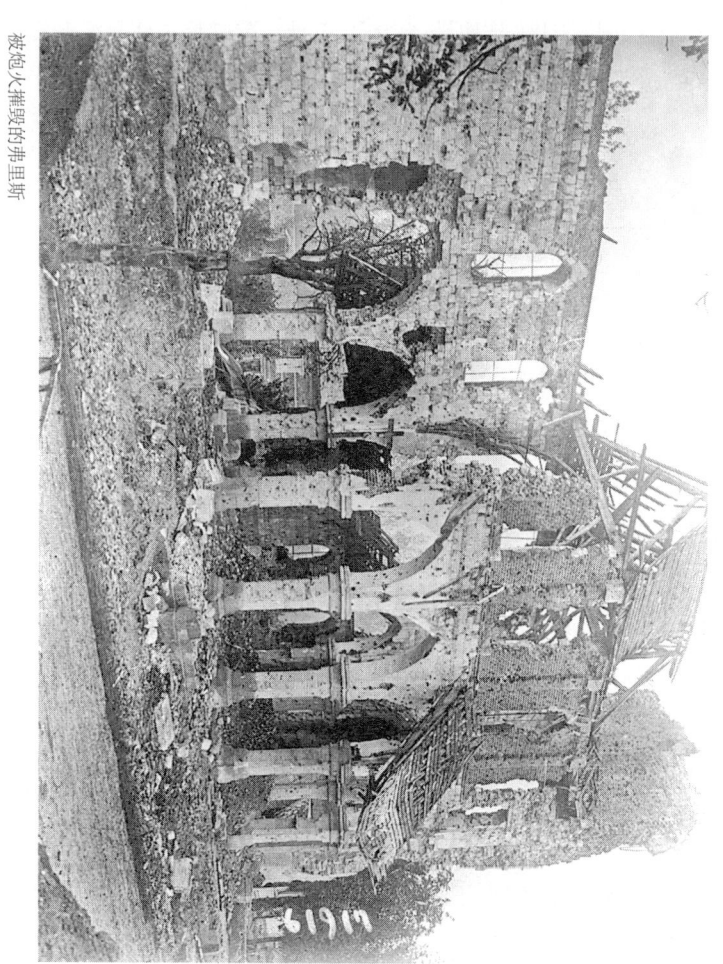

被炮火摧毁的弗里斯

工业重镇亚眠

现在，引用法国元帅斐迪南·福煦说过的一句名言："如果一支部队战斗力下降，一定是因为它总在发动进攻。"1916年年初，同盟国正处于一种"总是发动进攻"的状态，其财力也因此持续"大出血"。同盟国告诉民众，他们已经赢得了战争，但民众总有疑问：胜利的果实是什么？同盟国的民众害怕协约国即将发动大举进攻，因为协约国一定会从所有战线上全力出击，并且协约国必胜无疑。实际上，上述想法才是促使德国发动凡尔登战役的真正原因。在估计自己对手这件事上，德国人总是一厢情愿。他们竟然以为靠发动一场进攻就可以大大削弱法国军队的战斗力，让法军无力再发动进攻，然后坐等疲惫不堪的法国前来议和。此外，德国还希望诱使协约国在时机不成熟时就仓促进攻。这样一来，德军可以轻易中断协约国的攻势，然后分割歼灭它们的军队。

当然，德国的美梦并没有成真。亨利·菲利普·贝当元帅亲自坐镇凡尔登指挥部队，犹如战神下凡。他的指挥风格看似保守，实则高明。亨利·菲利普·贝

亨利·菲利普·贝当

当元帅从不让一支军队在交战时跟对手死拼。哪一个师如果面临遭到重创的危险，那么亨利·菲利普·贝当元帅就让这个师从火线上撤下来，并且由另一个师顶上。于是，所有师的建制都可以保留。只要德军付出了代价，亨利·菲利普·贝当元帅就很乐意"让出"占领的土地。亨利·菲利普·贝当元帅的目标不是"寸土不让"，而是要借"放弃土地"埋葬德国的野战部队。他成功了。正如法国方面报告的那样，德军被死死地"拖"在了凡尔登战场的壕沟前。德国不得不看着自己眼中的"胜利"一点点化为泡影的同时还要坚持下去。凡尔登成了一个将德国军队的鲜血逐渐吸干榨净的巨大陷阱。在得到西线大元帅约瑟夫·霞飞将军的同意后，英军在一侧偃旗息鼓，静待良机。

1916年6月月初，奥匈帝国军队进攻特伦蒂诺，却被意大利军队牢牢抵住。在东线，奥匈帝国军队又被俄罗斯军队打得大败，不到一个月时间就损失了近五十万军队。这时，奥匈帝国这个虚弱的二元君主制国家不得不向德国求援。"战无不胜"的保罗·冯·兴登堡被迫卷入这桩麻烦事中，将西线没有作战任务的师全部调去增援奥匈帝国军队。一旦德军在东线吃紧，英法就可以在西线放手一战，从而给德国一记重击。

这时，德国局势错综复杂，举步维艰。德国国内的精壮兵马已经所剩无几，所有伤愈等待归队的士兵和将在1917年完成训练的新兵都要上战场弥补损失。如果要建立新的师，就必须放弃旧师的番号。德国可供调遣的战略预备队同样所剩无几，他们要么深陷凡尔登泥潭，要么被保罗·冯·兴登堡派到东线战场，如果在某些地区临时能有几个空闲的师将再好不过。除此之外，德国只能在防线上"挤牛奶"了：从这一处抽调一个营，再从另一处抽调一个营，然后将它们合成一支"预备队"。这是一个既麻烦又浪费时间的权宜之计。且不说德军通过这种战术抽不出新的生力军，由于调出的都是征战已久的营队，精力难免下降，而他们的离开更让原来守卫的防线漏洞百出。在西线，德国的战线拉得很长，从北海之滨到苏瓦松，再从苏瓦松一直到凡尔登。哪怕只打开一个缺口，协约国都能让德军全线陷入危机。俄罗斯野战部队机动性强，可以从华沙和维尔纽斯从容撤退。然而，凭借坚固的堡垒防御十八个月的德军要想大规模快速撤退只能依

在凡尔登战场,法军与德军短兵相接

特伦蒂诺战役中被炮火摧毁的阿夏戈

赖汽车。德军西线的"坚固"恰巧又变成它的弱点。如果在一条灵活的防线上被对手打开一个缺口,要补上很容易。但如果是一条固定且复杂的防线被打开缺口,除非时间不受限制且兵源充裕,否则缺口难以填补。显然,德军没有这么多兵员,协约国也不会给德国这么多时间慢慢填补防线缺口。

有人可能会争论说,1916年6月,德军做了一件聪明的事:后撤军队,缩短防线,集中力量固守。协约国的炮击开始后,德国人肯定考虑过撤退。德国第十七军的步兵指挥官接到命令,被要求做好"长途行军,打大规模后卫战,坚守后方的桥头堡"的准备。而军官们也被告知,撤退"可能会受到协约国威胁"。如果德军真的贯彻了撤退计划,就只能说协约国运气不佳,进攻计划生不逢时。然而,德军的撤退计划执行起来并不容易。1916年5月31日,同盟国获得了海战胜利。胜利带来的虚荣堵住了德国陆军的退路①。通过一次又一次胜利,英国海军对德国形成围堵,对于这种状况,德国人已经受够了。德国首相凭借在日德兰取得的胜利,迫使英国人低头看地图衡量德国占领领土的面积,承认是对手打了胜仗。莱茵哈特·舍尔是少数不符合斐迪南·福煦元帅"军事智慧"定义的优秀将领之一。"他既不在乎自己是否懂得战争地理,也不在乎自己可能因此失败——莱茵哈特·舍尔唯一在乎的重大使命就是击溃对手的军队。"

然而,即使战略上处于劣势,德军的西线据点依旧极为坚固。德军仍然牢牢控制着阿拉斯以南的高地。德军在前线第一阵地设有兼具火力、支援、备用等不同功能的战壕体系,将一个个地洞与野战炮兵阵地如迷宫一般连接起来。第二阵地位于第一阵地往后一段距离,它的配置和第一阵地并无二致。而第三和第四阵地也可以快速与后方德军设防的村庄和树林建立联系,十分坚固。德军的铁路从拉费尔延伸到拉昂、康布雷和圣昆廷。此外,还有很多正在建设的轻型铁路。四通八达的铁路交通线为德军的防御提供了有力支持。德军不仅有齐备的火炮、充裕的弹药和数不清的机枪,而且有作战经验丰富、操作技术熟练的老

---

① 指日德兰海战。德国海军凭借高超的素质,用舰船吨位六万两千三百吨这样相对较少的损失,给英军造成了舰船吨位十一万三千三百吨的大损失。虽然从这以后德国海军舰队就被英军封锁,再无作为,但给英军造成的重大损失确实大大振奋了德国军民的士气。日德兰海战是海战史上唯一一次双方都宣称自己胜利的战役。

兵。西线上没有第二座"堡垒"能和德军的相比。就连曾经重挫奥匈帝国军队的俄罗斯军队来到法国后，看着德军那庞大"堡垒"的一角也目瞪口呆。相比之下，俄罗斯军队觉得自己之前在东线的波兰和加利西亚战场遇到的零散而不连贯的德军东线防线根本就是匆匆完成的潦草作品。

德国人一心想通过防守尽全力打退对手的进攻，守住自己投入无数个月修建起来的坚强堡垒。这时的德国前线更像是一堵防御的墙，而不是一支进攻的长矛。

谈到这里，必须说明一点：协约国最高统帅部并不打算借占领巴波姆、佩罗纳或圣昆廷为法国收复多少平方英里失地。从严格意义上说，"占领"不是目的。只要协约国能借向德军防线进攻持续向同盟国军队前线施压，占领上述地区就将水到渠成。

自1914年战争爆发以来，全世界都在讨论突破德军防线的方法。几个月前，军事评论家们指出不要试图在狭窄地带贸然突破德军防线，因为那样最多只能在战场上产生一个对己方不利的突出部。相反，如果选择在开阔地带突击，既方便突击部队扩大口子，又能拖延时间，延迟对手的增援部队从后方加强防线。可惜，军事评论家们还是太小看德军的防御能力了。毫无疑问，协约国能在德军阵地上"开口子"，但与此同时付出的代价也是巨大的。由于仅凭炮火覆盖无法摧毁德军防线，进攻的步兵始终要面对幸存下来的铁丝网和胸墙后的守军，最终，协约国普遍接受了"循序渐进"的进攻策略。在每次步兵进攻前，协约国在炮火方面先对对手的防御阵地做充分的准备。此外，由于进攻耗时很长，在每个不同的阶段担负进攻任务的部队都应该是新部队。

德军在凡尔登对协约国使用过上述战术策略，经验证有效。那么德军为什么攻不下凡尔登呢？首先，在发起进攻一周后，德军的攻势开始变得零散，宏大的战略计划变得支离破碎。在毫无希望的几次冲锋中，德国步兵被射杀殆尽。此外，在进攻开始后，德军居然还中断攻势几天，给协约国军队提供了喘息和重整旗鼓的机会。其次，由于上述原因，德军在凡尔登发起的初期攻势最终失败。这时，在人数、士气和武器装备方面，德军都已经不占优势。协约国即将在索姆河

莱茵哈特·舍尔

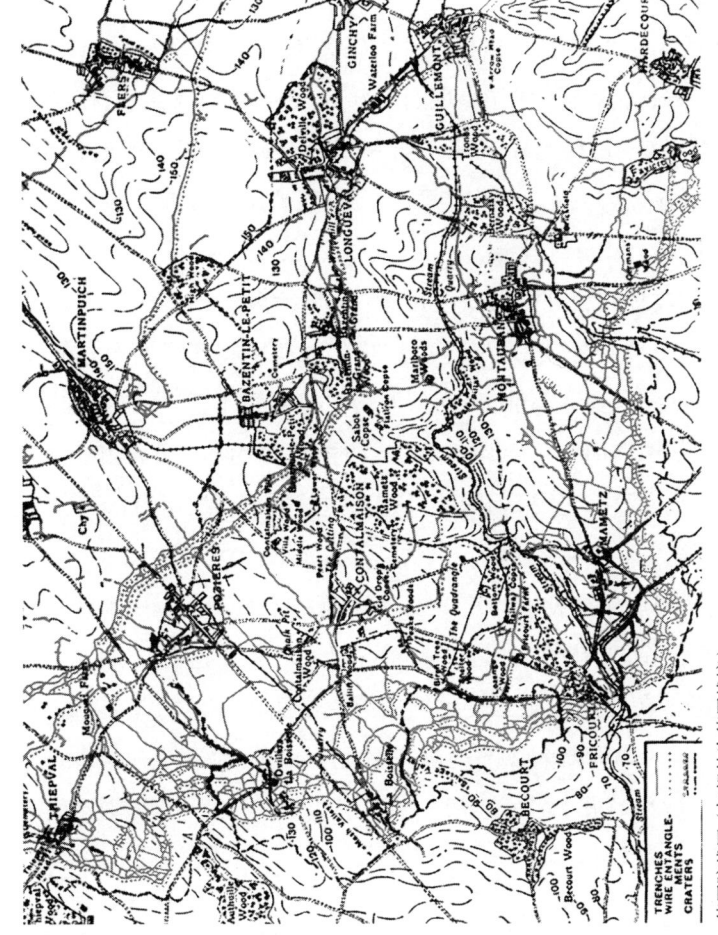

德军防线图（加粗处为德军战壕）

左下角图例：Trenches——战壕；Wire Entanglements——铁丝网；Craters——散兵坑；Railways——铁路线；Roads——公路线

地区发动进攻，而他们不打算像德国在凡尔登一样有所放松。只要天公作美，协约国军队就有信心在索姆河前线持续发挥很高的作战潜力。

通常，一个简单的比喻不足以阐释一个战略上的大问题。但从协约国的角度看，德军西线防线犹如一个紧绷到接近极限的橡胶圈，只要稍微用力多扯几下就会崩断。如果不施加巨大压力，那么德军的损害就会小一点。此外，也有人将德军西线防线比作"平原国家的石堤"。传说有一个平原国家，建设所需的石料全依赖进口。一次，洪水冲破了堤坝的一部分，因此不得不用所有的储备石料堵上缺口。然而，这些备料无济于事。为了继续堵住缺口，只好被迫拆掉堤坝不受洪水威胁的部分。这样持续一段时间后，一旦某天突然袭来一个大浪，整个堤坝就会毁于一旦。

协约国的进攻还有另外两层次要用意：一是缓解1916年6月以来已经进入白热化状态的凡尔登局势，二是借这次进攻阻止德军将西线的兵力东移，否则这会给阿列克谢·阿列克谢耶维奇·布鲁西洛夫将军的计划[①]造成灾难性后果。不过，道格拉斯·黑格爵士更愿意延后进攻时间，因为他的人员和武备正在扩充，而新兵的训练也没有完成。但即使是延后进攻时间，协约国也不会将它拖到仲夏以后。

德军在索姆河的前线由第二集团军右翼把守。第二集团军原来由卡尔·冯·比洛指挥，而现在的指挥官是奥托·冯·贝洛[②]。起初，第二集团军只防守蒙希南部地区，在巴伐利亚王储率领的第六集团军驻地的北部。1916年6月月底，在戈默库尔－弗里斯前线的德国守军配置如下：在昂克尔河北部驻扎着第二禁卫预备师[③]和第五十二师，在昂克尔河和索姆河之间则驻扎着第十四预

---

① 即采用"一点主打、多点同打"的战术，在东线从波兰普里佩特沼泽地出发，延伸三百英里，直至奥匈帝国阵地末端的广阔战线上发动大规模进攻。这次进攻不仅击毙、打伤、俘获了大量奥匈军队官兵，更将大量德军兵力从西线战场吸引至东线，有效缓解了凡尔登前线协约国军队的压力。
② 他的哥哥弗里茨·冯·贝洛当时指挥着东线左翼的第八集团军。——原注
③ 并不是严格意义上的禁卫军部队，只是作为预备队而已。德军真正的禁卫军由禁卫第一师、禁卫第二师组成。而禁卫预备军由被称作"金龟子"师的禁卫第三师、禁卫第四师和禁卫预备第一师组成，不隶属于任何军。——原注

备军①的第二十六师和第二十八预备师及第六预备军的第十二师。而在昂克尔河南岸，通往佩罗讷的道路由隶属于但泽第十七军的第一百二十一师、第十一师和第三十六师负责把守。

两年内，英国远征军的规模从开战初期的六个师迅速扩展到七十多个师，这还不包括印度和其他殖民地派出的殖民地军队。除此之外，受过训练的国内预备兵力还可以支撑一年。英军的数量和质量都很出色，而无论是补给、交通、医疗能力，还是空军力量也都得到普遍认可。虽然参谋和情报工作部队是最难发展的部队，但英军的参谋和情报部队现在已经达到世界最先进水平。英军的枪炮射击技术得到了精于射击技术的法军的称赞。可以说，英军全面发展，各部队之间一时难分伯仲。英国远征军的原班人马，也是世界上最善战的"老兵油子"们，基本已经在之前的战斗中打光了。英军的本土自卫部队已经经历过伊

伊普尔战役

---

① 第十四预备军是一支由各个地方的人混编的部队。这支部队名义上在巴登建立，实际包括符腾堡人、普鲁士人和阿尔萨斯人。一战开始时，第十四预备军是跨越孚日山脉的冯·海伦根第七集团军的一部分。1914年10月，这支部队被转调给第二集团军，此后一直驻扎在索姆河以北。第十四预备军由第二十六、第二十八预备师组成，后来又加入1915年年初新编成的第五十二师。索姆河战役时，第十四预备军由冯·施泰因将军指挥。——原注

普尔战役的洗礼，而新军营也经受了霍格和洛斯地区战斗的考验。1916年6月，"新"军早已经是作战经验丰富的老部队了。但从某个角度来说，全体英军都是"新"的。蒙斯战役结束后，那些著名老团的士兵已经换了一茬，而顶替他们的全是新兵。唯一的区别是，在那里有光辉历史的老营队中已经有了作战传统，新的营队急需创建自己的传统，但也很快创建起来了。如果说第一次伊普尔战役锤炼了大英帝国的旧陆军，而第二次伊普尔战役锤炼了大英帝国的本土自卫部队，那么新军的成长则归功于他们在洛斯的四英里冲锋。1916年6月，在皮卡第新建的英军不仅不是拼凑出的花架子，而且是大英帝国男子汉中的精华。战士们虽然来自四面八方，但都拥有同样的决心、纪律和勇气。

随着军队员额增加，前线军备的规模相应扩充。1915年4月至1915年5月，在伊普尔前线待过的人都知道德军的炮火有多么猛烈，而英军的还击是多么微不足道。1915年9月，洛斯的情况有所改善。英军已经可以对德军发起猛烈的炮火打击，但炮火的持续性显然不够，因此无法将德军防线彻底摧毁。1916年6月，英军前线阵地已经遍布火炮：大大小小的野战炮、数不清的野战炮，还有多得足以摆满整条战壕的迫击炮。炮兵的弹药储备可以满足每天巨大的消耗量，而后方工厂还一直在加班加点扩充军备。英国造出了足够本国军人使用，并且消灭敌人的战争机器。

英军顶着恶劣天气做着耗时且复杂的战前准备工作。道格拉斯·黑格爵士这样形容："我军新建起很多英里的标准轨、窄轨铁路及战壕缆车，加固了已有道路，建造了很多条新道路，并在我军必经的沼泽山谷地带为步兵建起了进攻堤道。我军还需要加筑第一个地坐，作为部队住所，伤员救助站成为囤积弹药，供水及工程建材的仓库。此外，我军还需要开挖几十英里的深交通壕，以及用于架设电话线、步兵突击、安放火炮和供前线观察使用的战壕。除了驻扎在河谷地区的部队，战区中其他部队都面临水源供应不足的大问题：当地的水资源无法满足战备工作时集结起来的人、马所需。因此，为了确保部队进攻时的水源供应，我们在前线打了很多眼水井，安装了很多个水泵，铺设了一百二十多英里长的输水管线。"

艾尔默·亨特-韦斯顿

上将亨利·罗林森爵士的第四集团军首先发起进攻。大战初期，上将亨利·罗林森爵士负责指挥第七师，随后在洛斯指挥第四军。上将亨利·罗林森爵士率军作战的前线南起戈默库尔，穿过昂克尔河谷，与法军战线北部的马里库尔相连。第四集团军下辖五个军，依攻击线次序从左至右分别是由中将艾尔默·亨特-韦斯顿爵士率领的第八军、由中将托马斯·莱思布里奇·纳皮尔·莫兰爵士率领的第十军、由中将威廉·普尔特尼爵士率领的第三军、由霍恩中将率领的第十五军和由维多利亚勋章[1]获得者沃尔特·诺里斯·康格里夫中将率领的第十三军。第四集团军后方是主要由骑兵师组成的、被称为第一预备部队，后来被叫作第五预备部队的集团军核心部分，由上将休伯特·高夫爵士[2]指挥。如果战况需要，那么第五预备部队还会被混编入步兵部队。

---

[1] 即"维多利亚十字勋章"，是英国最高级的军事勋章，奖励给对敌作战中最英勇的人。它可以被授予军中担任任何职务、处于任何级别的人，以及战时接受了军事命令的平民。
[2] 上将休伯特·高夫爵士（General Sir Hubert Gough, 1870—1963）是道格拉斯·黑格爵士的爱将之一，在第一次世界大战期间军衔晋升飞快。

威廉·普尔特尼爵士

沃尔特·诺里斯·康格里夫

法军进攻部队第六集团军部署在横截索姆河的马里库尔-费村一线。第六集团军原本是卡斯泰尔诺的部队,现在由马里·埃米尔·法约勒将军负责指挥,而这位将军是法军最优秀的炮兵将领之一。第六集团军由巴尔富里耶将军指挥的、曾在凡尔登建立威名的第二十军①,布莱德莱特将军指挥的殖民地第一军,以及阿洛尼埃将军指挥的第三十五军构成。亨利·菲利普·贝当元帅高明的"不让任何一个师拼光"的计策收到了回报。现在参与进攻的各师都是经历过恶战

马里·埃米尔·法约勒

---

① 第二十军由第十一师、第三十九师和第一百五十三师这三个师组成。军队成员都是法军中最善战的,有的来自巴黎街头,有的来自洛林的乡野。第二十军的三个师都有"铁师"的美誉。除了凡尔登战役,第二十军在路易·毛德休伊将军带领下于1914年10月在阿拉斯、1915年夏在阿图瓦打出漂亮的防御战。1915年夏,第二十军又转战阿图瓦地区。1916年2月26日,第一百五十三师一手扭转了法军在杜奥蒙的颓势,并且随后一举收复了阿沃库尔堡垒。——原注

的部队，因此面对大场面能足够冷静。如果有人曾经在1916年6月月底去过法军驻地，就一定会感受到法军轻松活跃的气氛。马里·埃米尔·法约勒将军率领的部队南部驻扎着法国第十集团军。这支集团军原来是德巴尔的部队，现在由米歇尔将军指挥。第十集团军在需要扩大前线时再投入战斗。

1916年6月中旬，英国凭借自己九十英里长的防线，而法国则凭借自己横跨索姆河南北两岸的防线间歇性炮击了德军防线。为了误导德军，不让他们弄清协约国真正发起突击的地点，并顺便摸清对面德军的番号，协约国军队突袭了几处德军阵地，引发双方交火。突袭的形式多样，大部分很成功。有时，协约国军队会施放毒气。然而更多时候，协约国先实施短暂炮击，随后派遣精锐特遣队冲过两军之间的无人区，破坏对手的铁丝网，最后抓一两个战俘回来。这其中，一个来自英国第九高地轻步兵营、由格拉斯哥高地步兵构成的连在韦尔梅勒-拉巴赛道路上的一次行动表现得最突出。由于白天英军的大炮摧毁了德军的防御掩体，德军只能派一个工程队连夜修复。然而，苏格兰士兵们乘虚而入，杀入德军战壕，将里面的情况探了个一清二楚，顺带杀死四十名德国士兵，捕俘四十六名德国士兵，而英军自己只有两人受了轻伤[①]。此外，双方的空中大战也很激烈。协约国必须阻止德国飞机飞越前线的侦察行为。英国空军派出飞机深入德军腹地开展空中侦察和破坏行动。

1916年6月24日星期六，前线的炮击越来越猛烈，炮弹落在德军防线的各个地方，伊普尔、阿拉斯、博蒙阿梅尔和弗里库尔的战壕都被炸毁。我们难以找到衡量如此巨大破坏力的火力准备的方法，但有一位坐在烟云中的冷静观察员在报告中记录称，盟军在从戈默库尔到索姆河以南一到二英里外的火力尤其有序而持久。协约国军队正持续猛烈炮击德军戈默库尔-索姆河南部一两英里外的阵地。1916年6月28日，星期三，从前线观察哨传来的报告称德军的防线似乎已经被完全摧毁。一周前的繁茂小树林如今被炸成一堆像烂电线杆般的枯枝败叶，而曾经的村落也被轰成一片瓦砾。在晚上，如果沿着连接贝蒂讷和亚眠的后

---

① 1916年6月24日到1916年7月1日，索姆河战役打响的前一周，英军在前线绵延十五英里宽的阵地上从四十多个点向德军施放毒气。同一时间，双方在戈默库尔和战场最左侧的伊普尔北部之间的区域交火多达七十余次。——原注

方道路驱车行进，人们势必会为眼前的天空感到惊诧，因为虽然天空看上去尽是划破夏夜的道道闪电，但炮声不大。亚眠离战场大概二十英里，听不到炮声。而五十英里外，伊普尔的炮声大得像整夜擂鼓，在晚上能将人从睡梦中惊醒。因此，当地人将皮卡第省土地上发出炮火怒吼的地方称为"静土"。

1916年6月的最后一周，索姆河上空笼罩着灰暗的阴霾。浓雾让人呼吸不畅，而阵雨则使道路布满泥泞。阴霾下的前线枪炮声大作，似乎大战在即。在前线随处可见忙着转移阵地的士兵，而弹药堆放的位置也向前线的方向移动了一些，接下来要发生的一切已经不言而喻。战场上到处都是一种奇怪的兴奋感，大家都感受到大战就要开始，这场大战将不是昙花一现，而是不分胜负不罢休的大战。然而随着时间流逝，这种大战在即的感觉又似乎并不正确。1916年6月30日下午，一切都改变了。云开雾散，皮卡第终于可以再次拥抱夏日碧蓝的夜空。然而，就在1916年6月30日晚，进攻的命令下达。协约国军队将于破晓三小时后发起进攻。

1916年7月1日，炎热无云。由于过去一周的潮湿天气，天上泛着一层薄雾。1916年7月1日5时30分，阿尔贝以西的小山已经可以为战场提供清晰的视野。在巴波姆隆起的台地后方和索姆河河谷旁边弗里库尔树林附近的山几乎位于协约国攻击区域的中央。站在山上，无论是昂克尔的河谷，还是博蒙阿梅尔和塞尔

炮火轰炸过后的博蒙阿梅尔

隐蔽在树林里的协约国炮兵部队

地区附近的高地,都能看得清清楚楚。这时,东部的山坡已经被烟雾笼罩。风不时吹散烟雾,于是树顶和教堂的尖塔顶就露了出来。德军将阿尔贝当作炮击目标,结果一发炮弹却意外击中了大名鼎鼎的贝布瑞雷斯圣母院教堂。著名的镀金处女像被炸得头朝下倾倒。在协约国战线往后几英里的地方,被俘获的德国侦察气球形如香肠,在阳光下闪闪发光。在长达二十五英里的战线上,火炮不停地怒吼。在战役开打的第一个星期,英军消耗的炮弹数就超过了战前十一个月制造的炮弹总量,甚至只用一天就能消耗那么多。重炮炮弹砸在山坡上,立即炸开。升腾起的尘云准确标记了落点。在炮弹爆炸过的地方,黑白烟雾交替升起,就像秋日法国农田里烧秸秆的画面。弹片拖着白烟,如丝带一般划过天空。随后白烟消弭,化为早晨的点点雾霾。战场上,到处炮声轰轰隆隆,听起来出奇一致,仿佛都是大地做噩梦时发出的呻吟。在战场上待久的人们早就分不清重炮沉闷的响声、抽鞭子声似的步枪声和狗叫声般的迫击炮声的区别了。

1916年7月1日7时15分,猛烈如暴风的英军炮击达到高潮,而这也代表炮击不久就要结束。炮击声仿佛一杆巨大的机枪发出的枪声,响彻整个原野。接着,出现了一幅奇景。德军山坡阵地非但没有被摧毁殆尽,反倒像经受住大潮考验的珊瑚礁,竟然开始对英军喷吐火舌。但在地狱般的场景中,几乎没有人可以活下来。透过夏日高温蒸发的水雾和交战前线上空薄薄的烟,我们可以看到昔日美好的乡村风光在炮战中被炸得粉碎,化为被抛到半空的残砖烂瓦。现在,一种新的声音加入了这场混乱的"大合唱",战场上忽然响起一连串暴风呼啸般的爆炸声,一种新式的杀人小机器——迫击炮投入战斗。有陌生的炮击声从北方逐渐逼近,听起来像德军对英军前线的炮火反击。

参谋军官们盯着手表。当指针走到1916年7月1日7时30分时,炮击的力度突然减弱。静谧持续了一两秒,随后一切回归原样。英军炮火的打击范围已经从德军阵地的前线延展到纵深。炮击形成了弹幕。接着,协约国士兵沿着二十五英里长的战线冲锋,冲过了德军的第一道防线。

第 2 章

第一阶段：
摧毁德军第一道防御体系

精彩看点

突击队的精神面貌——英国的目标——德国的第一阵地——从戈默库尔到蒂耶普瓦勒——博蒙阿梅尔雷场——阶段性成果——"阿尔斯特师"——弗里库尔地区——英军占领马梅斯——占领区环境——英军的行为——法国军队的成功——失去栋皮埃尔、贝克坎库尔、比叙和费村——法国军队小败——占领弗里库尔——法国军队夺取屈尔吕、弗里斯和阿瑟维莱尔——奥托·冯·贝洛的军令——1916年7月3日局势——英军战地的两部分——夺取拉布瓦塞勒——激战奥维莱尔与孔塔尔迈松——占领孔塔尔迈松——占领区小记——林中死斗——马梅斯树林战役——博纳菲树林和特罗恩树林——占领的难度——法国军队杀入德军第二防线——占领贝卢瓦、埃斯特雷和比亚什——道格拉斯·黑格爵士的首次战情总结站在山顶上俯视战场，眼中景象与前线战壕里士兵们见到的大不相同。在第一次世界大战时期，步兵翻越对手战壕的画面是两军交战一决胜负的场景。这时，协约国的士兵们正冲出己方战壕，向前方未知领域进发。月复一月的训练已经让官兵们对战场上的危机感到麻木。在应征入伍前二十个月里，绝大部分英军士兵还生活在和平的环境中。英国士兵来自社会各个阶层，有北英格兰的矿工，内陆工业区的工人、农民和牧民，撒克逊人和凯尔特人的后裔，大学生和码头搬运工，生活在荒野时常要面对危险的猎人，以及通常在周末骑自行车去公园休闲的市民。英国士兵们需要做最坏的打算。普通的战壕作战生活已经是过去时，现在是时候用血肉之躯执行冲击对手钢铁防线的死亡任务了。

　　不过，对有幸在攻势发起前造访前线的人来说，印象最深刻的莫过于一种安静而轻松、愉悦的气氛。战壕里既没有消极怠工之徒，也没有畏惧避战之辈。士兵们的想法或许各有不同，但背水一战的念头相当普遍。

　　英军士兵乐观的天性似乎让可怕的战争变得稀松平常。英军士兵把战争当作日常工作的一部分，他们既不把自己当作大英雄，但也不害怕作战，只是静静地等待着最后时刻的来临。英军士兵对于他们自身的战斗素养、武器装备和战争事业的必胜充满信心。战争的野蛮欲望不见了，转而变成更可怕的、实实在在的决心。用《理查二世》①中诺福克的一句名言形容当时的每个英军官兵简直再恰当不过：

> 我将行止高雅，心情欢悦，像机智嬉戏一样，挺身赴战。②

英军计划战争一开始就夺下德军的第一阵地。本书所附《1916年蒙希-费村前线图》给出了德军防线的大致形貌。地图显示，英军计划攻击的这条德军防线从北至南途经戈默库尔，自东向西分别经过埃比泰尔讷、塞尔和博蒙阿梅尔前的高地，跨过昂克尔河稍往西北，直到蒂耶普瓦勒。德军的坚固防线将正面经过位于欧蒂耶东部德军重兵把守的蒂耶普瓦勒前方，还有贝卢瓦、拉布瓦塞勒郊区的小村庄，随后延伸到阿尔贝以东一点二五英里处，然后一路往南，绕过林间村镇弗里库尔南部边缘并在那里陡然转东，直去马梅斯和蒙托邦。防线从马里库尔和阿尔德库尔中间经过，然后在这里转向南方，经过屈尔吕，从沃附近宽阔的沼泽地一带横跨索姆河，从而将弗里斯、栋皮埃尔和苏瓦耶库尔也纳入其中，最后到达利翁以东。

---

① 莎士比亚创作的历史剧，首版发行于1597年。该剧讲述了理查二世被博林布鲁克，即夺位后的亨利四世，在政治上击败、军事上围困，最后被囚并遭到处决的过程，主要刻画了博林布鲁克的伪善和权术，理查二世的暴政与失败后的凄凉。

② 这句话被用来形容进攻开始前一位青年军官的心情。在信中，这位年轻军官抒发自己慷慨赴难的决心。然而，进攻开始第一天军官就战死了，随后他的信件被公之于世："爸爸妈妈，我大约在明天黎明前行动。现在我写这封信给你们。从进入法兰西作战以来，这可能是规模最大的一次军事行动。一旦打得好，我们很快就能胜利。我这一辈子从没有像现在这样自信、喜悦过。因此，我不会让自己因为任何事而失去参加这次进攻的机会。现在，我正身处世界上最强大军队的行列中。战友们跟我一样，个个士气高涨。虽然战地条件很苦，没有真正的足球，但我们刚刚才用一个由碎布做成的足球踢了一场比赛。裁判不仅有哨子，腰间还别着左轮手枪呢！我之所以写这封信，是因为我担心自己一旦战死就没有机会再往家里写信了。我不想死，但每天都在死人，谁知道下一个是不是我。不过，只要一跃出战壕，这种怕死的情绪就会烟消云散。因为我们不再是一个个的人，而是一个团、一个军。我们将为了荣誉而不是个人而战。我死不足惜，但我会因此九泉含恨，因为只有你们会为失去我悲痛！此刻，我仰望天上繁星，忽然觉得宇宙多么广大，而我离天上的星星又是多么遥远。更别提我这相比之下如鸿毛般的四十载春秋！即使我不幸客死异乡，又有什么大不了呢？我不敢再写下去了！再见了，亲爱的爸爸妈妈！别为儿子担心太多，我们应该很快就可以重逢。请在我……爱你们的儿子。""军远道来，昨日客死，为国事亡。"——原注

英军前线的进攻部队主要有以下几支①：英军部队的右翼主要由中将艾尔默·亨特-韦斯顿爵士指挥的第八军，由埃德蒙·艾伦比爵士指挥的英军第三集团军构成，部属在戈默库尔对面至博蒙阿梅尔以南的位置。中将托马斯·莱思布里奇·纳皮尔·莫兰爵士指挥的第十军被部属在昂克尔以北欧蒂耶一线。在阿尔贝的东部部署着由中将威廉·普尔特尼爵士率领的第三军，他们计划用一个师攻击奥维莱尔，用另一个师攻击拉布瓦塞勒。在南部，霍恩中将率领的第十五军已经贴上了弗里库尔-马梅斯一线的凸角，英军右翼则与法国军队的阵地相连。维多利亚勋章获得者沃尔特·诺里斯·康格里夫上将的第十三军部署在与英军右翼相连的位置。

显然，德军已经预测到协约国军队的进攻意图，也将大概的进攻方向猜了个八九不离十。德国认为协约国可能会沿阿拉斯-阿尔贝一线发动进攻。德军在自己预测的冲突区域集中了一切人力物力，却只在阿尔贝南部留下少量兵力，索姆河南部更是毫无防备。于是，在索姆河战役开始的第一天，实际上是在南、北两个方向独立作战。英军在北部战区战败，却在南部战区赢得胜利。随着夜幕降临，英军的第一次行动结束。这时，英国士兵大量涌入战场南部。一旦战线拉得过长，难免让进攻的军队发现对手防线一些比较棘手的地区，然后就会有选择地避免啃这些硬骨头。如果想在前线其他地方获得胜利，就必须以前面的失败"交学费"。下面首先谈谈英军在戈默库尔-蒂耶普瓦勒的苦战。

在戈默库尔-蒂耶普瓦勒地区，英军集中了三个新军师、两个常备师及本土自卫部队一个旅的兵力。其中，常备师经受过佛兰德和加里波利地区的战火考验，声名显赫。英军面对的是德军设置的一连串全副武装的村落据点。从戈默库尔到塞尔、博蒙阿梅尔，再到蒂耶普瓦勒，对手登高踞险，占领了有利地形，而昂克尔河和崖壁陡峭的河谷将战线一分为二。每一个挡在英军眼前的村落都是坚不可摧的堡垒。德军大量修建迷宫一般的地堡，常常深达地下两层，可以容纳一整个营的士兵。地下通道将地堡和后方的休息区相连。一旦英军士兵开

---

① 根据官方文件，英军原本只想在马里库尔-昂克尔一线发动进攻。昂克尔-戈默库尔一线则是助攻。——原注

索姆河战役：1916年7月1日蒙希－费村前线图（德军防线的大体分布图）
下页附图里地名中外文对照

贝尔勒欧布瓦=Berles-au-Bois；比安维莱尔=Bienvillers；阿讷康普=Hannescamps；埃比泰尔讷=Hebuterne；科兰康=Colincamps；博蒙阿梅尔=Beaumont-Hame；昂格勒贝尔梅尔=Englebelmer；梅尼勒=Mesnil；阿尔贝=Albert；昂克尔河=Ancre；代尔南库尔=Dernancourt；莫尔朗库尔=Morlancourt；莫尔特=Meaulte；布赖=Bray；许涅=Chuignes；东皮埃尔=Dompierre；运河=Canal；索姆河=Somme；卡皮=Cappy；佩罗讷=Peronne；费村=Fay；弗里斯=Frise；沃尔夫罗库尔=Vaulx-Vraucourt；阿丹弗=Adinfer；蒙希欧布瓦=Monchy-au-Bois；杜希=Douchy；布科=Buco；戈默库尔=Gommecourt；塞尔=Serre；米罗蒙=Miraumont；博库尔=Beaucourt；格朗库尔=Grandcourt；蒂耶普瓦勒=Thiepval；奥维莱尔=Ovillers；拉布瓦塞勒=La Boissdlle；穆瓦耶讷维尔=Moyenville；埃尔维莱尔=Ervillers；大阿谢=Achiet-le-Grand；伊莱斯=Irles；库尔瑟莱特=Courcelette；勒萨尔=Le Sars；马坦皮什=Martinpuich；弗里库尔=Fricourt；波济耶尔=Pozieres；马梅斯=Mametz；马里库尔=Maricourt；屈尔吕=Curlu；孔塔尔迈松=Contalmaison；小巴藏丹=Bazentin-le-Petit；大巴藏丹=Bazentin-le-Grand；卡尔努瓦=Carnoy；弗雷米库尔=Fremicourt；巴波姆=Bapaume；瓦尔朗库尔=Warlencourt；博朗库尔=Beaulencourt；格德库尔=Gueudecourt；弗莱尔=Flers；隆格瓦勒=Longueval；然希=Ginchy；雷斯伯夫=Lesboeufs；莫瓦尔=Morval；勒特朗斯卢瓦=Le Transloy；萨伊萨伊塞勒=Sailly Saillisel；朗库尔=Rancourt；蒙托邦=Montauban；莫勒帕=Maurepas；吉耶蒙=Guillemont；孔布勒=Combles；埃尔贝库尔=Herbecourt；贝克坎库尔=Becquincourt；贝卢瓦=Belloy；阿瑟维莱尔=Assevilliers；英国第八军=8th Corps；中将艾尔默·亨特-韦斯顿爵士=Lieutenant-General Sir Aylmer Hunter-Weston；英国第十军=10th Corps；中将托马斯·莱思布里奇·纳皮尔·莫兰爵士=Lieutenant-General Sir Thomas Lethbridge Napier Morland；英国第三军=3rd Corps；中将威廉·普尔特尼·普尔特尼爵士=Lieutenant General Sir William Pulteney Pulteney；英国第十五军=15th Corps；霍恩中将=Lt.Gen Horne；英国第十三军=13th Corps；维多利亚勋章获得者沃尔特·诺里斯·康格里夫上将=General Sir Walter Norris Congreve, V.C.；法兰西第六集团军=6th Army；马里·埃米尔·法约勒将=General Marie Émile Fayolle军

炮，德军士兵就可以带着机枪退入地道，从而避免遭到袭击。此外，在阵地后方视野极好的高原地带，德军还部署了大量火炮。

凭借高地上良好的观察视野和深埋地下的机枪碉堡，德军将英军死死挡在了戈默库尔-蒂耶普瓦勒一线。1916年7月1日早晨，随着英军炮火越来越密集，德军开始报复。在以英军第一道战壕为中心、半径五十码的区域里，六英寸①、八英寸的炮弹如雨点般落下。英国军官还没来得及翻出胸墙，战壕就遭德军火炮的高爆弹打击。许多地方的掩体被炸毁，这样一来，大量战壕都不能用了。英国士兵只能退到炮火打击区后面的开阔地，集结准备进攻。伴随着英国步兵的冲击，另一阵弹幕倾泻而下，应该是英军观察员引导的炮火掩护。

在博蒙阿梅尔的德国霍索恩要塞地面以下，英军构筑了自开战以来已知最大的雷区。1916年7月1日7时30分，英军引爆炸药。地雷爆炸引发的强大冲击波将土地炸得粉碎、抛上天空。英军冒着炮火进攻，明明是白天，由于尘土蔽空，反倒让人觉得是在子夜。事后一名士官回忆道："雷场有画里的宫殿那么大，而埋雷用的地下走廊长得吓人。我们和一群兰开夏郡的矿工一起花了七个月时间建

兰开夏郡英军士兵

---

① 1英寸约合2.54厘米。

造雷场。每当矿工们换班的时候我们就开玩笑：'你们往天上挖了没有？'但上帝啊！就在1916年7月1日那一天，所有的地雷都被引爆了。这是任何人一辈子也不一定能看到一次的奇观。半个村子都被掀起来了。马车、轮子、军马、锡罐头、箱子及德国人，都被炸上了天。那可是花了七个月才建起来的雷场啊。不过我相信，肯定还有一部分地雷没有爆炸。"

当英军开始跨越两军阵地间"无人区"的时候，德军似乎已经重新回到刚刚被淹没在炮火中的掩体，用自动步枪和机枪猛烈还击。德军的特别燧发枪营配备有自动步枪与机枪，勇猛非常，有些甚至进入战壕前方的无人区，排成纵列射击，打退英军进攻。另外，在战壕前部，德军还设有机枪阵地，通过地道与战壕连接。德军将士可以依托地道抵挡炮火攻击。英军将士严守纪律，没有一个人破坏队形。他们如游行一般一排一排冲出去，然后一列一列倒在爆炸冲击波、炮弹弹片和机步枪的火网下。德军炮火凶猛，使英军从黎明到下午都遭到密集、稳定的炮火打击。有时，一两个勇敢的英国士兵或者一两股与大部队走散的小分队成功冲进德军战壕，甚至已经深入敌后。然而，还没等撑到英军大部队冲上来扩大战果，这些英国士兵就立刻遭到德军反击并夺回失地。1916年7月1日黄昏时分，英军在戈默库尔-蒂耶普瓦勒发起的所有攻势都遭到德军抵挡，因此不得不退回最初发起进攻的位置。英军正在与德军防御的核心力量正面交锋。

虽然德军守备严密，防线难以逾越，但英国士兵个个奋勇向前发动进攻，难说谁一马当先。每推进一英里都是很多勇士奋勇杀敌的成果。几乎所有的英格兰团、苏格兰团和爱尔兰团都上了战场，而内陆和伦敦的本土自卫部队也一样。除此之外，还有一个勇猛的罗德西亚连及一个由严酷自然条件锻炼出来的"硬汉"渔夫组成的、在博蒙阿梅尔损失惨重的纽芬兰营。德军阵地屡遭突破。在塞尔地区，一支由两个营的残部组成的英军顺利向前推进，直到两千码开外的彭丹特灌木林。而一个英军师的部分部队则顺利突破德军在博蒙阿梅尔南部的防线，来到采石场前的车站路，但活着的官兵很少。一个苏格兰营杀进了蒂耶普瓦勒村。在蒂耶普瓦勒北部，阿尔斯特师冲进对手战壕，翻过山顶来到一个叫"十字架"的地方，这正是德军第一阵地的后方。阿尔斯特师短暂地占领了施瓦本要

被炮火摧毁的蒂耶普瓦勒

英军占领德军在博蒙阿梅尔南部的防线

塞，甚至一度冲到格朗库尔的外围地区。1916年7月1日是历史上爱尔兰博伊奈战役胜利的周年纪念日。爱尔兰士兵高喊着"博伊奈荣光依旧"的口号冲锋，这样的英勇行为将被永久载入史册。皇家爱尔兰步枪团的士兵首先冲出战壕。皇家爱尔兰步枪团紧随其后，越过德军胸墙，刺死躲在后面的机枪手。接着，皇家恩尼斯基伦燧发枪团的士兵承担起对德军战壕的清理任务，还为这些战壕逐一起了爱尔兰名字。然而很快，皇家恩尼斯基伦燧发枪团就遭到其他德军战壕的纵射打击，三面受敌，损失惨重，只有一人能活着回到后方。这名幸存的士兵仅凭一人就带着多达十五名战俘穿过德军的炮火弹幕退回英军阵地。指挥进攻的将军回忆道："尽管蒙受了最惨重的损失，但阿尔斯特师不仅顺利完成了占领指定区域的任务，而且生俘了六百名对方士兵，顺利完成任务。"可以说这是对一支部队最好的褒奖了。对光荣的阿尔斯特师的弟兄们来说，他们不只是团结在一起完成了又一个任务，而且是为了全世界的自由慷慨捐躯。

交战第一天，在蒂耶普瓦勒以北发生的惨烈战斗造成协约国军队大部分伤亡。协约国军队虽然损失惨重，但也收获了丰厚的战果。协约国军队占领了

皇家爱尔兰燧发枪团的士兵

德军前线大部分阵地，因此大量的人员伤亡是值得的。协约国军队在北部的伤亡是为在其他地方取得进展必须付出的代价。至少在北部伤亡惨重、收效甚微时，南部的协约国军队能用较小的代价给德军造成"惊涛拍岸"式的打击。

下面这张地图向读者展示的是坚不可摧的弗里库尔突出部。正因为它易守难攻，协约国打算先将它孤立起来，留待稍后再作进攻。如果英军往奥维莱尔和拉布瓦塞勒推进，以在往孔塔尔迈松方向的盆地发起的进攻能和占领马梅斯的英军形成合力，那么乘机钳制并夺取孔塔尔迈松将不成问题。奥维莱尔和拉布瓦塞勒是两个设防严密的德占村镇，也是德军利用一连串村落设垒固守战线的重要组成部分。开战第一天，尽管协约国军队占领德军在奥维莱尔和拉布瓦塞勒外围的阵地和战壕，并将德军固守的民居轰了个稀巴烂，却没能占领它们。只有一个英军旅的一部分兵力扎进拉布瓦塞勒，占领了一片地盘。

在弗里库尔西面，一个曾经在洛斯饱受摧残的英军师正发起进攻。这时，这个师的元气已经恢复。凭一己之力，这个英军师再次向德军证明世界上没有比英军更难战胜的对手。毫无疑问，这个师坚决地攻进了"香肠"山谷东部的角落地带，一举占领"四边形"和"圆形"两座树林，向弗里库尔以北方向挺进。

1916年7月1日黄昏前，英军就占领了马梅斯。马梅斯的教堂已经被炮火轰得摇摇欲坠。砖石结构的房屋被炸出许多豁口，而碎木片则撒了一地。一条大路由教堂南边经过。路南边是一座小山，德军的战壕就设在山的南麓。英军设在马梅斯对面的集结战壕被德军的炮火摧毁。为了进攻，英国士兵们不得不冒着炮火冲锋四百多码。英军的一个王牌师占领了马梅斯。在第一次伊普尔战役的费斯蒂贝尔战役中，这支王牌师曾经建功。1914年秋以来，尽管这个王牌师编制发生了一些变化，但也保留了拥有二十个月丰富作战经验的老营。无论资历新老，全师官兵都带着刚刚参战的劲头投入第一天的战斗。三个营的兵力一字排开，沿着小山的斜坡前进。其中一个营来自南英格兰的一个市镇，一个营来自英国北部的一座苏格兰高地城市，而剩下一个营则是常规高地步兵营。他们攻必取，战必胜。只是每过一处，人们都会为自己目睹的破坏和杀戮感到震惊：眼前全都是尸体。这些官兵有规律地排成一排倒下，看起来仿佛是亡者的游行。

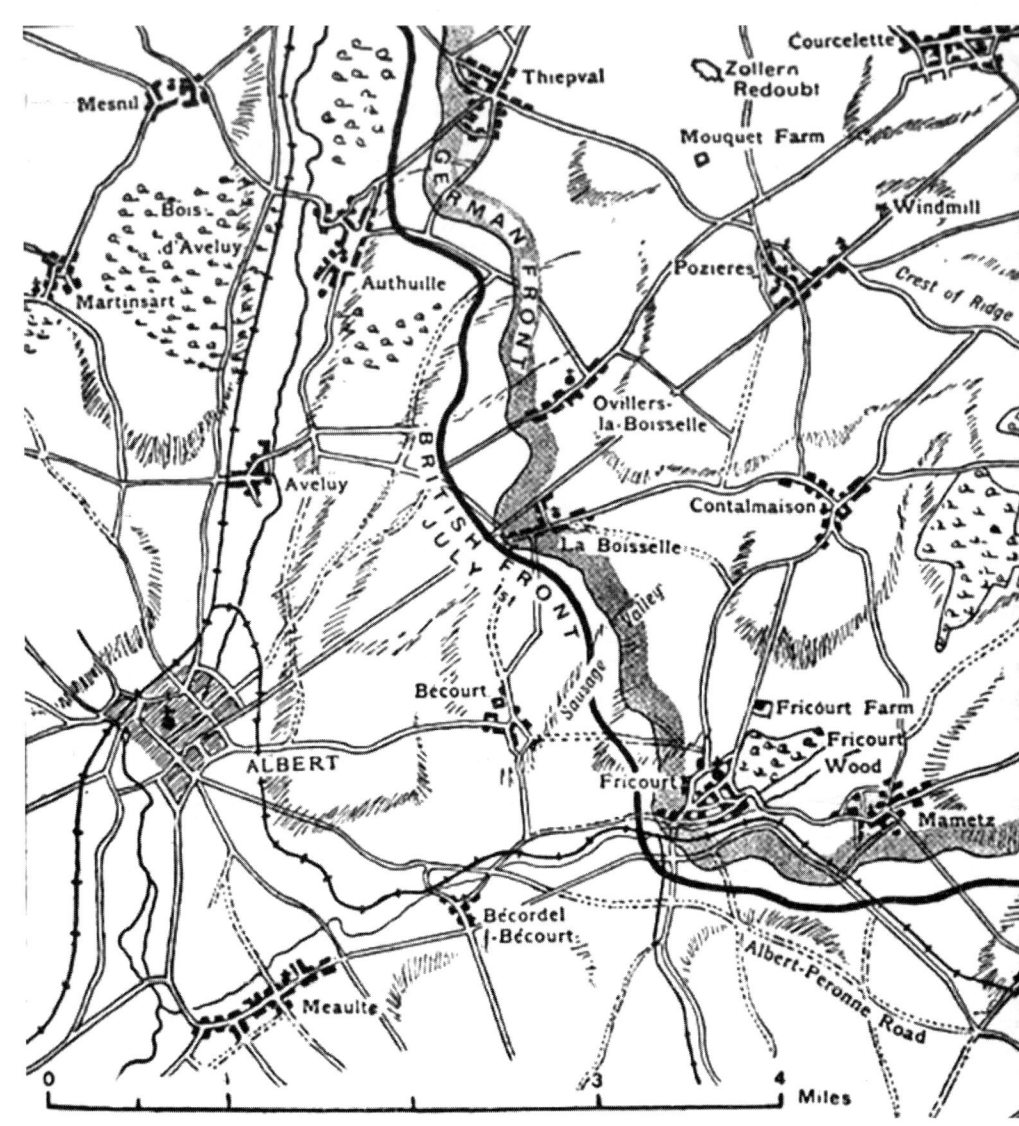

《英军在1916年7月1日于前线中部、右部进攻示意图》

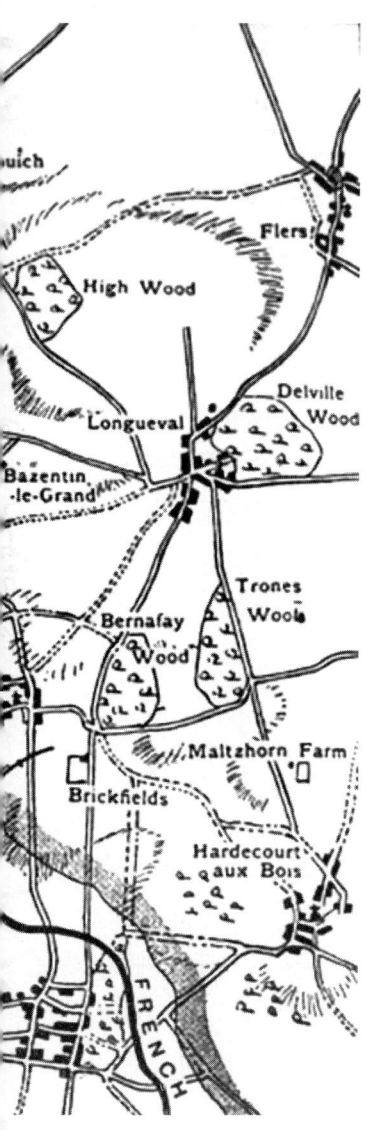

阿弗吕伊 =Aveluy；阿尔贝 =Albert；欧蒂耶 =Authuille；莫尔特 =Meaulte；贝库尔 =Becourt；贝科代尔贝库尔 =Becordel Becourt；蒂耶普瓦勒 =Thiepval；奥维莱尔－拉布瓦塞勒 =Ovillers-la-Boisselle；拉布瓦塞勒 =La Boisselle；"香肠"山谷 =Sausage Vally；库尔瑟莱特 =Courcelette；佐伦堡垒 =Zollern Redoubt；穆奎特农场 =Mouquet Farm；风车 =Windmill；山顶 =Crest of Ridge；孔塔尔迈松 =Contalmaison；弗里库尔（农庄、树林）=Fricourt&Farm/Wood；马梅斯村及马梅斯树林 =Mametz&Wood；阿尔贝－佩罗讷道路 =Albert-Peronne Road；马坦皮什 =Martinpuich；波济耶尔 =；小／大巴藏丹 =Bazentin-le-Petit/Grand；卡尔努瓦 =Carnoy；"高地"树林 =High Wood；菲耶尔 =Fiers；隆格瓦勒 =Longueval；马里库尔 =Maricourt；砖场 =Brickfields；德尔维尔树林 =Delville Wood；伯纳菲树林 =Bernafay Wood；特罗恩树林 =Trones Wood；马兹仲农场 =Maltzhorn Farm；阿尔德库尔欧布瓦 =Hardecourt-aux-Bois；蒙托邦 =Montauban；1916年7月1日英法联军前线 =British Front July 1st—French；德军前线 =German Front

在进攻第一天早些时候，随着曼彻斯特军队率先攻入，英军占领了蒙托邦。英军的战线现在位于原来是卡尔努瓦村的阿尔贝-佩罗讷道路以北的地堑地带。山脊线最高峰后面是蒙托邦。这时，和桑德里亚地区的大多数村庄一样，蒙托邦只剩下建筑的断壁残垣和树木的枯枝败叶，能证明协约国军队以为可能会在蒙托邦右边的砖场与德军来一场恶战。然而，令人惊讶的是，在英军猛烈炮火的打击下，砖场的防御瞬间瓦解，因此英军可以从容开进。进攻蒙托邦的战斗或许是那天发生的一系列战斗中最精彩的一次。炮火打击成绩显著。挡在英军面前的巴伐利亚第六步兵团，虽然拥有三千五百名官兵，但付出了三千人伤亡的沉重代价。为求速胜，构成英军右翼的那个师列队加速行军。

这时，战场上出现了之前从没见过的、英法士兵齐头并进的场景。英军右翼部队的英军第二十军曾经在马恩河战役白热化时守住了南希的大策罗讷地区。在飘雪的1916年2月26日，英军第二十军通过在杜奥蒙发起的一场反击一举扭转了凡尔登的颓势。努里松将军指挥的法军第三十九师同英军齐头并进。碧蓝如洗的苍穹下，一列穿着卡其布制服的部队正在前进。而就在身后，所向披靡的七十五毫米火炮不时发出怒吼声。

如果到占领区走一走，你一定会对德国士兵河狸般高超的工事构筑技术肃然起敬。能如此高强度工作的士兵，即使被称为英雄也不过分。有的德军火线战壕因承受不住我军重炮轰击而被毁，但幸存下来的德军战壕可谓制作精良。索姆河地区的土质是最适合挖掘战壕的，因为这里的土壤硬度类似奶酪，在气候干燥时还会变硬。虽然第一章的地图已经用粗线标记出德军工事，但只有身临其境，才能真正对其留下深刻印象。我们用德军留下的一条交通壕举例。这条交通壕是一条横穿树林的隧道，挖掘之深连重炮也难伤它分毫。此外，供狙击手用的散兵坑挖得也很精致。在战壕与这些散兵坑之间有通道相连，而且都伪装得很好，看上去与战场上被炮火轰出的一堆废墟没什么区别。不过，德军最高的建筑成就还是德军的地堡。弗里库尔的一处地堡有九个房间和五处避难所，配备铁门、气幕，地上铺着地毯，墙上甚至贴有壁纸和画作。营地还设有一处很好的浴室，通了电，安着灯泡和门铃。不用说，以前住在这里的德军参谋们一定生活得不错。很多德军的地堡都是两层式的。第一层配备有三十英尺长、构架精良的楼梯间，而第二层楼梯间的长度也差不多。这可以保护机枪和机枪手免受炮火伤害。但德军"精心打造的建筑"已经完全超出了军事需求的范畴。德军真心相信自己防线"坚不可摧"的吹嘘，而且将自己的防线当成一座不断发展的"城市"。他们似乎不是在搞战备，而是开展在胜利后和平时期的建设。毫无疑问，第一阵地的失守给德军带来特洛伊人①遭到木马里希腊士兵屠戮般的感受。

经历一场恶战后，英军才占领了第一阵地。在史所未见的宏大索姆河战场上，相比只存青铜身子铁头盔的古希腊勇士，英军士兵更有爆发力，也更所向无敌。凡是目睹过英军高地步兵团在洛斯冲锋场景的人都表示，他们的进攻决心坚定得令人难忘。一位法国军官说："我不知道德国士兵怎么看。但别说作战了，只是看着英国士兵冲锋，就已经令我胆寒"，这是因为英军正全力以赴与德军这一人类公敌作战。但这种"野蛮"既不是来自愚忠的军国主义思想，也不是英军士兵生来就头脑简单。德国士兵不知从什么渠道得到消息，说英军不收留战俘。谣言让一些更顽固的德军士兵死战到底，地堡外一时尸如山积，到了不得不如同运贝壳般堆好才能运走的地步。不过，直到真正被俘，德国士兵才发现并没有遭到什么虐待；相反，甚至可能称得上"优待"。英国伤兵们排着长长的队列从火线退下来向医疗点走去，如同一具具"活棺材"。当俘虏们看到这个场景，肯定都会认定自己受到了优待。有这么一幅照片是对这种情形最好的体现：一名巴登伤兵走在中间，一边一个地撑起两名戈登高地步兵团的伤兵。三人相互扶持着，一瘸一拐地向医疗点走去。据说，别人最后一次看到这三个人时，他们正和一群苏格兰士兵在一起。苏格兰士兵分享了自己的水和香烟，而这三个人则用军刀切下上衣纽扣，送给苏格兰士兵当纪念品。写到这里，不禁要摘抄一段来自一名英国军官的信：

---

① 古代特洛伊人曾经凭借强固的城郭与古希腊联军大战。古希腊军队是通过巨大的木马藏兵偷袭才取胜的，当时特洛伊人还沉浸在战胜了世界最强大军队之一的美梦中。作者借此比喻德军虽然自信防线坚不可摧，却眼看着要被英军突破的恐惧感。

行军中的戈登高地步兵团

仗打得越多，我越对战友的道德良知深信不疑。兄弟们可能在评价音乐、美术之类的东西时尖酸刻薄，对德国人也没什么耐心，但要说到对待战俘、伤员、小动物和丑女人，他们的好心肠是任何人都比不上的。

英国人就是这样。在他们看来，善良比什么都重要。

法军在与英军战线连接点往南八英里长的战线上大获全胜。法国军队前进的速度几乎可以用"风驰电掣"形容。虽然马里库尔-索姆一带是高地，但和北部地区相比，地势还是较低。索姆河南部多沼泽、多起伏的河谷平原一直延伸到河道拐弯的地方，那里有一座被三条护城河保护起来的德军堡垒，名叫佩罗讷。法军和英军的计划相似，甚至无论是准备方法还是每个阶段限定好的目标都一样。在索姆河北部，巴尔富里耶直面德军第十二师和巴伐利亚第十师。双方在连接阿尔贝-佩罗讷的道路上，"宪兵盔"地区紧贴河流的峭壁上，以及屈尔吕-阿尔德库尔前线的村庄一带展开激战。1916年7月1日，英军杀到弗里库尔和拉布瓦塞勒的外围，而法军也赶到屈尔吕和阿尔德库尔的外围。不过，法军真正控制这两个地方要到第二天。直到1916年7月1日9时30分，索姆河南岸的殖民地部队才发起攻击。虽然有点迟,但还是将德军杀了一个措手不及。前一秒,正在刮胡子的人还贵为德国军官,而后一秒,他们就集体成了阶下囚。不费吹灰之力,英军在瞬间就以最小的代价分割并包围了一整个营的德军。有一个法国团只有两人受伤,他们所在师的伤亡总数也只有八百人。黄昏前,法军已经相继收复了栋皮埃尔、贝克坎库尔和比叙,并在德军防线上撕开了一道五英里长的口子。1916年7月1日,法兰西军队第三十五军的布列塔尼士兵收复了费村。至此,协约国占领了马梅斯–费村一线长达十四英里的德军第一阵地。六千名德国人沦为战俘,而大量的武器辎重落在了协约国手上。德军损失惨重,尸体填满了被炸坏的战壕,躺满了战壕后的树林和山谷,堆满了被炸毁的房屋废墟。一位法国军官说:"这就是我们发动这场战斗的目的。我们对德国枪炮不感兴趣。德国克虏伯军工厂造枪炮的速度比我们缴获的快多了。可惜,虽然克虏伯造得出军火,但他们毕竟造不了军人。"

巴伐利亚第十师的官兵

1916年7月2日星期日,天气一如既往的热,无论是在前线的每条道路,还是在被占领地区被战火蹂躏的土地上。1916年7月1日取得的成功让英军右翼愈打愈顺,因此,现在有必要设法让蒂耶普瓦勒–弗里库尔一线取得进展,从而使突破口左右统一。目前,英军左翼依然毫无进展。这时,如果单纯发动一波新攻势无济于事,而原本担任前卫的阿尔斯特师却从施瓦本要塞退回最初发起进攻时的战线。战线逐渐拉宽,局势十分复杂,没有哪个军、哪个师的指挥官仅凭一己之力可以掌控。因此,英国指挥部决定,撤下原本负责阿尔贝–巴波姆攻势的英国第四军和第八军,换上由上将休伯特·高夫爵士指挥的英国预备队第五集团军。

1916年7月2日,身处奥维莱尔和拉布瓦塞勒的英军第三军经历了惨烈的一战。两个新的英军师投入战场。在奥维莱尔,其中一个英军师夺下眼前的德军战壕。1916年7月2日深夜,另一个师踩着早已化为灰烬的村落,攻入德军藏身的拉布瓦塞勒地窖"迷宫"。这两个师右侧的部队则穿过"香肠"山谷,来到"圆

战斗过后的马梅斯战场

休伯特·高夫

形"树林边缘。协约国的空军机队轰炸了德军腹地的补给站和交通线。机群遮天蔽日,但迎面而来的德军防空气球只有一个。经过凡尔登战场的洗礼,协约国的飞行员们早已掌握了击落这些气球的方法。德国空军的福克战斗机试图拦截,然而,不仅拦截失败,还至少付出了两架战斗机被击落的代价。

1916年7月2日中午,德军失去了弗里库尔。协约国占领了马梅斯和东部弗里库尔树林的一些地盘,他们占据的有利地理位置让弗里库尔俨然已经成为囊中之物。英军用一个师占领了"圆形"树林,又从军预备队抽调一个师跨过弗里库尔-孔塔尔迈松的道路进攻,再用一个师占领弗里库尔。1916年7月2日晚,德军

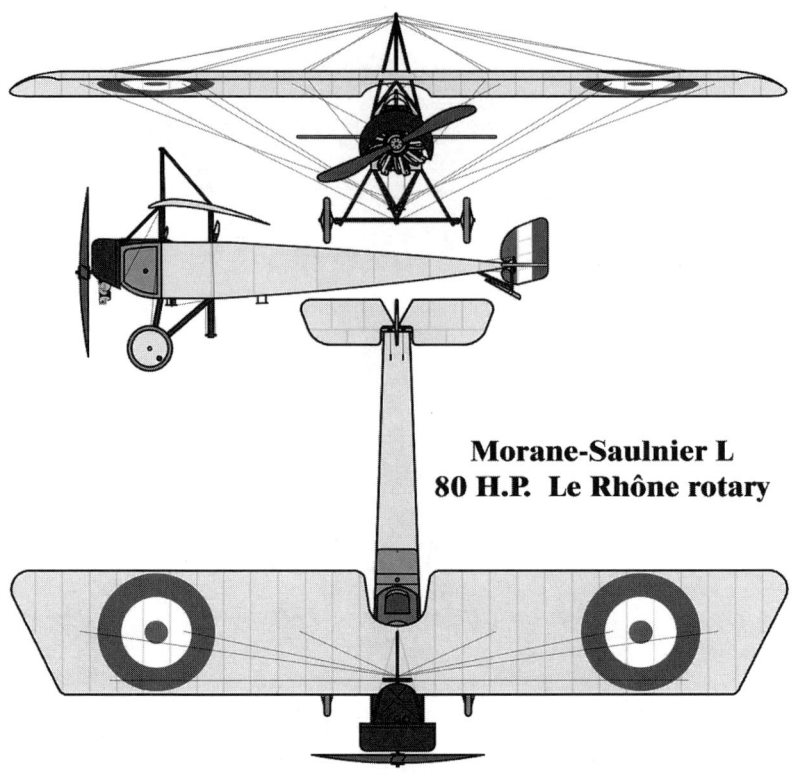

协约国飞机外观示意图

防线一触即溃。然而,当英军士兵涌入豁口,开始逐屋清扫时,他们抓获了大量战俘,缴获了大量枪炮。1916年7月3日清晨,德军在蒙托邦方向发起反攻,但被打退。英军巡逻队已经向东推进,进入了伯纳菲树林深处。

在稍远处的南部地区,法军继续向前乘胜推进。法军新占据了阿尔德库尔,并在那里就地粉碎了一次德军的反击。此外,法军还占领了屈尔吕。在索姆河南岸,法军占领了弗里斯、梅罗库尔树林和德军固守的埃尔贝库尔村落。在索姆河-阿瑟维莱尔间,法军甚至已经从多处突破德军的第二阵地。马里·埃米尔·法约勒将军率领的部队左翼控制了孔布勒-佩罗讷的轻轨铁路,中央部队把守着弗里斯地区索姆河蜿蜒的河岸,而右翼部队驻扎的地方离佩罗讷更是只有四英里远。

1916年7月3日星期一,奥托·冯·贝洛将军发布了一道军令,要求无论己方宣传机构如何贬低抹黑对手,德国士兵都必须正视协约国军队的战斗力:

> 本次作战成败的关键在于我第二集团军在索姆河地区的战果。我军要设法顶住协约国军队在炮火和兵力方面的暂时优势，从而取得胜利。等我军增援部队赶到，就要收复失地。当下我们工作的关键是不惜一切代价稳守并巩固防御，因此不允许未经批准就撤退。每名士兵都必须抱定固守的意志。我们必须要让协约国付出血流成河的代价——我要求指挥官们付出最大努力，完成这项命令。

奥托·冯·贝洛是正确的。如果可以，那么已经失去的防区都要夺回来，而现有的区域寸土不能让。此外，以防万一，还必须在后方构筑新防线。然而，临时赶造的防线跟十八个月苦心经营的防线根本没有可比性，因此一定要夺回失去的防线。可以看出，奥托·冯·贝洛已经心急如焚。

为了正确理解1916年7月3日前线的局势，我们有必要回看一下英军前线的位置。英军前线被一分为二，第一部分在弗里库尔-蒂耶普瓦勒一线，阿尔贝-巴波姆的道路像一支射过分水岭的箭一般从分水岭上方穿过。这里提到的蒂耶普瓦勒、奥维莱尔和拉布瓦塞勒原本都属于德军的第一阵地。德军在拉布瓦塞勒东面的孔塔尔迈松重点设防，将孔塔尔迈松作为缓冲防线的支点，并用野炮为缓冲阵地提供掩护。德军第二阵地穿过波济耶尔，横跨大小巴藏丹，一直延续到吉耶蒙。1916年7月3日清晨，英军还没抵达蒂耶普瓦勒和奥维莱尔，只控制了拉布瓦塞勒局部。然而往南一些，在通往孔塔尔迈松的道路上，英军进展神速。北部地势起伏的斜坡上原本种满了庄稼，但现在一片荒芜。土壤被炸成粉沙状，看起来仿佛一片碱型的沙漠。路旁幸存的几棵树都是光秃秃的，而地上的牧草、蓟、罂粟花和芥菜则是单调的战场上仅有的几抹点缀色。

与此同时，南部的弗里库尔-蒙托邦战线大不一样。那里树木繁茂，而且看起来就跟自家乡镇住宅花园里的林木一样整齐。一条树林带沿弗里库尔东北方向分布：弗里库尔树林、波顿树林、马梅斯树林、巴藏丹树林，还有被英军称为"高地"树林的富罗树林。另一条树林带则从蒙托邦为起点，由伯纳菲树林、特罗恩树林和达隆格瓦勒生长的德尔维尔树林构成。德军在当地的第一阵地已经

战斗过后的屈尔昌

奥托·冯·贝洛

被完全占领,但要占领穿过巴藏丹、隆格瓦勒和吉耶蒙的第二阵地,就必须穿过当地复杂的树林。因此,1916年7月3日,当南部英军已经挺进德军第二阵地时,北边的英军还在奥维莱尔、拉布瓦塞勒和孔塔尔迈松的缓冲阵地与德军苦战。

由于英军在战线南部和北部碰到的麻烦不一样,而各自的进展和为攻击德军第二阵地所做的准备都有差异,因此应该分别讨论。在北部,英军要占领德军固守的奥维莱尔、拉布瓦塞勒和孔塔尔迈松这三个同样坚固的阵地。德军在这些地方部署了强大的机枪火力,英军在费斯蒂贝尔与洛斯一带就是因为这些机枪才付出了沉重的代价。由于战线最左侧的蒂耶普瓦勒对协约国占据附近高地无甚影响,因此重要性也就没那么大。奥托·冯·贝洛的军令在这三个地方得到贯彻。德军顽强作战,寸土不让。1916年7月2日夜,英军突破拉布瓦塞勒防线。接下来一整天,英军都忙于拉布瓦塞勒和奥维莱尔村落的逐屋争夺。拉布瓦塞勒在高地上道路的右侧,而奥维莱尔则位于道路北偏东的位置。二者被一座干燥的地堑隔开,英军将这座地堑称为"醪糟谷"。1916年7月3日星期一,一个英军师攻击蒂耶普瓦勒南部,但由于缺乏左翼支援没能前进半步。德军与英军整晚都在打拉锯战,各自占据了一些地盘,而英军占领的那块面积较大。1916年7月4日星期二,冲天的热浪被雷暴和大雨浇灭。这时原本干燥的山谷变成一片泽国。1916年7月5日早上,经过一番残酷血战,英军总算完全占领拉布瓦塞勒,并开始向一片绰号为"警长"的树林和孔塔尔迈松发起进攻。

1916年7月5日星期三,英军攻击了德军设在孔塔尔迈松西部的主力"马掌"战壕。一个英军西约克郡营在大胆突破中表现出色。1916年7月7日星期五,孔塔尔迈松迎来英军的第一次攻势,其中一股英军来自西南方的"香肠"山谷,而另一股英军则从东北角沿着弗里库尔-孔塔尔迈松公路杀来。后一部分英军已经取得了一些成果。德军"白桦"树林、"庇护所"树林和"四角"防御工事在1916年7月3日星期一就被占领,同时有一千一百名德国士兵沦为战俘。而在1916年7月7日星期五,英军对在蒂耶普瓦勒南部的莱比锡要塞、奥维莱尔和孔塔尔迈松的外围地区再次发动进攻。1916年7月7日中午,英军步兵部队继占领"警长"树林后又占领了孔塔尔迈松,解救了四天前被德军俘获的由诺森伯兰人组成的敢

英军占领的奥维莱尔德军战壕

死队。英军的对手是普鲁士的"金龟子",即普鲁士禁卫第三师。这个师已经损失惨重,七百多人沦为英军战俘。然而,控制孔塔尔迈松的英军部队还是无力久守。1916年7月7日下午,由于德军发动反击,英军不得不放弃阵地并后撤。1916年7月7日,英军左翼沿着拉布瓦塞勒东面巴波姆的道路向前推进半英里,占领了莱比锡要塞大部。奥维莱尔已经遭到英军合围。英军的一个旅从正面发起进攻,另一个旅从东北侧开进,将守军阵地一分为二。整整一天,战场上豪雨如注,将平原、战壕弄得泥泞不堪。因此,英军士兵的前进步伐大大放缓。

1916年7月8日星期六,英军仍然在猛攻奥维莱尔。此刻的奥维莱尔已经是一片断壁残垣。目光所及之处,奥维莱尔的战壕被炸毁,建筑物化为废墟,地上遗弃的弹壳沾满泥土。即使想前进哪怕一码,也要经过一番殊死搏斗。英军试图在孔塔尔迈松一线稳住阵脚,同时将德军赶出藏在灌木丛里的防御工事。1916年7月7日起,英军就已经占据了孔塔尔迈松南部的一个小角落。1916年7月10日星期一晚,英军用火炮扫清了眼前的障碍,从西边的"警长"树林方向连续发动四波攻势后杀进了孔塔尔迈松西北角,并在北部横扫德军。经过一番肉搏战,英军总算控制了孔塔尔迈松。奥维莱尔已经陷入包围,处在四面楚歌的境地,德军的防线崩溃只是时间问题。坚持了一个星期后,1916年7月16日,奥维莱尔的德军缴械。这时守军只剩两名军官和一百二十四名禁卫军士兵,而英军主力已经向东长驱直入。

这里,我们引用一位军官写给因伤失去战斗力而回国的战友的信,描述当时英军进军的情形:

> 我觉得别人对这肯定不屑一顾,但你曾经和我一起度过战场上那些萧瑟的冬季岁月,所以你肯定会懂大白天在这儿的旷野中抽着烟走路有多可怕。还记得吗?过去,为了弄一把德国枪之类的蠢东西当纪念品,我们手下的士兵连命都可以不要。但现在,这儿的德国枪堆得跟小山一样,想运一车走都没问题!德国士兵的帽子、纽扣、制服、靴子、步枪和其他装备,想要什么都可以。对别人来说,从地图上看我们所经历的不过是一个又一个的标记。但我想,就我们自己而言,在拉布瓦塞勒和奥维莱尔行走简直就是在地狱中漫步!天哪!过去我们见过的断壁残垣现在都不存在了,原来长树的地方现在只剩几根桩子。我一路行军到孔塔尔迈松,走的都是下陷的烂路。说起法国这片神圣的土地,"无人区"对我来说只是一年前的事情了!新来的部队已经在用最轻松的方式迈过,这片道路对于后来的士兵来说只是后方的道路,和前线的感觉完全不一样。我禁不住想起每前进一码都要付出多少血汗!想想,要是这儿还没变成一副劫后余生模样的时候,当地的孩子们说不定都会在这儿玩耍呢。不过,看着补充兵们大摇大摆地走过,我又感到一阵悲哀。这儿终究又成了一个"后方地带",而我却想让时间定格。这儿应该成为一处人类永恒的纪念碑。
>
> 还记得铁匠铺的主人吗?那对老夫老妻。有天晚上,女主人站在楼下的角落。我和半个排的兄弟路过那里。老太太的手摸着我们冰冷的步枪,不肯放开。原来,在我们刚刚攻占的地方,有男主人几分田产,而只要我们占领这个地方就算将它完璧归赵了。女主人边啜泣边试图向我们表

达谢意。想想1914年那儿会是什么样子，再看看今天农田的这副模样！原本应该堆着麦子的地方现在全是弹壳，而好好的土地也被挖成了丑陋的战壕和地堑。想想那以吨位计的沉重的电缆、沙袋、圆木、合金、木板、掩体、钢铁和死人的血汗吧，还有朗姆酒罐子和牛肉罐头。想想战壕里的靴子、急救箱、子弹壳、火箭弹、电缆柱、煤气钟、弹药箱、装有柯尔特左轮手枪的武器箱、坏掉的水壶、制服、掩埋的战友尸体，当然还有德国士兵的尸体。这都不是农田里该出现的东西。我们将土地夺回来已经两年了，老人家会怎么想？我敢说，现在她一定正在土地上散步呢。

回到战线南边，英军面临的问题是如何将德军从己方阵地与德军第二阵地之间的树林防御线中赶出去。从弗里库尔和蒙托邦后方第一条山脊线顶端向后看，映入眼帘的是一片叫作"毛毛虫"的浅山谷。从"毛毛虫"山谷再往后，直到巴藏丹-隆格瓦勒战线，地势不断升高。左侧往孔塔尔迈松方向的是马梅斯树林，往右的蒙托邦之后则是梨形的伯纳菲树林和特罗恩树林。

1916年7月3日，英军肃清了弗里库尔东部的德军，接近马梅斯树林展开的意图也达成了。也是在1916年7月3日，德军发动了一次反击。德军派遣一个师到蒙托邦，被英军坚决的炮击打退。德军开始在防线上拼凑增援部队了。1916年7月3日早晨，原本部署在香槟前线的一个营突然出现在马梅斯东部地区。很快，在铁路线的终点处，这个营被打垮。德国士兵有的死，有的被俘。一名在行动中受伤的高地步兵团军官记录下了当时的情形：

> 我看过的盛装游行中要数这个最好。六百个官阶各异的德国士兵列队走在我们后面。当然，是被缴了械的。你猜是谁在押送这些德国士兵？是我们部队里三个衣着褴褛的苏格兰伤兵！这三个家伙浑身是血和脏土，斜挎着步枪，仿佛总督在检阅行军，又好似营队前方领头的风笛手。我虽然也走在六百个德国士兵后面，但跟三个"大摇大摆"的伤兵比起来，我觉得自己的待遇差远了。

1916年7月4日星期二，英军开赴位于马梅斯以北三千码的马梅斯树林，并占领伯纳菲树林。英军全是通过苦战才占领这些中间阵地。持续两年的战争导致树木无人砍伐，因此树林变得极其繁茂。即使英军用大炮炸毁了较高大的树木，也无法确保矮小的灌木林被全部清除。与德军隐藏的战壕紧密相连的机枪碉堡随处可见。有时德军甚至将机枪阵地设置在树上。对英军来说，哪怕前进一步都得和德军殊死搏斗，往往要在调动火炮轰击后英军才能真正占领一个地方。1916年7月1日到1916年7月2日，英军还能在火线上移步向前推进。但1916年7月4日起，德军的炮击力量开始变得猛烈。弗里库尔、马梅斯和蒙托邦的纵深地带都遭德军猛烈弹幕的打击。

1916年7月8日星期六，在侧翼法军火炮的掩护下，英军总算暂时打进了特罗恩树林，并且建立了宿营地。与此同时，英军右翼的法军正朝马兹仲农场前进。在接下来的五天，特罗恩树林成了英军战区南部最烫手的一块山芋，这片树林独特的地理位置使它易守难攻。要想隐蔽地接近特罗恩树林只有一个办法，就是从西边经过一条叫"特罗恩走廊"的战壕。在马兹仲山脊线可压制战壕南部，战壕北部则被德军控制的隆格瓦勒压制。德军防线挨着树林的东部和北部建造，呈半月形。这样一来，在对手展开炮击时，战壕里的士兵可以聚集在一起避免被伤害，同时也利于兵力补充。最后，铁路间的空地与德军交通线为德军防线提供了严密伪装，英军不可能采取有组织的进攻行动。英军久攻不下，直到德军炮火被其他地方的战事分散才最终得手。英军缓慢而坚定地自北向南推进。接下来的两天里，德军发起六次反冲锋。一度在第六次反攻时，德军从英军手中夺回树林的一部分。这个举动正中英军下怀，接踵而至的英军火力打击使德军损失惨重。这样的战斗又持续了一天，直到英军夺下除北部一个小角落外的整片树林为止。1916年7月8日，英军抵达马梅斯树林的最北端，开始在树林中苦战，每前进几百码总要抓住好几百名俘虏。这或许是对英军进攻难度与德军防守强度的最好描述。

1916年7月12日星期三晚上，实际上英军已经将马梅斯树林全境收入囊中。在这覆盖着铁丝网、壕沟和机枪阵地的两百多公顷树林中，英军经历了好几场苦战，特别是发生在树林北部的最后战斗，德军的机枪阵地几乎能从任何位置侧射英军。直到1916年7月13日，英军才将树林里的德军肃清。士兵们冲出树林，发现德军的第二阵地就在眼前。与此同时，特罗恩树林也变成了"汤姆·提德勒的土地①"。无论哪一方都没有十足的信心声称这里是自己的据点或者将这里作为自己的据点。双方的炮弹共同造就了眼前的废墟，而短时间内也不可能赶造新的防炮阵地。

法军顺利地持续向前推进。法军发动的进攻完全出乎德军意料，因为就在协约国军队于1916年7月1日发起索姆河攻势的半小时前，德军收到一份军令，预测法国在凡尔登一线即将失败，这会遏制法军的进一步攻势。法军重炮刚刚轰击过，七十五毫米火炮就开始用弹片血洗德军前线和交通壕。前线一支小股突击部队迅速向前侦察，并往后方报告炮火打击效果。最后，法军步兵轻松占领德军阵地。战役第一天，马里库尔－埃斯特雷一线九英里长的防线就这样落入法军手中。德军在凡尔登用过这一招，但这次法军用更好的火炮、更精准的射击报了仇。

1916年7月3日，法军进入索姆河南部的德军第二阵地。德军慌忙从埃纳派出十二个营赶来增援，但不幸被全部歼灭。1916年7月4日，法国殖民地军团的外籍士兵占据了德军第三道防线上的贝卢瓦昂桑德里亚。1916年7月6日，法军占领埃斯特雷的有利位置。这个位置离佩罗讷只有三英里远。得到增援后，德军第十七师发起反击，但也失败了，只好将原本设置在佩罗讷的火车终点站转移到绍讷。1916年7月9日晚，马里·埃米尔·法约勒将军占领了离佩罗讷只有一英里的比亚什和拉曼松内特高地，并把持着从这处高地往北、德军第三道防线之后通向巴尔勒的一处阵地。在马里·埃米尔·法约勒将军与索姆河上游之间再没有什么阻碍了。当然，这只是南部地区的情况。在北边，马里·埃米尔·法约勒将军的部队甚至没有完全控制埃姆北部德军的第二防御线外围。

法军进攻部队中央正往佩罗讷前进，打开的缺口既宽又深，可以炮轰左侧的德军阵地。法军甚至将重炮也拉到前线开阔地带。河对面沦为德军占领区居

---

① 西方一种"抓人"的儿童游戏。这里借以代指英德双方发生的拉锯战。——译者注

协约国军队缴获的德军重机枪

被俘的德军官兵

民的法国老农每天听着同胞大炮发出的怒吼离自己越来越近，并且耐心地等待着。不到两周，马里·埃米尔·法约勒将军就占领了宽十英里、纵深六点五英里、面积达五十平方英里的德军阵地。此外，马里·埃米尔·法约勒将军的部队还俘获了二百三十六名军官，一万两千名官兵，八十五门火炮，以及数不清的辎重。

接下来，英军要攻打眼前的德军第二阵地。这条战线从波济耶尔穿过巴藏丹和隆格瓦勒，最后延伸到吉耶蒙。1916年7月13日星期四，英军已经处于"准备前进"的状态。英军在战役开始阶段就占领孔塔尔迈松是必要的。在孔塔尔迈松被占领后不久，道格拉斯·黑格爵士的第一次战情总结中有这样的描写："经过十昼夜无休止的激战，我军完成了控制德军长达一万四千码的第一道防御体系的阶段性任务，我们占领了无数的、由散兵坑组成的长达两千码至四千码的防线，五个严密设防的村落，大量设有铁丝网和壕沟的林区及很多火力强大的堡垒，对每部分德军战壕的占领都有其重要意义，而现在，德军第一阵地的军事设施整体上已全归我军所有了。"这番话并没有夸大。如果英军在蒂耶普瓦勒-戈默库尔的行动没有成功，那么南面的战局就会发展成"强酸腐蚀阵地"般的蚕食战，和英军在其他地区经历的战斗将几无二致。这时，协约国军队已经成功将德军在索姆河地区所有的后备兵力牢牢吸住，并在很大程度上给了这些后备部队致命一击。协约国军队进攻得手的关键在于其深思熟虑的高明策略及科学有序的进攻设置。

第 3 章

第二阶段：
英军大破德军

精彩看点

英军攻打德军第二阵地——法国国庆日——前线上的攻势——英军部署——夜间进攻——肃清特罗恩树林——占领巴藏丹及隆格瓦勒——进入"高地"树林——英国骑兵在行动——南非士兵奋战德尔维尔树林——德军禁卫第三师和第五勃兰登堡师的覆灭——占领奥维莱尔——占领瓦特洛农场——隆格瓦勒难题——英德损失——双方的士气对比——攻打波济耶尔——天公不作美——一打吉耶蒙——占领波济耶尔——澳大利亚军队在行动——风车争夺战——占领风车——吉耶蒙小败——向莫奎特农场进军——混乱不堪的德军——索姆河战场与凡尔登战场的对比——英军的品质——英雄事迹——法军长驱直入——英国控制莱比锡要塞——败走吉耶蒙——德军反击——高效的英国空军——法军占领莫勒帕——占领莫奎特农场——占领勒兹树林——法国第十集团军参战——法军朝着索姆河北部前进——占领然希——法军切断绍讷——鲁瓦铁路——第一阶段收官战役——占领德军据点

1916年7月14日星期五，随着黎明的到来，索姆河战役进入第二阶段。

即使是最有序的军事行动，也包含着需要足够勇气执行的"险招"。如果没有，那么这样的军事行动就谈不上"出其不意"。英军在1916年7月14日的军事行动正是"计算中的冒险"。在类似孔塔尔迈松别墅区、马梅斯树林这样的地方，英德两军据点间相隔不过百码。不过在某些地方，例如大巴藏丹-隆格瓦勒一线，双方距离就远一些。在"毛毛虫"山谷以北的山坡一带，双方间距达到一英里。战线最右侧的特罗恩树林则给了英军一个便于集结兵力的"中间地带"。道格拉斯·黑格爵士下达命令："派一支主要班底是开战以来经验丰富的老兵，并且战功卓著的军队向对手发动夜袭。"

对于英军能否克服如此大的困难并取得胜利，多名法国沙场老将都表示非常怀疑，但只有一位英国将军例外。在和法军同事谈话时，他称自己相信这次行动一定可以成功，还说如果没成功"就要将帽子吃掉"①。直到1916年7月14日下午，那位法军将领获知了行动成功的消息，随后在自己的报告中直抒胸臆："好极了！看来我的英国同事不用吃帽子了。"英军的表现收获了积极反响。在索姆河战役中，英军多次亮眼的表现都大大超过法军盟友的预期。

英军选择进攻的"7月14日"是个好日子：这一天是法国国庆日和攻破巴士底狱纪念日。为此，巴黎组织了盛况空前的大阅兵，既有来自比利时、俄罗斯和

---

① 原文是"Eat one's hat"，在英文里有"立下军令状，对某事深信不疑"的意思。后文法国将军说的话实际上是利用词的字面意思暗示英军行动已经成功。

英国的步兵，当然也有法军自己穿蓝制服的人马。协约国士兵列队行进。从这个场面中，世界看到了协约国阵营的空前团结。就在同一天，当身处巴黎的苏格兰军人行进在林荫大道接受万众景仰时，皮卡第的英军部队正在突破德军防线。他们一边用南腔北调的法语高喊着"法兰西万岁！"，一边向前冲锋。7月14日是每一个士兵眼中的"法国之日"。对在农场、村庄和战壕里奋斗着的人们来说，7月14日①是他们一个神圣的、值得敬爱的日子。

英军将进攻前线选择在从波济耶尔东南到隆格瓦勒再到德尔维尔树林一条长达四英里的战线上。顺带一提，英军右翼有必要将特罗恩树林里的德国守军赶出去。每支德军部队防守的村落都有树林依傍或者环绕，不管是大小巴藏丹还是位于隆格瓦勒附近的德尔维尔树林都一样。被英军称为"高地"的富勒树林如同天际线上的一朵乌云，"悬"在德军防线后一英里开外的中心地带。

英军计划让左侧的英国第三军组成防御阵型，向波济耶尔方向派出巡逻队。位于第三军右侧的英国第十五军将负责夺取小巴藏丹树林及村镇，并占领迈往"高地"树林的斜坡。与此同时，第十五军右侧的英军第十三军负责占领大巴藏丹、隆格瓦勒和德尔维尔树林并建立侧翼防线。如果协约国取得胜利，那么可能需要调动骑兵，因此第三军和第十五军都被编入了骑兵师。英军进攻前的火力准备将得到法军部署在然希、吉耶蒙、勒兹和"桦树"树林的重炮协助。为了分散德军注意力，昂克尔北部的英军第八军会向德军发动烟幕弹和毒气佯攻，让德军误认为英军会从第八军的位置发起进攻。

直到1916年7月13日，英军才完成对新战线的巩固，并且完成进攻前浩繁的战备工作。德军不相信英军会在这么短的时间内发起进攻。当英军进攻炮火发出的时候，德军居然还认为"一阵阵"的炮火不过是英军掩人耳目的佯攻手段。1916年7月14日3时20分，攻击正式开始。而英军炮火的"乐曲"从1916年7月13日午夜开始，一直持续到这时。一位前线观察员对当时的场景做了这样的记录②：

---

① 1789年7月14日，巴黎起义人民攻陷了巴士底狱，法国资产阶级革命由此开始。1790年，巴士底狱被拆毁。从1880年起，7月14日成为法国国庆日。
② 摘自《泰晤士报》。——原注

  天空被乌云遮盖。夜空中云层斑驳，移动速度很快，只有高悬在东边夜空的月亮不停地发出美丽的光辉。但说起光芒，还是地面上炮火照耀出的那一道弧形火光带更令人神往。炮弹落在四面八方，而光带也从没熄灭过。炮声此起彼伏，火光闪耀冲天。从炮弹残体中喷涌出的火光或橙或白，而燃烧产生的黑烟则为火光蒙上了一层阴影。除此之外，英德两军的曳光弹和传导弹如喷泉般升上天空，只有在远近炮火怒吼的间隙才能听见鸟儿的歌声，也只有在那时，鸟叫声才会显得动听无比。留下白色、深红色和绿色的痕迹。炮声震耳欲聋。每当重炮开火时，我们觉得自己和四周的一切都在晃动。不过，在这一片漆黑的夜光与即将到来的黎明的喧闹与震撼中，总有百灵鸟的歌声与我们做伴。不只是百灵鸟，附近的黑暗中还有一只鹌鹑也在叫，仿佛是在催我们或者大炮快点儿安静。

  1916年7月14日3时25分，炮声最终安静。英军步兵发起全面进攻。有些地方的英军部队不得不经过长途跋涉才能抵达他们的进攻目标。然而令人惊讶的是，这些长驱两百码、直入德军战壕的英军步兵营以几乎无人伤亡的小代价就获得了胜利。只要眼前出现德军兵营，下一秒英军士兵就会将它占领。德国人发射弹幕拦截，但炮弹全落在了英军身后。

  英军全线告捷。某些德军工事遭到毁坏程度较小。只有在这些地方，英军的进展比较缓慢。尽管如此，午后时分，英军也相继啃下这几块"硬骨头"。我们举其中一例说明：在一个英军师中，参与进攻的两个英军旅每个旅都是由两个新军营和两个常规部队营混编而成的。指挥部将四个新军营全派到第一线。这种尝试证明了新式部队的价值。中午刚过，这支新式部队就完成了任务。德军第二道防线部分地区失守，英军部队则抓获包括一名营长在内的三十六名军官和六百六十二名士兵。战俘中没有一人受伤。此外，英军部队还缴获四门榴弹炮、四门野战炮和十四挺机枪。英军用一个师占领小巴藏丹树林和附近村落，又用一个师在占领大巴藏丹树林后沿着山坡冲上"高地"树林；第三个师占领了大巴藏丹。最后，英军再用一个师占领了隆格瓦勒大部。特罗恩树林里的德军已经被

战斗后的几名英军士兵

战斗后受伤的英军士兵

清除，英军甚至从那里延伸出一条防线，向东直达马兹仲农场。入夜时分，英军已经夺取德军长达三英里的在小巴藏丹-隆格瓦勒的第二道防御线全坑，并在过去一天的战斗中俘虏了超过两千名德国士兵，这些德军战俘中大部分来自禁卫第三师。英军通过大胆突进收获了丰厚的回报。

在攻击特罗恩树林时，英军右翼部队经历了整个行动中最戏剧化的一个片段。1916年7月13日星期四，英军发动夜袭，而一百七十名皇家西肯特团士兵与营部走散。由于携带机枪、弹药充裕，士兵们就地防守。1916年7月14日，坚守的士兵们就被主力部队寻获并得到营救。这一百七十名士兵的坚守给英军的扫荡行动提供了巨大便利。在战役的整个过程中，类似的事件比比皆是。例如，由于前进速度过快，英军行军路线被切断，而前锋士兵只能就地防守。英军前锋部队一直坚持到援军最终到来。这些士兵的严明纪律和顽强意志可遇难求。

1916年7月14日傍晚时分，英军攻势的短暂高潮中断。一个英军师准备北进对抗德军巴伐利亚第十师。在侧翼骑兵部队的支援下，这个英军师于"高地"树林突破了德军第三阵地。1916年7月14日18时15分，战争开始十八个月以来，英军第一次使用骑兵部队。1915年9月25日香槟战役期间，为了抓捕俘虏并缴获德

扫荡特罗恩树林

军火炮，在德军第一防线和第二防线间，法军曾经少量投入巴拉迪尔将军的几个殖民地骑兵中队。英军也效仿了法军这一权宜之计，只是法军没能在香槟战役时占领德军的第二道防线，英军现在已经突破德军两座主要防御工事，眼前的防线或多或少是临时拼凑的。英军投入的是使用德干马的龙骑兵禁卫军。龙骑兵穿过狭窄的大巴藏丹谷地，而陡峭的山坡和正在生长的谷物为他们提供了掩护。1916年7月14日20时左右，英国骑兵们完成了半骑行半步行的最后一次进攻。玉米地里的德军不是被战马撞倒，就是被骑兵的战刀和长矛刺死，还有的则做了俘虏。接着，龙骑兵们立刻就地挖掘掩体展开防守，同时为"高地"树林中前进的步兵提供侧翼掩护。龙骑兵干脆利落、娴熟老练的战斗风格和丰厚的战果令整个英军前线感到振奋。这似乎象征着阵地战的终结和开阔地带作战的开始。

1916年7月15日星期六，英军正忙于巩固已经占领地区的防务，同时试图在一些地区推进的更深。只要不是恶劣天气，英军战机都积极出战。不到二十四个小时，英军就击落了四架德军福克三翼战斗机、三架双翼战斗机和一架双引擎大飞机，自身无一损失。在波济耶尔边缘，英军左翼与德军交战，攻击了蒂耶普瓦勒南部的莱比锡要塞，并试图继续夺取奥维莱尔。英军同时向德军新建的、用于连接德军第二阵地残余部分和第三阵地的战线进发。在德军第七师的反击下，英军失去大部分"高地"树林。1916年7月16日，所有的英国部队开始撤离。尽管镇守"高地"树林的英国守军在这之前的防御战中已经尽了全力，但在撤退到己方阵线后，这些守军也立刻摆开防御阵形。

1916年7月16日晚上，在隆格瓦勒和德尔维尔树林周围发生了最激烈的冲突。由于英军前线西起波济耶尔，南至马兹仲农场，在战场上形成一个对英军不利的突出部。1916年7月14日，英军已经占领波济耶尔大部分地区。1916年7月15日清晨，英军调遣预备队扫荡德尔维尔树林。这是一个南非旅，由准将亨利·蒂姆森·卢金爵士率领。1916年7月15日星期六拂晓以前，这场战斗已经持续了十三天，并且被证明是整场战役中代价最大的战斗。当时的局势很适合展开防御作战。隆格瓦勒位于树林西南方，向北直到弗莱尔，是一个拥有果园且道路泥泞的

英军向波济耶尔挺进

战后的波济耶尔

村庄。而德尔维尔树林则只剩下一堆随炮弹壳一起横七竖八倒在地上的残破树桩。两条分别为东西、南北向的名为"河滨"和"王子街"的道路交错。德军战壕就沿着这两条道路分布。德军火力可以轻松"照顾"英军。此外，在防线北部和西南部后方七十码，德军还配置有机枪固守的战壕。比起设法占领德军领地，守住德军防线的难度要大得多，因为德军会在英军占领防线的瞬间用机枪压制英军，再用火炮持续轰炸英军。

1916年7月15日中午，英军南非旅①占领了整座树林，其他英军旅却没能占领隆格瓦勒全境，因此村镇北端的德军残部能够发起反攻，迫使英军后撤。1916年7月16日，南非旅又发起一次进攻，但在德军火力的压制下不仅收获寥寥，反而被德军第八师的反攻压制在中心走廊地带。1916年7月17日，南非旅试图再次进攻这片区域，结果还是惨败而归。但南非旅还是一直坚持杀到西南角，直到1916年7月20日才被替换下来。本文难以细述当年发生的一切，不过或许可以记录下英军和南非军战斗历程中的一些剪影。四天的英勇战斗中，在英军中校萨克雷的指挥下，第三营和来自其他旅的苏格兰士兵与德军徒手搏斗，惨烈程度堪比美军参加的最后一次荒原战役。英军的进攻战赢得很漂亮，但他们的防守打得更漂亮。英军缺少食物和饮水，而军官也所剩不多。在打退德军精锐的勃兰登堡第五师的一次进攻后，南非旅其中一个营的所有军官悉数阵亡。英军上下，尤其是南非部队②，都在这次大战中赢得了声誉。

在索姆河战役的这一阶段，英军试图消灭德军最负盛名的两支部队。英军日复一日地向禁卫第三师发动进攻。1916年4月，禁卫第三师曾经在俄罗斯作战，并获得德皇威廉二世的嘉奖。禁卫第三师麾下有三个团，分别是禁卫燧发枪团、教导团和第九掷弹兵团，他们都已经损失惨重。尽管在奥维莱尔，禁卫第三师已经用高质量的防线证明了自己的实力，但在英国新军面前，禁卫第三师仍然无法抵抗他们的进攻。1916年7月20日，勃兰登堡第五师前来增援。这个师曾

---

① 在埃及，南非旅曾经与塞努西交战过，包括由道森中校指挥的开普敦的南非第一步兵营，由坦纳中校指挥的纳塔尔、奥兰治河和边境地区的第二营，由萨克雷中校指挥的德兰士瓦的第三营以及从南非各地挑选的苏格兰后裔组成的，由琼斯中校指挥的第四营。——原注

② 直到1916年8月25日，德尔维尔树林才完全被英军控制。——原注

威廉二世

经在1916年2月25日攻击杜奥蒙,并在1916年3月9日侵犯沃。实际上,这时的勃兰登堡第五师是一支"全新"的部队,因为早在凡尔登战役中,勃兰登堡第五师受到的损失比其原来编制的人数还要大。在隆格瓦勒,勃兰登堡第五师的遭遇也没好多少。德皇威廉二世在1916年4月20日发表的演讲中说:"很快对手就会明白他们是在自找麻烦。我希望禁卫第三师能让它的对手知道,自己在和一支什么样的军队作战。"听到这些,英军将士的士气并没有因此降低。相反,他们对自己的实力信心十足,自信能击败德军的精锐部队。

1916年7月16日星期日,在经过一场恶战并最终占领奥维莱尔后,为了向波济耶尔发动一波大攻势,英军做了长时间准备。1916年7月16日,通过攻占位于隆格瓦勒-吉耶蒙中间的瓦特洛农场,英军进一步扩大了在德军前线上打开的缺口。1916年7月16日至1916年7月18日,三天的天气都很糟糕。大雨和薄雾令英军前进困难。由于能见度低,很多德军新建的炮位都无法通过飞机侦察获取。英军是在德军一度占领的地方与德军对战,德军因此对英军的战线战壕和大部分可能炮位了如指掌。英军在隆格瓦勒的阵地已经变成一个对自己不利的突出部。如果要消除这个突出部，就必须继续向"高地"树林挺进。因此，1916年7月20日，英军第七师再次对"高地"树林发起攻击并占领除树林北角外的全境。在"高地"树林，一条德军战壕横亘其间，从那里可以看到弗莱尔-勒萨尔一带的情形。德军第八师和马德堡的第四军坚决守卫"高地"树林。从第一次进攻开始算起，英军花了两个月的时间才完全占领这片树林。

目前，英军累计俘获没受伤的军官一百八十九人，士兵一万零七百七十九人，同时缴获了五门八英寸榴弹炮、三门六英寸榴弹炮，另有五门重炮、三十七门野战炮、三十门小型迫击炮以及六十六挺机枪。德军受伤和死亡的人数极多，具体伤亡数字已经无法查考，他们由于失败的反攻导致的伤亡可能使防守中伤亡的人数与英军在进攻中的伤亡人数一样多。被截获的德军信件证明了这一点。德军迫切需要即时支援，其一个营只剩下三名军官、两名士官和十九名士兵，另一个营由于编制溃散无法重建，还有一个营已经完全失去斗志，无心再战。

英军士兵没有因此贬低德军的素质，最多就是称他们为"散兵游勇"，而这也确实反映了当时德军作战的实际情况。德军曾经拥有很多勇敢的斗士，但他们的意志被一些无关紧要的事情渐渐消耗。很多德国士兵已经不愿意再次投入战斗。他们听厌了"胜券在握"的保证，对周围的一切心存怀疑。有一次，一百名德国士兵利用冲锋的机会高举双手投降当了俘虏。德国士兵在家信中大吐苦水，倾诉自己对军官的失望，对国家战争"大业"缺乏信心及对当局隐瞒前线真相的担心，原本会选择英勇作战的他们因此士气迅速消沉。虽然德国坚不可摧的战争机器还在，但支撑战争机器的灵魂在渐渐消弭。

每撑过一天，协约国士兵的士气反倒高涨一分。法军下了血战到底，付出最大牺牲的决心，英军也是一样。一位随军牧师说："我们当中的绝大多数在入伍前根本没摸过枪。相比别的战争，第一次世界大战的士兵面临的战场更惨烈，表现也比经历过其他战争的老兵们更坚定。他们之所以不害怕，显然是因为面对训练有素的德军，他们必须将极度的恐惧深埋心底。这样的本领娘胎里带不来，教官也训不出，但用教堂的话来说，他们就是深明大义并乐于奉献己身。德军官兵可能会在自己的徽章上写'上帝与我们同在',但只有我们的士兵最明白那句话真正的意味。"

接下来,英军要占领德军第二阵地的剩余部分并巩固已有的防御体系,因为德军肯定不会甘心英军轻易占领自己的阵地。一方面,德军失去了从东边波济耶尔出发直至德尔维尔树林一线的阵地。德军不得不开始挖掘交通壕,将第三阵地与依然受自己控制的第二阵地——譬如波济耶尔——连接起来。双方仍在德尔威尔树林外围与隆格瓦勒的果园间继续逐个展开战斗。除此之外,英军的两个主要目标是波济耶尔与吉耶蒙。首先,波济耶尔的后面是风车,是蒂耶普瓦勒高原制高点的一部分。一旦占领这个地方,英军就可以直观地观察东边德军的动向。英军在这分水岭上要占领的要点包括以下几个:位于蒂耶普瓦勒与波济耶尔之间的莫奎特农场、波济耶尔大路以东只剩石质地基的风车;"高地"树林及隆格瓦勒以东的高地。在下次进攻能与法军齐头并进之前,英军要先拿下吉耶蒙。本次行动最大的难点在于,从特罗恩树林发起进攻时,英军必须穿过一片开阔地。德军可以从空地后方的勒兹树林直接观察英军动向,并且已将树林西面的采石场改造成一座碉堡。与此同时,空地南面马兹仲农场和法夫蒙农场间被一座三岔山谷和山谷中间的昂格树林截断。这样一来,英军既难以形成自己的防御侧翼,又难与法军会合。

对此,道格拉斯·黑格爵士总结道:"我已经和法军指挥官达成共识:从马兹仲农场向东到孔布勒山谷,然后沿山谷向东北直到萨伊-萨伊塞勒与莫瓦尔两地中间的位置划分战区。法军左翼取萨伊-萨伊塞勒,而英军右翼占莫瓦尔。为了协同作战,直到最终攻占萨伊-萨伊塞勒,法军仍然要努力占领托蒂尔河与孔布勒山谷间的山脊线。而为了达成这个目标,法军首先要占领德军固守的莫勒帕、勒福雷、朗库尔、弗雷基库尔,以及周围数不清的树林和严密的战壕系统。由于孔布勒山谷两侧的高地彼此之间可以相互照应,英法两军应该保持相同的前进速度并最大限度地相互配合。"

可惜天公不作美。1916年7月的第三个星期雨雾弥漫,1916年7月的最后一个星期与1916年8月头两个星期又酷热难耐。尽管如此,战士们还要头顶钢盔,

英军向吉耶蒙行进

肩负重装备，在干旱多尘的土地上行军。风很小，无法将热浪带上高空，只能在地面滞留。这意味着空中侦察开始变得至关重要的时候能见度却变差了。由于能见度低，并且难以反制德军火炮，英军的前进变得十分困难。"如入无人之境"的进攻只存在于军校生的兵棋推演①之中。因此，指挥官在做计划时，要充分考虑可能的延迟。

1916年7月19日，英军从特罗恩树林向吉耶蒙发动第一次进攻。在这次进攻中，英军没能向前推进。1916年7月20日，法军发动进攻，成效显著。法军将自己位于阿尔德库尔以东的阵地推进至孔布勒-克莱里轻轨铁路之后的地区，并在索姆河南部地区占领巴尔勒-韦尔芒多维莱尔一线德军全部阵地，以进一步打开缺口。1916年7月21日到1916年7月22日，协约国火炮对德军全线发起炮击，并在1916年7月23日星期日派出步兵大举进攻。英军为第五集团军从左至右分别补充了澳新第一军和第二军。这两个军队曾经参与夺取昂克尔河和阿尔贝-巴波姆道路之间地区的战斗。

---

① 一种通过仿真地图沙盘和代表军队的棋子展开的对现实战争的虚拟回合制演习。

协约国的进攻范围相当广阔,但侧重点在左翼如同冠冕般"戴"在阿尔贝-巴波姆道路旁山坡上的波济耶尔及风车。尽管昔日的村庄早就变成一块平地,风车只剩下几根木桩,树林更是只剩下几根"秋棒"似的秃树,但德军的掩体战壕,地堡与机枪阵地仍然密布在片片废墟之间,等待对手来临。

英军分两路进兵,一路是中部地区自卫师,从西南方波济耶尔和奥维莱尔间的空地进攻,另一路是澳新师,从东南方孔塔尔迈松别墅区的方向攻来。进攻在午夜时分开始,中部师的士兵们迅速消灭了从村镇南部直至大路左边德军的防线,并在孔塔尔迈松别墅区沿着朝蒂耶普瓦勒方向的外围地带建立了一条防线。澳大利亚部队的任务艰难一些,他们首先要夺取一条与大陆平行但已经被炸得下陷的小路,再夺下可以直通村落中心地带的大路。

在英联邦新军中,如果澳大利亚部队自称第二,那么没有军队敢说自己是第一。在著名的加里波第登陆战和随后的几场苦战中,以及自1915年8月6日以来的一系列战斗中,澳大利亚部队积累功勋,证明了自己摧枯拉朽的攻势和无畏忘我的作风。然而,无论是火力还是防御,法国战场上的德军都比加里波第的对手强得多。就澳大利亚部队而言,这时需要的不仅是冠绝三军的勇气,严守纪律与绝对冷静也很重要。事实证明,澳大利亚部队完全是一支与这场恶战相称的劲旅。经过一番在断壁残垣间的殊死搏斗,澳大利亚部队占领大路,并在关键地

加里波第登陆战中的澳大利亚部队

带设下防线,将德军与自己分隔开。位于澳大利亚部队侧翼作战的一个有名的英军常备师专门送来信息,称以"在澳大利亚部队侧翼作战为荣"。

在第一次世界大战中,澳大利亚部队的英雄事迹不胜枚举,不过最著名的莫过于加里波第战役中的"长松"点进攻。对此,那长长的维多利亚十字勋章授予名单就是最好的证明。少尉布莱克本引导火炮四炸德军据点,夺占战壕二百五十码。后来,他更是只带一名士官匍匐向前查探敌情,并在返回后带着大队人马占据了另外一百二十码战壕。一等兵托马斯·库克是一名机枪手,在身边所有战友殉难后,他仍然坚持作战,最后被发现战死在自己的枪旁边。一等兵威廉·杰克逊在战壕间的无人区抢救受伤战友。一发飞来的炮弹将威廉·杰克

托马斯·库克

逊的一只手整个炸掉,而他只是在得到帮助简单处理伤口后就又投入火线,再次去寻找两名伤兵。一等兵马丁·欧梅奥拉连续四天在前线抢救伤兵,搬运弹药。他成功躲过德军弹幕的袭击并且往其中一处要地搬运弹药。一等兵约翰·利克所在的部队夺下了一处德军据点。一次当德军正在炮击英军时,约翰·利克冒着德军的机枪弹雨跃出战壕,以一人之力痛击德军阵地。他挥舞刺刀,三名德军炮兵应声倒地。最后,当自己所在的部队寡不敌众被迫撤退时,约翰·利克自愿留下殿后。官方报告说:"此公勇气可嘉,对手深惧此人。英军支援一到,战壕就失而复得。"

1916年7月24日和1916年7月25日,冲突从星期一持续到星期二。星期二晚上,波济耶尔大部分已经被英军控制。又过了一天,即1916年7月26日星期三,英军控制了波济耶尔全境。左翼中部师的士兵们继续北进,又占领两座战壕。内陆师与澳大利亚师在波济耶尔北角会合,协同占领一座公墓并控制了一部分交通壕。凭借高地良好的视野,德军持续不断地向英军倾泻炮弹。由于仍然控制着高地上的风车,德军掌控着良好的战场视野。奥维莱尔东面道路旁山脊线发生的那一幕如果有人能亲眼见到,必定终生难忘。山岭到处弥漫着战火与硝烟,而地上都是鸡血石味道的炮弹壳。在这沙尘中,替换下来的高大的澳大利亚师战士们彼此斜靠着席地而坐,眼窝因疲惫而深陷,却又坚定地望向远方。他们精神振奋而沉着,像苏格兰低地人一样不喜欢夸夸其谈。在谈及自己军团的丰功伟绩时,他们常常压低声音,谦称自己"打过一些仗"。

一位跟随澳大利亚部队作战的观察员[1]这样描述德军无休止的炮袭:

> 时时刻刻、日日夜夜,德军的炮弹雨点般落在我们的阵地上,大有愈演愈烈的趋势。现在德国人刚将八颗重炮炮弹一次送到路南边的一条战壕上。弹片爆裂四溅,甚至每分每秒都是这样。德国人正用弹幕覆盖这片山谷。远远看去,仿佛有雾在我们这里升腾起来……士兵们日夜与远

---

[1] 指查尔斯·埃德温·伍德罗·比恩上尉(Captain Charles Edwin Woodrow Bean, 1879—1968)。——原注

在地平线另一边可怕的战争机器作战,与德国人徒手肉搏,并建造可能又会被德军轰炸、埋葬一部分战友的工事。这些事不是发生一次就结束了,而是重复两次、三次,甚至更多。在后方,当你因为夏日酷热而淋浴降温时,我们的士兵却在前线被德军"泼"弹片。然而,士兵们居然都不愿意为躲避炮弹而低下骄傲的头颅,因为他们不想因此在同僚眼里显得畏缩。以上都是战场上真实发生的事情。在这里,我还要引述一段澳新军团最优秀的一位军官跟我说过的话:"经历这一切时,我还得表现得好像自己很喜欢战斗一样。在战场上,战友们都是这样做表率,你除了跟随还能怎样呢?"

与此同时,在隆格瓦勒和德尔维尔树林,英军也经历了苦战。1916年7月27日星期四,英军终于扫清了德尔维尔除东部角落外的大部分区域。1916年7月28日星期五,德军在隆格瓦勒的最后前哨也被攻破①,其残余力量成了英军的阶下囚。英军抓获德国军官三人、士兵一百五十八人——这是勃兰登堡第五师的最后

在隆格瓦勒战斗中,英军将大炮拖到指定位置

---

① 1916年7月14日以来,德军在隆格瓦勒和德尔维尔树林投入的全部兵力分别是:巴伐利亚第十师第六步兵团,第四军第八师和勃兰登堡第三军第五师。——原注

力量。上一次英军遭遇这支部队还是在恩河流域。当时，德军在高原边缘，被英军第一师逼退。英军高地自卫师正在强攻"高地"树林。此前，英军虽然发动三次攻击，但都没法将德军从树林北角赶出去。1916年7月23日，英军从西、南两个方向攻打吉耶蒙，但由于德军机枪火力凶猛而落败。

1916年7月30日星期日凌晨，澳大利亚部队朝着风车方向攻击了波济耶尔。经过一番摸黑肉搏战，澳新军团将前线推进到德军用于巩固战壕的防御工事边缘。1916年7月31日早上，英军从西北和西面两个方向攻打了吉耶蒙。与此同时，法军将阵地推进至莫勒帕，皇家苏格兰燧发枪部队和曼彻斯特部队的营队前仆后继地直扑吉耶蒙，结果因为损失惨重而不得不后撤，英军最近前进到吉耶蒙外围的轻轨铁路车站。

一连几天，英军几无所获。索姆河流域气温居高不下，连习惯酷热的澳大利亚人都开始觉得不适应，让人难以忍受的高温的热浪仍停留在大地之上。英军意识到德军正在加强防御，这意味着英军要面对新部队和新炮队。与此同时，在索姆河以北埃姆树林和莫纳库农场间，法军正在进攻德军第二阵地，并且杀出一条路。德军朝德尔维尔树林一带发起了几次强力反击，但还没够着目标就被英军火炮轰了回去。每天英军都炮击德军纵深，这对德军的仓库、兵站和火炮阵地造成巨大破坏。1916年8月4日星期五晚，英军开始对波济耶尔的总攻。英军已经占领了德军第二阵地一直延伸到波济耶尔村头与新交通壕连接的部分，德军被打了个猝不及防。一个澳大利亚师从风车右边的方向挺进，另一个新军师攻打风车的左边。这时，德军战壕已经被英军火炮扫荡过，因此占领起来毫不费力。天黑以前，英军又一举夺下长约两千码的德军第二阵地残余战线。德军彻夜反击，但由于配合不充分一无所获。1916年8月5日星期六，英军将从波济耶尔以西、以北方向将这条长达三千码的战线向前推进了四百码至六百码。1916年8月6日星期日，德军借喷火器发动反击，迅速夺回部分失地。截至目前，英军已经控制了争夺激烈的风车，同时将战线延长至波济耶尔东部至西部尽头的交通壕。在波济耶尔以西，英军往北深入推进，而德军防线像天花板墙壁受潮掉灰一般迅速瓦解。英军俘虏了约六百名战俘，分水岭终于近在眼前。

德尔维尔树林战斗中的英军炮兵

德尔维尔树林战斗

接下来的一个星期，德军试图通过反复发动反攻，收复失地。德军疯狂炮击英军阵地，风车一带靠着斜坡掩护的英军士兵完全是凭毅力坚守阵地。1916年8月2日星期二，4时20分，英法两军联合发动攻击并逐渐逼近吉耶蒙。在波济耶尔，尤其是它和蒂耶普瓦勒之间靠近莫奎特农场的一角，英军逐天挺进。德军从蒂耶普瓦勒向英军开火，随后又调动库尔瑟莱特和格朗库尔的重炮轰击英军阵地。英军的任务是打断并让德军为多次发起的反击付出惨重代价，寸土必争，力保阵地不失。

在苦战中，德军强横的战争机器开始逐渐瓦解。德军的军令大都被自动准确地执行。然而现在，德军预备队士兵来自战线的四面八方。官兵们彼此不熟悉，缺乏默契，因此原本的高效率打了折扣。德军发动一场进攻，派出的六个营由三个师中抽调的兵力拼凑而成，而且在这之前他们从没有协同作战过。德军向来纪律严明、凝聚力强，但现在这些优点都体现不出来。战时部队找不到方向、参谋尽不到职责的现象时有发生。原本果断执行军令的德军现在变得松散拖拉。在一封被截获的德军第十九军的军官书信中表现出，德军官兵的表现相比战争爆发之初的高效已经有了改变[①]："昨天的救援行动真是糟透了。我们在库尔瑟莱特的开阔地救援战友，但目标的实际位置和数目跟我们被告知的完全不一样。原来上头说伤兵规模只是个有五十多人的连，结果最后仅我们连就接应了整整一个营！此外，获救的战友对敌我双方位置一无所知，甚至搞不清楚周围还有没有其他自己人在。当时已经是18时，但我们不知道自己在什么地方。英军就在四百米开外的地方，他们可以凭借高地上的风车俯视一切，而我们连个散兵坑都没有。我们在一个弹坑的基础上挖了一个简易散兵坑，然后冒着风湿病发作的风险躺了进去。前一天出发前，每个人领到三个罐头和两瓶水，但由于在大部队接应前再没有任何补给，我们也只能忍着不吃不喝。枪炮声彻夜不息，简直叫人发狂。本来已经睡着的官兵们都被惊醒了。"其实，在最前线作战的部队大多数都是这样。只是跟协约国部队相比，德军参谋工作目的不明，且很混乱，自然更吃亏一些。

---

① 实际上德国最高统帅部在战况改变时迅速调整计划的表现是高效而专业的。关于这一点可以参见附录2《弗里德里希·西克斯特·冯·阿明将军的战报》。弗里德里希·西克斯特·冯·阿明将军指挥德国第四军，是在1914年8月大战初期率军开进布鲁塞尔的第一人。

针对德军在凡尔登对协约国发起的攻击，当时的德国媒体乐于将它与英法在索姆河发起的攻势相比，通常都是吹捧后者更具优势。但这种简单推理的方法是不正确的，应该考虑方方面面。无论是双方占领的土地面积、付出的伤亡人数、炮击的准确率、步兵攻击的效率，还是军令的准确性，德军在凡尔登的表现都远比不上英法在索姆河取得的成就。1916年4月月底，德军在凡尔登阿沃库尔-沃一带进攻的法军战线比1916年8月月初英法在皮卡第进攻的德军战线狭窄，但投入的兵力至少多了十个师。经过严格审视，德国皇储威廉在凡尔登的战

德国皇储

马克斯·卡尔·威廉·冯·加尔维茨

绩顿时黯然失色。索姆河的奥托·冯·贝洛和马克斯·卡尔·威廉·冯·加尔维茨从来没有这么多可供支配的资源。由于缺少兵员,德军只能被动应战,而他们组织的反击也不足以彻底动摇协约国达成目的的决心[①]。

我们已经谈到过,很大程度上,英军那份与对手在已经化作堆堆朽木的树林和只剩断壁残垣的村镇间徒手肉搏的韧劲都是军官的功劳。早在这支雄师创立初期就有人担心军官数量不足,但这种忧虑毫无根据。这里最初都是公学毕

---

① 德国最高统帅部的表现可圈可点。大战之初,奥托·冯·贝洛指挥德国第二集团军,但随着战事持续,必须不断招募新兵补充阵亡士兵空缺。德国发现这时重建在1916年春天撤编的第一集团军极其方便,于是让奥托·冯·贝洛改任第一集团军指挥官。而第二集团军则改由马克斯·卡尔·威廉·冯·加尔维茨将军指挥。德军将领中如赫尔曼·冯·斯坦、斐迪南·冯·夸斯特、弗里德里希·西克斯特·冯·阿明、金特·冯·基希巴赫、奥托·冯·许格尔和卡尔·冯·法斯本德等人都曾经担任过这类工作。后来英军也效仿这种方法,让有经验的英军指挥官负责刚刚重建的部队。——原注

业的小男孩证明了他们自己是天生的领导者。他们风趣幽默、相互友爱、尽忠职守又勇气十足。在堑壕作战的漫长岁月中，这些都是一个军人必备的品质。当进攻的号角响起，这些军人就已经作好上阵杀敌的准备。很多时候，双方都是以小单位作战，而这最需要年轻的军官拿出勇气冲锋在前。实际上，他们确实是这么做的——阵亡名单上总是年轻的排长最多。

这些曾经向家人允诺要在生活中扬名立万的年轻人倒下了。他们中的一些人如果没有英年早逝，或许真的可以成为英国日后的领袖。以在德尔维尔树林阵亡、年仅二十五岁的威廉·康格里夫少校为例。两年的战地生涯已经充分证明他作为一名优秀军人的能力与品质[①]。在凡尔登前线指挥猎骑兵时，威廉·康格里夫少校已经负伤。1916年7月13日，在执行一次大胆的侦察任务时，这位如同当代最后一位罗汉公爵亨利[②]一般的英雄英勇殉职了。为了保卫法国，这个欧洲最古老的圣地，这位前途光明的年轻人选择英勇献身[③]。他的死是协约国的沉重损失，但这沉重的代价值得付出。他的价值不仅体现在令人满意的军事结果上，更体现在向英国国内乃至全世界昭告英国拥有称职的军官，而英国军官们也因此对自己的领导职责充满了荣耀感和使命感。

有资格获得维多利亚十字勋章的人并非战场上勇气的最好象征，只是战场上随处可见勇敢行为的样本之一。然而，对于维多利亚十字勋章的获得者来说，他们身上体现出的十足勇气与牺牲精神无法被超越。在带领士兵冲击对手工事时，来自约克郡的罗顿·山德少校身负重伤。尽管如此，他仍然不下火线，鼓励他的一营士兵继续作战，直到因为体力不支殉职。在无人区营救伤员，给不能行动的伤员送水时，皇家爱尔兰燧发枪部队的凯西中尉遭遇对手直瞄火力打击殉职。约克郡少尉辛普森·贝尔在他的连队侧面发现一个德军机枪阵地埋伏，于是带着一名下士和一名士兵摸进德军的交通壕，将机枪阵地一举捣毁。许多英

---

① 英国第十三军团司令官的儿子，优异服务勋章、军功十字勋章、法国军团荣誉勋章和维多利亚十字勋章的获得者。——原注
② 罗汉公爵亨利（Duc de Rohan Henri，1579—1638），骁勇善战的法兰西指挥官，在莱茵费尔登之战中阵亡。
③ 罗汉公爵的信条：Roi ne puis（我非国王）Prince ne daigne（亦非王子）Rohan suis（我就是罗汉）。——原注

军士兵的生命因此获得拯救,而这次军事行动也因此获得成功。在皇家萨塞克斯某连卡特军士长身上也发生了类似的事,只可惜他在行动中以身殉职。来自西约克郡的桑德斯下士与三十名同胞深陷敌后。两天两夜,桑德斯下士不吃不喝,坚守阵地。当大部队赶来救援时,被困士兵中还有十九人活着。冒着对手的弹幕打击,皇家兰开夏郡部队普通士兵米勒受命传达一条紧急信息。几乎在离开战壕那一瞬间,他便被一颗流弹击中。子弹由后背进入,从前身穿出。"然而,凭着极大的勇气与牺牲精神,米勒手压腹部的伤口,强忍剧痛,成功传达指挥官的消息并带回友军的答复。可惜,就在将要转达的消息说完时,他倒在指挥官脚边。米勒用生命忠诚地履行了他应尽的职责。"在冒着德军炮火冲锋时,来自约克郡的普通士兵肖特身负重伤。尽管如此,肖特拒绝撤退。最终,肖特的腿被一枚炮弹炸断。但弥留之际,他仍然在为战友调整起爆器,拔炸弹的保险销。"在生命的最后一个月中,肖特总是自愿参加最危险的进攻任务,也因此成为战场上英军士兵勇气与奉献的榜样。"

既然军官指挥不惜身,士兵作战自然也不要命。德文郡士兵瓦尔奉命寻找一名失踪的军官,发现他正离对手只有五十码。瓦尔马上一把将军官拉进弹坑里藏起来,然后回到己方阵地为他取一些饮用水。在拼命营救了那位军官后,黄昏时分,瓦尔接着又和一队英军士兵离开阵地执行任务。在这段时间,瓦尔用一挺刘易斯机枪挡住一队前来堵截的德军巡逻兵,胜利掩护战友完成任务。冒着德军炮火,伍斯特郡士兵特罗舍身保护一名重伤的军官三小时,最终两人竟然被德军团团包围。所幸英军立刻发动反击,从而使特罗将这名军官带回己方阵地。为了寻找一名失踪的排长,皇家爱尔兰来复枪部队的士兵奎格冒着德军炮火在战区七进七出,随后又冒着炮火花了七小时将这名负伤的排长带回阵地。战争中还有其他卓越的作战行为。例如,看到同伴们因为指挥官阵亡而士气低迷准备后退,锡福斯鼓手瑞奇站在对手战壕胸墙上大声催促他们集结起来冲锋。除此之外,皇家爱尔兰来复枪部队士兵麦克法奇或许是最悲壮的一位。在进攻前打开手雷弹药盒时,他不小心将里面的手雷全倒了出来。其中,两枚手雷的保险销被撞开,他当场被炸身亡。东兰开夏郡中尉史密斯在加里波第战役时

皇家爱尔兰来复枪部队

以身挡炸弹。"他当然知道这十分危险，但他毫不犹豫地为战友奉献出自己的生命。"在回忆一战故事的时候，有一位英国将军曾经深情地对他的听众们说：每位英军士兵都有一副高贵的灵魂。他说得很对。

1916年8月的第二个星期，法军完全占领了德军在索姆河南部的第三阵地。1916年8月12日星期六，在经过初步侦察后，法军开始对索姆河以北阿尔德库尔以东至巴斯库尔对面的德军第三条防线发起进攻。由于法军的进攻组织得力，在四英里宽的战线上，法军每处推进的平均深度达四分之三英里。法军杀进莫勒帕公墓、抵达位于莫勒帕-克莱里道路上的一零九高地山坡，直逼克莱里以西的鞍部地区。到黄昏时分，法军已经抓获超过一千名战俘。1916年8月16日星期三，莫勒帕北部的法军左翼部队在与英军战线连接处占领了一条一英里长的战壕。莫勒帕南部，一条长一点二五英里的完整德军战壕也落入协约国之手。除了一些非战略要地，法军战区的德军第三阵地已经悉数被占领。

北边的英军还没有做好发动大突击的准备,而英军面对的德国守军实力更强。从索姆河战役打响到现在已经过了六个星期,德国守军一直躲在山上居高临下朝英军射击。英军一度冲到分水岭,但无法占据有利位置与对面山上的德军第三条防线抗衡。在索姆河战役持续的第七个星期,英军缓慢地朝被波济耶尔、"高地"树林和吉耶蒙环绕着的高地边缘前进。所幸每次在战斗结束后英军都能或多或少占领一些地盘。1916年8月13日星期日,英军占领了波济耶尔西北的一条战壕和在小巴藏丹与马坦皮什之间的另一条战壕。1916年8月15日星期二,英军夺取了莫奎特农场附近的一块空地。1916年8月16日星期三,英军夺取了吉耶蒙西面和西南的外围,并在"高地"树林推进了三百码。1916年8月17日星期四,英军在小巴藏丹西北,位于吉耶蒙与然希之间的马坦皮什方向取得了一些进展。

1916年8月18日星期五,英法两军发起了另一次联合攻势。德军在蒂耶普瓦勒-索姆河一线遭到全线施压。协约国左翼定于1916年8月18日早上8时开始攻

马坦皮什,被英军摧毁的德军榴弹炮

击,主攻则在1916年8月18日14时45分开始。天气怪极了：先是骄阳炙烤,随后雷暴豪雨,最后雨过天晴,天边还挂起了一道美丽的彩虹。

我们不禁要回看莱比锡要塞。它位于蒂耶普瓦勒南部,曾经属于德军第一道防线,如今被英军占领。莱比锡要塞的构造和协约国在博蒙阿梅尔遭遇的德军要塞一模一样,是一个由挖得很深的地堑与地下通道环绕而成,密布机枪阵地的德军巢穴。在向东朝波济耶尔与孔塔尔迈松前进时,英军前线部队忽视了这个突出部。对要塞防御能力十分自信的普鲁士第二十九团在这里防御。山顶上的德军只能龟缩在简易战壕里躲避英军炮火苟且度日,而莱比锡要塞里的德国士兵过着简单自在的生活。有的士兵负责站岗放哨,而不用执勤的士兵躲在地下庇护所中,要么睡觉,要么玩纸牌。1916年8月18日星期五,在一次集中紧凑的炮击后,英军派出两个营拿下了这座要塞。英军已经掌握对付德国机枪阵地的方法。部分德军选择死战到底。英军将剩下的德军用烟熏出地下庇护所,作为战俘囚禁在一所赌场,并且由当地警察负责看守。六名德国军官和一百七十名德军士兵一起向英军投降。共有两千名德国士兵在这里被俘。这时,英军炮火足以覆盖一切前来开阔地的侵犯者。一旦英军能够立刻部署机枪阵地,德军连反击的机会都没有。

在战线的其他地方,英军就没这么走运了。在蒂耶普瓦勒战线的中心地带,一个著名的英军师正朝马坦皮什推进。与此同时,在"高地"树林南部,英军也取得了一些进展。英军占领了德军在隆格瓦勒占领的最后一座果园,然后往德尔维尔树林东缘推进。在往南更远一点的地方,经过几小时的血腥肉搏,英军占领了吉耶蒙边缘的采石场,但没能守住。与此同时,法军占领了莫勒帕的大部分和莫勒帕东南方一座叫"骑兵"的山丘。这座山丘由普鲁士禁卫第二师把守,几个月来一直风平浪静①。

英军正在分水岭上作战。他们占领了一座可以从东南俯瞰蒂耶普瓦勒的山岭,把持着波济耶尔北部的所有高地。无论是往巴波姆方向,还是往英军设在风车后方三百码的阵地观察,这座高地的视野都很好。英军掌握着"高地"树林、阿尔贝-巴波姆道路和两条道路中间地带西部的视野。英军部队的位置处

---

① 由禁卫第一师和第二师组成的禁卫第一军正在索姆河北部面对法军攻势。

英军在蒂耶普瓦勒作战

在隆格瓦勒和然希之间，已经钳制住了吉耶蒙。英军的枪口已经笔直地瞄准了德军的第三条防线。

接下来的一星期，英军忙于击退德军的反击，努力削平蒂耶普瓦勒突出部，并试图占领吉耶蒙。蒂耶普瓦勒是一个应当被铭记的地方。早在进攻初期，蒂耶普瓦勒就位于英军在德军原第一防线上打开豁口的左侧地带，而吉耶蒙仍然是德军第二道防线上一块难啃的硬骨头。1916年8月20日星期日，德军猛烈炮击英军前线阵地。正午，德军对英军在德尔维尔树林西部的新阵地发起冲击。起初德军占领了一部分地盘，但很快就被赶来支援的英军步兵击退。1916年8月21日，德军猛烈炮击"高地"树林和莫奎特农场，却一无所获。1916年8月22日，英军左翼稳步推进，已经直逼曾经是莫奎特农场那片废墟的东北边缘，距离蒂耶普瓦勒只有一千码。

得益于战场能见度的提高，英军的反炮袭战进展顺利。在英军战斗机的辛勤工作下，许多德军火炮再也不能开火了。除此之外，英军在空战中没有损失，有四架德军战斗机被英军飞行员击毁，另有多架战斗机由于严重受损而不能起飞，只能留在地面。在一份被英军截获的信件中，德军这样描述英国飞机的效率："英军飞行员在我们头顶盘旋并攻击我们。那肯定是英军的飞机，因为德军飞行员是不会贴地射击的。德军飞行员去哪儿了？虽然后方有不少，但他们从来都不在战场上露面。"

整个索姆河战役期间，英军都牢牢掌握着制空权。战后缴获的德军文件里对英军空中优势的描述多得不胜枚举。一份德军团报告称英国空军的攻击"坚决得令人惊讶"，另一份德军指挥部报告建议重组现有部队，"为了对抗英国的空中优势，哪怕是坚持几个小时也好"。以下我们摘录一份英军飞行上尉的战斗记录。在一次任务中，这位飞行上尉遭遇了由十二架德军战机组成的飞行队。"这位飞行员立刻压低机头，钻进德军机群开火。德军机群的秩序被打乱了。这位飞行员朝着离他最近的一架德军飞机打了一梭子子弹。子弹飞出十五码，准确命中目标。德军飞机一头坠毁在巴波姆东南方向。接着这位飞行员又朝另一架德军飞机开火，迫使它降落在两座树林间的空地上。随后他又对其他几架飞机开火。在打光所有子弹后，我们的英雄从容返航。"那天是1916年9月1日，正是山鸡狩猎活动开始的日子，这位优秀的飞行员仿佛一位在山中猎山鸡的猎人般沉着冷静地完成了那天的任务。

1916年8月23日星期三晚和1916年8月24日星期四清晨，德军在吉耶蒙前线向我军阵地发起攻击。尽管德军进攻的决心很强，但他们寸土未得。1916年8月24日下午，英军在靠近蒂耶普瓦勒的地方有所进展。英军一举占领德军兴登堡战壕并将阵地向前推进了五百码。1916年8月24日17时，法军占领莫勒帕，并沿着孔布勒铁路推进其右翼部队。与此同时，他们以一个轻装步兵师的兵力成功肃清了德尔维尔树林的德军。因此，1916年8月25日，法军与英军在吉耶蒙东南会师，协约国的"铁钳"对德军开始越来越紧。

接下来的一周，英军缓慢而稳健地推进自己的战线。通过发起快速冲锋，英军用步枪旅的一个营清剿了德尔维尔树林附近的德军残余力量。这几天从前线传来最好的消息就是德军虽然接二连三发起反击但悉数落败。1916年8月26

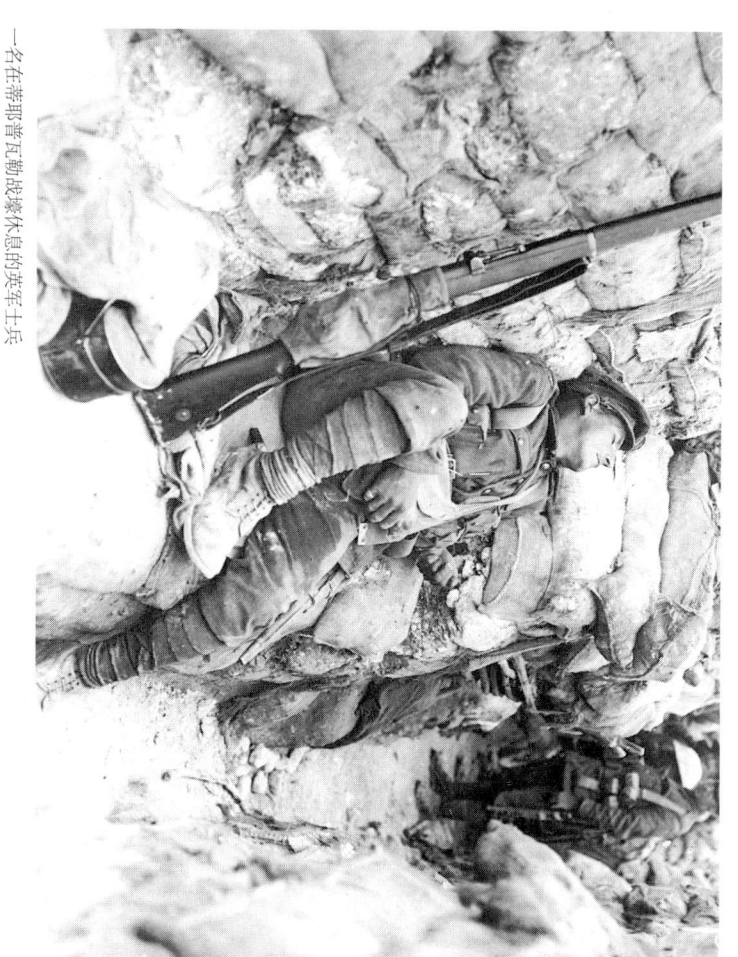

一名在蒂耶普瓦勒战壕休息的英军士兵

米登堡战壕

日，在德军猛烈炮火掩护下，普鲁士禁卫第四师猛攻英军蒂耶普瓦勒南部阵地，却被几个威尔特郡和伍斯特郡营打得大败。那天发生了一件值得一提的事。一名传令兵受命将德军进攻的信息带回后方。完成任务后，这名传令兵返回前线。他毫发无损地冲过一处德军兵营，却发现周围一片废墟，找不到自己原来的战壕。好不容易看到一个外形相似的战壕，他跳进去却发现里面全是德国人。传令兵立刻意识到德军已经开始反击，于是又跑回英军后方阵地报信。顷刻间，英军炮火覆盖了那片区域。普鲁士禁卫军的反击还没有完全开始就被彻底消灭了。1916年8月31日星期四，德军对"高地"树林和然希之间的英军阵地发动了五次猛烈冲击，但被萨塞克斯团的一个营挡住了全部进攻。英军大胜。看上去，德军的进攻实际只是在徒劳地试探英军在下一阶段的主攻方向。

1916年9月3日星期日12时，协约国前线全线推进。澳新军团和英军沿着战场最左侧靠近莫奎特农场及蒂耶普瓦勒的地带推进，攻打昂克尔河以北的德军阵地。英军遇上德军预备禁卫第一师，击败德军并俘虏了数百人。事实上，在那次进攻中英军取得几次大胜。英军在莫奎特农场以东夺得一块地盘，同时持续削弱了蒂耶普瓦勒突出部。1916年9月3日下午，英军中路部队占领了"高地"树林，却由于推进太远而不得不在德军反攻前暂时后撤。英军部队右侧的一个师占领了然希，然后又被德军夺回，更右边的一个师加上一个旅的兵力，一路杀过吉耶蒙，前进五百码抵达东部那条下陷的小路。在更往南一点的地方，英军对法夫蒙农场的进攻失败。与此同时，法国第一军①节节胜利。1916年9月3日午后不久，在莫勒帕-索姆河之间一条宽达三点七五英里的战线上，法军在充分准备炮火后发起进攻。法国第一军一举占领勒福雷和克莱里，并在勒福雷和克莱里北部孔布勒外围地区攻占了几座德军战壕。

如博蒙阿梅尔南部的血腥角落将永远与阿尔斯特师联系在一起，吉耶蒙也将永远与西南爱尔兰部队的胜利紧密联系。这些士兵们来自爱尔兰芒斯特、伦斯特和康诺特地区，他们排山倒海般冲击德军复杂的防御体系。吉耶蒙拥有德

---

① 法国第一军属于法国东北部，官兵大多来自里尔、阿拉斯和鲁贝等被德国占领的沦陷区。可以说，这些士兵是真正意义上的"保卫家园"。——原注

军一系列由驻军固守的村庄组成的防御体系,因此占领吉耶蒙成为英军自占领波济耶尔以来取得的最大成就。吉耶蒙是德军在第二阵地上,也是在英军与法军战区结合部上钉的最后一颗"钉子"。德军曾经死守这座村庄,因为他们清楚这样就可以阻断英法军之间的联系。然而此刻,德军两年来的心血随之付诸东流,其前线也愈发瞬息万变、举步维艰。

英法军队并没有停下脚步。1916年9月4日星期一,英军打退了德军当天的所有反攻,并趁势夺下法夫蒙农场附近的一片空地。1916年9月4日晚,大雨倾盆,但英军官兵并没有因此停下前进的脚步。1916年9月5日中午前,英军已经身处吉耶蒙以东一英里,深入勒兹树林的位置。1916年9月5日晚,英军占领了整座树林和德军死守的法夫蒙农场。英军离孔布勒城区只有不到一千码,法军也正从南方逼近。

1916年9月5日14时,一支从没在之前战斗露面的法国军队从绍讷以南、距离巴尔勒十二英里的地方加入战斗:法国第十集团军已经原地待命两个月,它的指挥官是米歇尔将军。刚一出战,这支军队就占领德军第一阵地位于韦尔芒多维莱尔–希利长约三英里的防线,并俘获约三千名德军士兵。1916年9月6日,两路法军部队沿索姆河南北两岸齐头并进。北部法军抵达昂代吕树林的西部边缘,夺取了霍皮特农场、雷内特树林、玛丽埃尔树林局部、布沙韦讷–克莱里的道路途径的山脊线及奥米耶库尔村。

1916年9月6日开始,一直持续到1916年9月8日晚,德军疯狂反击,试图夺回失地,但都以失败告终。在蒂耶普瓦勒–希利全长三十英里的战线上,虽然德军投入了四个普鲁士禁卫军,但发起的反攻都以失败告终。在德国士兵接近己方战壕前,协约国就发动炮击并将德国士兵炸成肉泥。1916年9月9日星期六,此前占领吉耶蒙的爱尔兰团占领了然希。1916年9月9日16时45分,攻击开始。虽然英军拓宽战线的战术取得成功,但在其他战区,对这种战术的尝试都失败了。由于在德尔维尔树林以东受阻,英军仍然没有占领"高地"树林。此外,最重要的是,英军没有占领然希东边的"四边形"工事。后来,"四边形"成了英军的一根"肉中刺"。

然希战斗中被俘的德军

德军炮兵部队

然而，英军的主要意图已经实现。英法两军前线所处的位置不但已经大致统一，而且两军前线占据了所有高地，视野良好。孔布勒已经被英军牢牢掌控。在距离绍讷火车站二点五英里的地方，法国第十集团军把守着绍讷－鲁瓦铁路。这一举动切断了德军的侧翼交通。这时，协约国在战前设定的初期目标已经胜利达成。

1916年9月10日，英军不仅已经基本占领了德军第二阵地，而且控制了高地的制高点。与此同时，法军已经开到佩罗讷的门户地带，其右翼新加入战斗的军队则在努力拓宽德军防线上的缺口。随着这个时刻的到来，一个阶段的战斗终于真正落下帷幕。这也意味着协约国西线第一次，或许也是最重要的一次阶段性进攻的落幕。这就好比一个人靠努力工作攒下了一笔积蓄，如果他不幸失业，那么这笔钱能让他一开始的日子过得还算体面。但如果这个人一直找不到工作，那么他就只能坐吃山空，最终会和他周围的人一样一贫如洗。如今的德国就是这样，其拥有的强大防御体系代表的就是可供支持两年的"资本"。德国是在火炮和士兵比协约国更强的时候攒下了这些"资本"的。然而随着战事持续，德军被削弱了，其"资本"也被消耗殆尽。从此，索姆河战役在战略和战术层面上进入一个新阶段。蒂耶普瓦勒－绍讷一线的德军放弃了复杂的战壕体系，开始在简易阵地作战。虽然运动战的时代还没有来临，但对于"坚不可摧"的堑壕战和它所处的时代而言，丧钟已经敲响。

第 4 章

第三阶段：
协约国的新式武器、泥泞的战场与骇人的死亡

精彩
看点

1916年9月3日以后的局势——德军第三阵地——德军防线面临的压力——协约国的积极前景——新一轮炮击开始——协约国的意图——英军的部署——坦克出击——战斗：1916年9月15日——英军占领库尔瑟莱特、马坦皮什和弗莱尔——肃清"高地"树林——阻挡英军右翼——战果总结——皇家空军的战果——首相之子的陨落——法军前进——占领"四边形"工事——战斗：1916年9月25日——占领莫瓦尔与雷斯伯夫——战斗：1916年9月26日——占领格德库尔、孔布勒与蒂耶普瓦勒——1916年9月月底协约国的战事展望——1916年10月的气候——交通困境——山脊线支线上的挣扎——特别严峻的局势——夺取里贾纳战壕与蒂耶普瓦勒山脊线——法军占领萨伊——米歇尔的进军——月度总结——卢卡斯勋爵之死

1916年9月3日，英军占领吉耶蒙。这标志着德军设在蒂耶普瓦勒-埃斯特雷一线的第二阵地从此不复存在。不过新的问题也摆在协约国军队面前：挡在眼前的德军第三阵地有什么特点？德军第三阵地的配置又如何？

　　借助在1916年7月1日发动的攻势，英军在德军第一阵地上撕开了一道大口子，却在攻打戈默库尔-蒂耶普瓦勒一线时遭遇失败。因此，实际打开的防线缺口要比英军计划中的短八英里。1916年7月14日，英军再次发动攻势，夺下小巴藏丹-隆格瓦勒一线，但这仍然比计划打开的战线宽度窄一些。如果协约国延续目前快速猛攻的策略，后面打开的缺口会越来越小，直到形成一个尖锐又危险的"突出部"。为了拓宽突破口，道格拉斯·黑格爵士有针对性地在战线两翼发动进攻。英军首先占领波济耶尔，然后夺取了莫奎特农场附近的高地，接着又攻占了位于另一侧翼的吉耶蒙和然希。这样一来，在德军第二阵地，英军不仅将打开的突破口拓宽了大约七英里，而且控制了视野能覆盖低处的斜坡和东部河谷口袋地形的战场制高点。然而，尽管莫奎特农场和"高地"树林已经是战场地势最高的地带，英军仍然没有完全控制山岭的冠状地带。

　　在索姆河战役打响第一枪时，德军第三阵地刚投入建设。1916年7月14日时，建设工作或多或少完成了一些。1916年9月月初，第三阵地已经得到大大优化，德军开始在第三阵地后面准备建造第四阵地。德军在村镇里屯兵固守。这些村落沿着主山脊线的反坡分布，分别经过库尔瑟莱特、马坦皮什、弗莱尔、雷斯伯夫和莫瓦尔。在这些村子的后方,德军设置有经过勒萨尔、奥库尔修道院、格德库尔的中间阵地。再往后就是位于巴波姆-佩罗讷道路以西,包括勒特朗斯卢瓦和萨伊-萨伊塞勒在内的德军第四阵地。这就是德军用来保卫巴波姆的防线,德军的下一阵地将设在巴波姆以东,此时还停留在设计阶段。

1916年7月1日战役打响到1916年9月第二个星期,德军在战场上共投入六十一个师,七个师退出战场,在整备完毕后又重返战场。1916年9月14日,德军阵地上只有十五个师在防守,这就意味着英军消灭了五十三个师。由于法军面对的都是德军防御较薄弱的地带,又总是在炮火准备充分后才发动进攻,与付出巨大代价的英军相比,法军因为得到密集炮火的掩护,面对的战术较简单,所以付出的伤亡代价低得多。不过毫无疑问,英军付出的代价也比德军少。英军在1916年7月1日蒂耶普瓦勒南部及1916年7月14日的进攻等几场明显取胜的战斗中,遭受的损失都比较小。英军的伤亡主要来自战役打响第一天在蒂耶普瓦勒北部的失败,以及对德尔维尔树林和吉耶蒙等德军死守的几乎坚不可摧阵地的进攻。

在这十个星期的战斗中,德军的战斗力时起时落。尽管德军前线一度面临全线崩溃,但从凡尔登战场赶来的炮队和新来的援军又总能帮它巩固防线。德军努力将自身的战斗力提到极限:它被迫恢复了在1916年春撤编的旧第一集团军的编制,并将它派到索姆河北部交给奥托·冯·贝洛指挥。第二集团军则被部署在索姆河南部前线,由马克斯·卡尔·威廉·冯·加尔维茨指挥。德军还将第一、第二集团军的防区,都交给指挥第六集团军及其防区的巴伐利亚王储鲁普雷希特节制。德军还效法英军放弃军级作战系统的作法,从每个军中抽调很多师组成集团军,并且相继完成改变。德军在为期十周的防御战役中不惜血本,几乎所有德军精锐部队都投入到索姆河战场,比如巴伐利亚部队的精锐、勃兰登堡第五师、禁卫军的所有师及禁卫预备军等。

1916年9月月初,德军在索姆河的状况并不乐观。凭借然希和吉耶蒙,英军可以与马里·埃米尔·法约勒将军长驱直入的法军左翼部队齐头并进。至于在蒂耶普瓦勒山脊线上占领的几处战略要地,既让英军获得了绝佳视野,又进一步威胁了德军在战场北部的防御枢纽。协约国在索姆河以北的战线右翼有索姆河

巴伐利亚王储鲁普雷希特

作为侧翼的防守屏障，现在昂克尔河或许是协约国左翼的防御屏障。因此，发动新一次进攻的时机已经成熟。如果成功，那么将对协约国进军带来全新方向。如果德军失去其第三道防线，就会像之前一样反复将自己的侧翼更大程度地暴露给协约国军队。这样一来，协约国得到的就不光巴波姆这个"任务目标"了；协约国可以往东北方向跨过昂克尔河上游，直插蒂耶普瓦勒以北整个德军阵地的后方！这样大获全胜的前景当然令人垂涎。然而，这时英军必须先对德军第三阵地发动试探性进攻，看看这里的德军到底实力如何。

看上去，这是英军集中力量突破德军防线的最好时机。英军前线全线进展良好。马里·埃米尔·法约勒将军的法军左翼部队赢得重大胜利，士气高昂。而米

特兰西瓦尼亚战场上的罗马尼亚炮兵

歇尔将军则派兵钳制住绍讷,给德军侧翼之间的通信造成极大破坏。放眼欧洲其他地区,一切也都朝着对协约国有利的方向发展。1916年8月28日,罗马尼亚宣布参战,大军直指特兰西瓦尼亚。虽然这次进攻过于仓促、成果甚微,但打了德军一个措手不及,迫使德军立刻采取措施应对威胁。德国最高统帅部内似乎风向有变,有人说可能是因为埃里克·弗里德里希·威廉·里特尔·冯·鲁登道夫与保罗·冯·兴登堡的权力没有之前那么大了。阿历克谢·阿列克谢耶维奇·布鲁西洛夫将德国-奥匈联军死死钳制在俄罗斯前线,而法军将领莫里斯·萨尔开始在巴尔干半岛向同盟国大举进攻。如果德军的西线防御线被打开一个缺口,那么它可能很难找官兵再把这条防御线补上。协约国的每一次行动似乎都给德军准备了一连串的"惊喜"。协约国看起来只是在进攻一个地方,然而一旦得手,就会出现各种可能性。双方指挥官预计不到接下来可能会发生什么,但他们也绝对不能无视这些问题。如果众神要给指挥官们带来好运,那么他们必须做好接收的准备,自然也会选择在众神较为慷慨的季节采取行动。

1912年9月12日星期二，英军从蒂耶普瓦勒-然希前线向德军发起全线持续炮击。英军指定由亨利·罗林森爵士召集的第四集团军全体参与行动，除此之外，右翼第五集团军第一加拿大师，以及在战地左翼被派去执行部分佯动、部分初步进攻的一个师也参与这项活动。下面将一一记叙他们担负的不同短期任务。在主要前线的左翼，加拿大师将负责进攻库尔瑟莱特。在加拿大师的右侧，一个在洛斯获得极大荣誉的新军苏格兰师将负责扫荡德军的老交通壕，并包围马坦皮什这个被认为是最坚不可摧的据点。第一天不要占，只要围。在新军师的南部，分别来自洪森伯兰和伦敦的两个本土自卫师负责肃清"高度"树林的德军。在本土自卫师右边，两个新西兰部队负责攻打弗莱尔。另有两个新军师负责保卫德尔维尔树林的东北部。除此之外，英国禁卫军部队和一个旧常备师将从然希出发，沿着东北方向攻击雷斯伯夫和莫尔瓦。英军还派出一个伦敦本土自卫师。它将从右翼的边缘地带出发，攻打"桦树"树林并组织防线。

　　经过讨论，道格拉斯·黑格爵士与斐迪南·福煦元帅决定只钳制孔布勒两面，而不发动正面攻击。用道格拉斯·黑格爵士的话来说，发动正面进攻"并不简单"，因为"法军进攻战线一侧宽阔，并且被德军严密设防的圣皮埃尔·瓦斯特树林压缩，另一侧则被孔布勒山谷压缩，只有一条小道宽"。英法两军指挥部必须保持紧密联系，通过协同作战解决中高度复杂的战术问题。

　　在这次进攻中，英军投入的大多是没有参与索姆河地区在这之前作战的"新血"。自从1915年9月在洛斯大展雄风后，英国禁卫军就再没上过战场，而新西兰部队也是第一次在西线作战。虽然有两个师已经在索姆河地区的战壕里待过一段时间，但其他部队几乎都是几天前才调过来的。英军进攻部队无不兵强马壮、满载荣誉。参与这次进攻的英军王牌部队数量或许是整个索姆河战役中最多的。

　　与此同时，作为一种新式武器，被称为"重型机枪兵"的坦克也登上了战争舞台。英军在一段时间前将坦克从本土运到前线，停放在秘密地点。如今，人们早就对坦克这种长得像变异蟾蜍，拥有碾压铁丝网和胸墙、推房倒树、撞垮最坚固护墙的战争机器的模样司空见惯。但在当时，将坦克这种实验性兵器拉上战场，用意是为了找出其弱点，并在未来加以改进。制造坦克的战术目的，是用

埃里克·弗里德里希·威廉·里特尔·冯·鲁登道夫

保罗·冯·兴登堡

道格拉斯·黑格

斐迪南·福煦

它攻打像德军设置在洛斯地区，可能给英军最坚决的进攻部队带来重大伤亡的机枪要塞和巢穴。为此，坦克必须伴随步兵冲锋。在接近对手阵地时集中己方坦克部队是一个难题，因为坦克噪音很大，也很惹眼。"坦克"是英军的高度机密。直到它真正投入战场前，英军内听过"坦克"这个名词的人寥寥无几。直到1916年9月14日英军进攻前，德军飞机终于在空中见到英军坦克的真面目。德军飞行员没有见过这样的怪物，只能警告上级说"英军阵地上出现了一些怪异的新式武器装备"。其实早在五六个星期前，德军阵地上就已经在传播"英国人给士兵发放了特殊穿甲子弹"的流言。然而，德军并不知道，英军会把"坦克"投入战场，他们对坦克的特点一无所知。

　　1916年9月14日星期四傍晚，英军第五集团军完成了他们的初期任务。在蒂耶普瓦勒东南一条长达千码的前线，一个英军新军旅横扫了德军的霍亨索伦战壕和一个被德军称作"奇迹"的要塞。英军抓获大量俘虏，自身损失却很轻微。事后，由于英军发动了更大规模的作战行动，这场进攻很少为人所知，但它的确是英军最干净利落的一次战斗，同时也对后来的作战产生了实实在在的影响。

英军坦克运抵索姆河战场

由于这次进攻，德军误判英军即将发动主攻的地点，并误打误撞地在英军主战场发动了一场反攻。英军左翼抓住机会，不仅挡住了德军攻势，还反过来给了德军一次沉重的打击。

1916年9月15日星期五，这天是典型的秋日天气，山谷中笼罩着一层薄雾。雾沿着山坡上升，渐渐将山坡罩住。1916年9月15日6时，已经持续三天的英军炮击的猛烈程度上升到仿佛狂风呼号的程度。德军同样有大量各种口径的火炮正瞄准英军阵地开火。德军防线由三重战壕和配备有机枪的前进据点组成。英军利用早先的炮击轰掉了德军设置的铁丝网，破坏了多条德军战壕，并在很大程度上连带阻止了德军将增援人员、辎重和弹药送上前线。直到1916年9月15日6时20分，英军猛烈的炮击才正式结束。借助爆炸产生的滚滚浓烟作为掩护，英国步兵缓慢前进。他们将德军钳制在自己阵地上，中断德军的炮火反击。用一位英军前线观察员的话说，"震耳欲聋的声响响彻整个地平线，全都是英军制造的"。

1916年9月15日6时20分英军翻过胸墙，有序地朝德军前线进发。英军炮火一停，德国士兵也从防炮掩体进入战壕准备防守。透过薄雾，德国士兵惊恐地发现几条巨大的"钢铁鼻涕虫"向他们爬来。它们涂着迷彩的身体中还喷吐着机枪火舌。虽然德军指挥部早就警告过士兵们，说英军派出了新式武器，但眼前到底是什么武器？然而，没等可怜的德军从惊愕中回过神来，英军士兵就已经冲进德军战壕，将刺刀顶到了德军的胸膛。

很快英军在左翼和中心方向的进攻就传来了捷报。在挡住德军一波反攻后，1916年9月15日下午，加拿大军队占领了库尔瑟莱特。法裔加拿大士兵在这次进军中为自己故国收复失地做出突出贡献。在加拿大军队右边作战的是已经在索姆河战线驻扎六周、超额完成作战任务的苏格兰师。虽然"占领马坦皮什"并不是英军在这一天要达到的目标，但苏格兰师从东、西两路夹攻，在1916年9月15日17时15分左右就占领了马坦皮什。在战场更南边，"高地"树林战事再起。德军强悍的第三阵地北边直抵山脊制高点，配备了无数散兵坑与机枪碉堡。此时距英军初入"高地"树林已逾两月，但英军被击退，在很长一段时间内不得不屈居树林南部一角。英军从东西两路迫近，但德军仅凭树林里的北部据

英军炮兵装填炮弹准备轰炸德军阵地

首次投入战斗的坦克

点就将英军进攻紧紧压制。1916年9月15日星期五,把守德军树林阵地的是德军巴伐利亚第二军,他们的战斗表现无可非议。英军对德军树林据点的第一次进攻失败了,不过伦敦本土自卫部队在正午过后发动第二次攻击。这一次英军肃清了德军,但付出了沉重代价。

在马坦皮什的另一边,新西兰师与右边的一个英国新军师共同轻松夺下德军交通壕和弗莱尔。英军依靠一辆坦克的掩护发起冲击。坦克怒吼着冲上弗莱尔的主街。德军朝坦克开火。子弹敲打在坦克身上叮当作响,却伤不到坦克分毫。伴随着坦克冲锋,英军士兵看到德军狼狈的样子,高兴得大笑、欢呼。在往南更远一些的地方,英军将战线向前推进了一点五英里。在英军总攻开始前,一个从德尔维尔树林出发的新军轻型师扫清了树林东部的"未知角落",并在总攻发起后和主力部队一起向着然希以北的雷斯伯夫方向进军。

只有英军右翼的进攻没有完全成功。还记得在1916年9月9日,爱尔兰部队占领了然希,却没有肃清它周围的地区;德军仍然在然希外围控制着一个叫"四边形"的工事。"四边形"坐落在然希以东七百码,通往莫瓦尔道路的一个拐角处。在那里还有一条林木密布的沟壑。英军以一个常备师居中与其抗衡。常备师

弗莱尔战场上的英军

的左侧是禁卫军，右侧是伦敦本土自卫师。英军最新的任务是攻下"桦树"树林，并在孔布勒以北建立防线，而禁卫军则从然希出发攻打雷斯伯夫，但"四边形"这一强悍堡垒的存在使所有计划落空。尽管伦敦本土自卫师已经进入桦树林，但在与"四边形"的对抗中，其左边的常备师损失惨重，英国禁卫军右翼因此暴露。虽然禁卫军向来善于进攻并且也还在进攻，但现在它两侧遭到德军侧射；前线的进攻面太窄，德军又用机枪封锁了前无下陷的道路。最糟糕的是，在这样的危险局势下，不知为何这支部队还迷了路。结果，英军在右翼发动的进攻没有一处完全达成作战目标，"四边形"也与"高地"树林一同成为1916年9月15日那天英军前线伤亡最惨重的地区。鉴于"四边形"具有更重要的战术价值，英军没有获得全面胜利着实令人感到惋惜。

不过除去这些不足，英军的战果还是令人满意的。一天之内，英军突破了德军三道防御体系，在一条宽约六英里的战线上平均往前推进了大约一英里，算是英军目前为止效率最高的一次进攻了。英军不仅控制了蒂耶普瓦勒和孔布勒山谷之间的高地，而且相对于高地前的山坡，英军实际也处于有利位置。官方报告称："比起占领对手控制的区域和俘虏四千至五千名德国士兵，这次行动对德军士气的打击要严重得多。"德军三个著名的巴伐利亚师被卷入这场进攻并且都被打残。整个德军前线随之陷入一片混乱。

作为试制兵器参战的坦克表现亮眼。虽然在进攻途中有些坦克就无法前进了，而顺利冲上德军阵地的二十四辆坦克中也有七辆被击毁，但剩下的十七辆坦克打得很漂亮。它们有的卡住德军战壕，用机枪火力肃清战壕，有的开过德军防线，将铁丝网轧毁，还有的参与了摧毁如库尔瑟莱特糖厂等德军机枪阵地、要塞或坚固据点的战斗。除了战绩，坦克对德军士气的打击也是巨大的。当它们轻易碾过骄傲的德国士兵引以为豪的"强固"防线时，无疑也在德军中散布"惆怅"一类的情绪。毫无疑问，坦克的出现给英军一线部队的士兵们打了一针强心剂，也给这场冷酷的战争注入一丝喜剧元素。英国士兵，或者说英国人无疑是最喜欢喜剧的。坦克兵们喜欢将他们的座驾称为"陛下的陆地战舰"，坦克兵们仿佛也有了英国水手的一分随性。坦克里的空间既狭小又闷热，确实就像最下等的船舱。坦克开动起

因故障抛锚的英军坦克

来剧烈摇晃,连最次的船航行时都比坦克稳当。另外,坦克前方还有未知的危险做伴。尽管如此,这些冒险家们迎接战场上未知的危险时的心态就像在假期去外面疯玩的孩子一样。他们用一种无比幽默的口吻描述自己的战场见闻:坦克在战场上因故障无法行动,德军从四面八方围上来,但德国人的子弹不能伤及坦克分毫。与此同时,坐在坦克里的坦克兵们可以尽情大笑,嘲笑他们的对手。

英国战斗机也帮了大忙,它们击毁德军飞机十三架,另外九架德军战机严重受损,无法起飞。与此同时,英国皇家空军轰炸了德军指挥部和德军控制的铁路沿线要地,并将德军的侦察气球一一击落,戳瞎了德军战场侦察的"眼睛"。此外,英国战机还飞临战场上空,引导后方炮火打击并带来步兵推进的准确状况。英军飞行员驾驶战机低空飞行,用机枪扫射德军步兵和炮手。这些坚决勇敢的壮举鼓舞了战场上英军的士气。在那一个星期中,穿过战场来到英军阵地上空的德军飞机只有少得可怜的十四架。相反,出现在德军阵地和纵深地带的英军飞机多达两千至三千架次。

不少英国禁卫军勇敢善战的军官倒在了向前进攻的道路上。其中一位军官的牺牲尤其可以称作英国和未来世界的巨大损失,他就是时任英国首相赫伯特·亨利·阿斯奎斯①的长子、掷弹兵卫队上尉雷蒙德·阿斯奎斯上尉,在带领手下试图突破对手从然希的一个角落投射来的侧射火力时倒下。众神从这场战争中带走勇敢年轻人的灵魂时并没有戴着"有色眼镜":好几位协约国的军政要人在这场战争中承受丧子之痛,而法国的卡斯泰尔诺将军更有三个儿子在战斗中殉国。但除了出身和地位,雷蒙德·阿斯奎斯上尉的死令人格外心酸,或许值得由笔者作为他的老友之一在此对他的英雄事迹致以敬意。

雷蒙德·阿斯奎斯上尉是一位成熟的伊丽莎白式学者②,一位卓越的智者,一位文笔优美的诗人,还是一位声名显赫的律师。但和他本人的品格相比,这些成绩其实根本微不足道。他总是对自己的巨大成功保持一种淡泊得令人稀奇的态度。无论读好书、有意义的交谈还是与老友聚会,雷蒙德·阿斯奎斯上尉选择喜欢一样事物都是因为这样事物本身。至于随之而来的名利,他却毫不在意。雷蒙德·阿斯奎斯上尉是一个慷慨的人,甘于奉献,不求回报。有时,他那不计个人得失、不屈不挠、不随大流交肤浅朋友的独特品质使他无法被很多人接受,他的一丝不苟更是给自己周围笼罩了一层冷漠气氛。尽管如此,雷蒙德·阿斯奎斯上尉仍旧保持高尚。穿行人群之中,雷蒙德·阿斯奎斯上尉的一言一行仿佛来自天上,"冰冷"而不与凡间的庸碌混为一体。他灵魂中的忠诚与温暖,只有他的好友们能切身体会。

参战之初,雷蒙德·阿斯奎斯上尉在本土自卫部队的一个营服役,后来被转调到掷弹兵卫队。他最讨厌像政客们一样争吵不休,也从不向人群顶礼膜拜的神明致敬。雷蒙德·阿斯奎斯上尉的批判性思维让他热情高涨,但他绝不是因为一时昏头选择参军。得知上战场要舍弃自己的昔日爱好,雷蒙德·阿斯奎斯上尉欣然为之。他曾经短暂担任参谋人员,但因为厌恶特权,很快又自请调回前线。雷蒙德·阿斯奎斯上尉在禁卫军中度过了很快乐的时光,找到了与他性格相

---

① 赫伯特·亨利·阿斯奎斯(Herbert Henry Asquith,1852—1928),英国政治家,1908年至1916年担任英国首相,继任者是劳合·乔治。
② 这里的伊丽莎白指的是英格兰历史上的君主伊丽莎白一世。她在位期间英格兰文化相当辉煌,涌现出例如莎士比亚、弗朗西斯·培根等一大批著名文人、学者。作者称雷蒙德·阿斯奎斯为"伊丽莎白式"学者,是指其文化素养高,有很好的学术造诣。

赫伯特·亨利·阿斯奎斯

卡斯泰尔诺将军

投的伙伴，并因此觉得牛津是一个给他带来快乐回忆的地方。雷蒙德·阿斯奎斯上尉是一位值得尊敬的营指挥官，具有作为一名优秀军人的一切良好品质，而他本人也决定要在战争结束后继续留在军队里。

没有人比雷蒙德·阿斯奎斯上尉更适合在英国军人长长的光荣榜上占据一席之地。雷蒙德·阿斯奎斯上尉很少说空话，坚守自尊、冷漠的外表下有一颗奉献的热心，并在重要时刻甘于以行动奉献，是最优秀的那类英国人。事实上，哪一个英雄没有为国家献出属于他们自己的一切？但像雷蒙德·阿斯奎斯上尉奉献得那么多的寥寥无几。作为一个年轻人，雷蒙德·阿斯奎斯上尉珍惜自己的青春年华，他的英勇行为也注定使这段青春岁月凝结成永恒。雷蒙德·阿斯奎斯上尉的风流倜傥、大智大勇的魂灵，已经与那不倦不怠、永生不死的大英帝国融为一体。

与此同时，法军没有虚耗时间。1916年9月13日星期三，也就是英军发起进攻两天前，马里·埃米尔·法约勒将军率领法军占领位于巴波姆-佩罗讷道路以东的布沙韦讷，抓获德军官兵两千余人。法军距离通向佩罗讷的要地蒙特圣昆

蒙特圣昆廷

廷只有不到三英里，隔着托蒂尔狭小的河谷就能看见。1916年9月14日，法军占领孔布勒东南的勒佩里耶农场。1916年9月17日星期日下午，法军占领韦尔芒多维莱尔和贝尔尼全境，以及代涅库尔周边的中间地带。1916年9月18日，代涅库尔及德军重兵布防的公园被法军收复。这样一来，整个贝尔尼-代涅库尔就落入法军之手。法军可以俯视阿布朗库尔和葡萄酒厂，进而威胁索姆河南部的德军抵抗枢纽巴尔勒。

接下来的一周，为了给更大规模的进攻蓄势，协约国前线暂时平静下来。1916年9月16日，德军预备第四十五师发起反击，而新到战场的巴伐利亚第六师开赴索姆河战场，并分别与驻守库尔瑟莱特的加拿大部队和弗莱尔的新西兰部队交火。这两支军队都没有获胜，而是最近同赴战场，但从孔布勒南部法军阵地发起反攻的德军第十八军的战果也没有好多少。加拿大军队遭遇的德军反扑最猛烈，为此，战斗持续了一星期之久。1916年9月15日，战斗持续了一星期之久，一个英军师在"四边形"工事进攻受阻。1916年9月18日星期一，该英军师占领了这座工事。当时，德军顶着英军四面合围，严防死守。最终，经过一番惨烈的肉搏战，英军夺下这座工事并在入夜时分向前推进五百码，与莫瓦尔间只相隔一片地堑。

那一周，天气阴暗多云。雨从1916年9月18日星期一一直下到1916年9月20日星期三。1916年9月22日星期五，天开始放晴。尽管每天早晨的秋雾都很重，但英军又能直接观察与航空侦察德军大举进攻前的前线。1916年9月24日星期日，英军火炮再次开火。这次的目标是针对德军第三道防线上类似莫瓦尔、雷斯伯夫这类未占领的地方，以及格德库尔这样的缓冲阵地。另外，英军还特意加强对已经从东面被牢牢控制的蒂耶普瓦勒的炮击。英军飞机击落六架德机，另外还对三架德机造成重创，导致它们不能起飞。英军计划在1916年9月25日由第四集团军从左侧发起小规模进攻，并由第十五军从战线中央及右侧发动主攻。1916年9月26日，英国第五集团军右翼部队将投入战斗。英军希望那时能将德军彻底赶出蒂耶普瓦勒-孔布勒一线，迫使德军退守至第四防线，并趁势将英军自己的战线推进至可以对德军最后防线发起进攻的位置。

莫瓦尔战场,英军步兵支援前线

莫瓦尔战场，英国的接线队将他们的工具运到前线

英军将进攻时间定在1916年9月25日12时35分。当时,天气晴朗无云,不过秋季的太阳已经不像盛夏骄阳那样灼热逼人。那一天,英军进展格外顺利。这次进攻几乎可以说是索姆河战役打响以来英军发动得最漂亮的一次进攻,因为英军全线告捷。英国第三军的左翼部队把守着库尔瑟莱特北部,其余两个师继续进攻。英国第十五军战线的中央和左侧部队也采取了这个策略,用战线右侧一个师突入格德库尔。由于侧翼的铁丝网没被清除,负责侧卫的英军旅无法跟上,最终这次攻击无奈放弃。英国第十四军全线告捷,盼望报一星期前进攻受阻之仇的英国禁卫军顶着在左翼的严重损失,势不可挡地横扫了雷斯伯夫的德国守军。在南边,一个英军常备师占领了孔布勒北边的莫瓦尔。莫瓦尔拥有地下采石场和复杂的战壕系统,几乎是最坚不可摧的德军固守村落。常备师战线右侧的伦敦本土自卫部队在"桦树"树林朝南建起一道防线。现在,孔布勒已经被牢牢钳制住。其实,英军原本可以在1916年9月25日一举占领孔布勒,但由于法军夺取弗雷基库尔的行动失败而被迫推迟。不过,法军还是占领了位于巴波姆-佩罗讷道路上的朗库尔。

莫瓦尔战壕中的英军

1916年9月25日夜，英军在孔布勒-马坦皮什之间一条长达六英里的防线上痛击德军，并向前推进了一英里多。莫瓦尔到手意味着从蒂耶普瓦勒为起点，经过"高地"树林与雷斯伯夫高地防线上的最后一块德军主阵地被英军占领。1916年9月26日，英军就将这块德军阵地完全占领。不过，1916年9月25日攻入格德库尔的英国新军师没能守住阵地。现在，在一辆坦克和一架飞机上机枪火力的协助下，这个师占领了著名的"网格"战壕[1]。1916年9月26日下午，英军占领了战壕后面的村落。一年前，这个新军师在洛斯被打得很惨，但在索姆河战役中表现出自己势不可挡的气势：它在攻占弗里库尔一战中立下了大功，肃清过马梅斯树林的德军，还在1916年7月14日的进攻中占据过小巴藏丹树林。现在新军师的功劳簿上又要增添一笔"攻占格德库尔，并向德军第四阵地又挺进了一英里"的佳绩了。那天，法军攻占了弗雷吉库尔与孔布勒[2]，德军弃城而逃。法军虽然俘虏了少量德国士兵，但缴获了大量德国辎重。

　　英军左翼的战果同样不小。1916年9月26日12时25分，在炮兵弹幕的掩护下，两个新军师占领了蒂耶普瓦勒、莫奎特农场的西北角和东部山顶上的佐伦要塞。德军失去了自以为坚不可摧的防守枢纽。英国炮兵的弹幕准头十足，在英军步兵翻胸墙钻堑坐前就消灭德军机枪手，令其无法反击。由于英军出其不意，很多德国士兵沦为战俘。

　　1916年9月26日晚，协约国西线的前景比以往任何时候都要好。德军已经被逼退至第四道防线，失去了居高临下的有利地形。此外，空中侦察得到的证据表明德军已经处在无法挽回颓势。自1916年7月1日索姆河战役打响以来，英军已

---

[1] 英国官方报告是这样记载的："凌晨，一辆坦克从西北方向驶向德军战壕，它用机枪对德国士兵不停射击，炮弹紧随其后。由于战壕的南侧已经被我军占领，德国士兵走投无路，只有任我军宰割。这时，一架我军飞机飞过，它立刻降低高度用机枪扫射对手。德国士兵万般无奈，只有向天挥舞白手帕表示投降。我军飞行员立刻将这件事告知地面部队。地面部队接受了德军的投降。1916年9月26日8时30分，这个战壕已经被我军肃清。大量德国士兵死亡，另有八名军官与三百六十二名士兵被俘，而我军只有五人伤亡。"——原注
[2] 1916年8月23日，法国第一军进入索姆河流域北部战线。经过六周的作战，他们在被替换下来前已经占领了莫勒帕、勒福雷、布沙韦讷、朗库尔、弗雷吉库尔和孔布勒，捕俘四千人，缴获火炮二十三门、机枪七十挺。据信他们至少打死打伤了四万名德军。他们对于自己打残两个普鲁士禁卫师，并且在一条宽达六英里的战线上推进两英里的战绩十分满意。——原注

经累计俘虏两万六千余名德国士兵，先后与德军三十八个精锐师作战，重创或逼退其中二十九个师。经过一轮又一轮代价惨痛但收效甚微的反攻，德军渐渐耗尽了自己的预备部队，希望借此迫使协约国军队逐步减轻对己方前线压力的目的却丝毫没有达到。英法军队全都努力奋战。新加入战场的部队展现出了老兵的勇气和纪律。近百份被缴获的德军文件显示，德军无论是战斗能力还是战斗意志都已经严重动摇。通常，好天气还能再持续一个月，以协约国前线不断积攒的力量，定能使德军遭到更多痛苦。法国人通常用"皮卡第的夏天"表达对一个秋末天蓝如玉、地面干爽日子的赞美之情。如果这样的好天气能多持续两周，那么英军势必还能收获更大的战果。

但这个愿望没有实现。由于担心因天气恶劣、视线不清发生误伤，1916年9月26日起，英国炮兵很少开火。1916年10月，天气更糟，持续一个月风雨交加。

在这里，为了搞清楚恶劣天气对协约国进攻的影响到底有多大，我们有必要分析一下这片广达五十平方英里、已经被战火摧残三个月的战场，以及交战双方火线与后方的交通情况。如果天气晴好，身处"高地"树林北端制高点，可以轻松将英军阵地全景尽收眼底。如果从那里前往协约国军队之前身处的战线，那么需要沿着一条路况糟糕的道路行军四英里。这种路况糟糕的道路与在英国乡间沼泽里见到的道路差不多，路基不固，施工质量也很粗糙。但没关系，因为平时最多也就那么一两辆马车从上面驶过。现在大战打响，这么糟糕的道路竟然要承受世界罕见的繁忙交通。行走在战线上的并不是什么史上规模最大的矿工或者工程队，他们可都是全副武装的军人！当然，这个世界上不是所有乡下都这样。英国也有像克鲁、伯明翰郊区、奥尔德肖特和索尔兹伯里平原这样交通便利的郊区。人们常说现代军队庞大的规模和复杂的体制类似由低到高等级分明的金字塔，而前线就相当于尖尖的塔顶。然而，即使是大量的科技成果造就了战争现在的模样，但到头来，尽管还有各种人力的辅助，我们会发现这场世界大战的原始程度和冷兵器时代其实没有分别。

战争带来破坏，但给索姆河地区带来的破坏尤其严重。在其他地方，战争带来的破坏多少受对手的观察和火力范围限制。但在索姆河战场，战争带来的破坏全由三个月的战斗决定。德军落在阿尔贝-佩罗讷地区和英军火线战场的炮弹并未给英军带来多少麻烦,德军常规的弹幕袭击对英军的阻碍作用也不大。相反,不利的环境因素和气候让英军停滞不前。

由于战地交通频繁往来,索姆河乡间的小路早已被扎得面目全非。乡间小路的路基原本就不牢固,现在又被轧毁,根本无法修补。经过军旅踩踏、炮弹轰炸,本就贫瘠的白垩质泥土也已经化作一片粉砂,再难黏着在一起,更别提修建新的道路。炮弹落在土地上,炸得遍地弹坑、地表下陷。由于战争,在乡间小村和树林中甚至连石头也找不到一块,因此协约国与德军双方用于阵地维修的材料只能从别处运来,这让交通更加困难。如果要修路,首先必须让这段被毁坏的道路停运一段时间从而"休养生息"。然而,在战场上这两条饱受踩踏的路没有这么好的机会。纵观整个战区,能用的好路只剩阿尔贝-巴波姆道路和与它平行的一段路了。这两条路是好路,更开阔,设计制造也都更考究,路旁还有一排整齐的杨树。但到了1916年10月,即使是这两条路也呈现出不堪重负、开车颠颠簸簸的现象。主干道尚且这样,孔塔尔迈松、隆格瓦勒和吉耶蒙的乡间小路的状况就更不用说了。

现在再去"高地"树林的北角看看。之前的一片青葱早已不复存在,取而代之的只有树林中的"尸体"——东倒西歪的树干、坍塌崩坏的战壕还有死人的遗物……总之一副凋敝景象。如果要去那里,那么我们要沿着下山的方向走两英里。那里曾经有谷物丰收的田地与和煦的微风,如今只剩一片看起来像是个废弃砖厂的荒郊野岭。弹坑和弹匣随处可见,此外,还有被抛弃的装备,被剪坏的电线,甚至还有各种口味的罐头盒,并且四周弥漫着刺鼻的焦味。老兵们只要一闻到这种气味,仿佛立刻回到刚刚还瞬息万变的前线阵地。

我们站在能见度很高的浅槽高处,将目光投向特朗斯卢瓦道路前的低坡,那后面就是德国第四防线。英军的前线阵地位于靠近瓦尔朗库尔小山丘下的位置,离这里还有上千码远。战线左边更远处是蒂耶普瓦勒山岭。蒂耶普瓦勒山岭的斜坡遮蔽着已经是一片废墟的马坦皮什。我们面向勒萨尔和奥库尔修道院,弗莱尔在右边,再往右就是格德库尔了。我们最右边是萨伊-萨伊塞勒的山坡。

战斗间歇,英军的娱乐活动

战斗间歇,几名英军士兵在聊天

站在那里，可以看到被炸倒的树之类的残骸横在巴波姆-佩罗讷的道路边。同时被这些坍塌的高地遮住的还有雷斯伯夫和莫瓦尔。我们身后的景象仿佛山坡上的累累伤痕，那是巴藏丹树的废墟和不祥的德尔维尔树林。英军的战场范围从北边的蒂耶普瓦勒山脊线一直延伸到环绕孔布勒的丘陵地带。

让我们将目光西移，越过萧瑟荒凉的战场，翻越绿色的山坡，到还没遭到弹片蹂躏的皮卡第：那里平静如常，美丽宜居。往东看，越过英军烟尘滚滚的前线战线，翻过瓦尔朗库尔和格德库尔的山脊，远处露出成片没被破坏的树林，以及教堂的尖顶和村庄的炊烟。1916年9月，索姆河战场上的德军兵败如山倒，甚至英军可以不费多大力气就攻到德军占领地区的边缘。英军已经把德军赶到身后，即未被战争破坏地带的边缘。不过，英军的胜利是用身后的一片荒凉换来的。

战场上已经出现两片无人区。第一片当然是对手和英军当前阵地之间的空地，而第二片位于德军旧前线与英军前线之间。英军在第二片无人区面临的困难较大，因为后勤部门必须跨过无人地带为大军运送补给。第一次世界大战是

满目疮痍的战场

以汽车作为运输工具的战争，移动速度是维多利亚时代早期不敢想象的。汽车替代了蒸汽机车，在取代了铁轨的公路上昼夜奔驰。法国的公路铺设不如英国铺设的好。要是在英国的萨瑟兰和康诺特，这么差的路会遭到鄙视。

道路不好的问题在天气好时尚且严重，而当从天而降的瓢泼大雨与被炮火踩躏的土地混在一起时，整个战场就变成一片泽国。和在佛兰德时一样，战场上筑不起坚固的堤道，道路积水的情况特别严重。在地堑地带，烂泥裹着雨水，最深可以淹没人的小腿。可是大军饮食、部队替班及武器运输……都不可荒废，交通运输根本不能松懈哪怕半分。脚踩在泥泞的土地上吧唧作响，大雨淋塌了地堑，冲垮了交通壕。像在伊普尔和费斯蒂贝尔这样土质渗水的地方，交通线的状况自然更糟。但英军可没办法弄到长达六英里的海绵，并用它将这条交通线上的雨水和泥浆吸干。

天气是关乎军事行动，尤其是大型军事活动成败的重要因素，毕竟两军人马不可能凌空作战。在这场战争中，天气因为空中侦察做出的巨大贡献，起到了比过去任何战争都重要的作用。人类使用的战争机器越复杂，被拿破仑·波拿巴奉为决定战争成败"第五元素"①的土地也变得愈发重要。在半静态的堑壕对峙中，双方要在同一片战地待很长时间，因此绝对要首先勘察战场土质。了解了这一点，接下来英军在1916年10月不得不冒着大雨进攻的难度就可想而知了。经过一周倾盆大雨，索姆河地区的战场环境难以用言语形容，只有亲身经历，才会真正了然于胸。

我们有必要根据目前战场的地貌特征谈谈战术特点。1916年9月月底，英军战线从蒂耶普瓦勒以北一千码的施瓦本要塞沿山脊线延伸至库尔瑟莱特东北部，然后在马坦皮什、弗莱尔、格德库尔和雷斯伯夫一线稍前一点的位置与法军阵地相连。法军占据着莫瓦尔。英军从蒂耶普瓦勒到库尔瑟莱特东北部一线阵地大多位于山脊线最高处，而接下来的战线则向南拐弯，大致沿着东边的山坡底部分布。但一个特殊的地形特点让阵地状况复杂起来：在英军前线前方起萨

---

① "第五元素"是炼金术语，传说找到它就可以点石成金。作者借此表达土地对于当时战场行军运输影响的重要性。

瓦尔朗库尔小山丘

伊-萨伊塞勒往西北延伸至巴波姆以南两千码的一整块地方都是浅浅的盆地，盆地在巴波姆以南转西，与米罗蒙地区昂克尔河河谷相连。蒂耶普瓦勒-莫瓦尔山岭的山脊线有很多长长的分支延伸入昂克尔河河谷，其中两条具有重要意义：有一条锤头状山脊线分支位于弗莱尔以西，其西部尽头是叫"瓦尔朗库尔小山丘"的墓地；另一条山脊线横亘在当地地面的主坡，从蒂耶普瓦勒以北延伸至格德库尔以东一千码的蒂卢瓦。德军第四条防线位于山脊线分支后面，其主体建在山体的反坡上。虽然英军控制高地，对德军阵地一览无遗，这是有利因素，但也有一定缺点，因为这样一来，通信部队将不得不时常跑上跑下，或多或少将自己暴露于对手的观测部队和远程火器前。

因此，英军下一阶段的攻势被赋予两个具体目标。一个目标是由英军第四集团军负责占领两条山脊线分支，并将部队推进到能发起对德军第四防线冲击的范围内。就算不得不推迟总攻，占领这两条山脊线对英军的好处也显而易见。英军炮兵可以部署在这里为后勤部门的补给运输提供掩护。要知道，山脊线支线并非德军主要前线。德军将山脊线作为中间阵地,利用下陷的道路,建筑物及起伏的地形固守,作用类似德军第二阵地中的孔塔尔迈松。在占领这里的山脊线之前,英军不准备在主要前线发动总攻。另一个目标是,英国第五集团军要占领整片蒂耶普瓦勒山脊线的高地,因为这样一来就能获得整个昂克尔河谷和它北部、东北部高地的视野。

1916年10月到了,但预期中的好天气并没有随之而来。相反,是创纪录的潮湿。阴云笼罩,云雾弥漫,大雨一直在下。被雨水浸透的土地根本没有时间变干。因此,英军试图在总攻之前先夺取这两条山脊线支线的难度骤增。事实上,英军尽管已经竭尽全力,但未能在1916年10月完成总攻开始前的初步进攻。接下来,我们要讲述的是索姆河战役在1916年10月的几星期内发生的一场局部较小规模的战斗:这场战斗目标不多,投入的部队也只有几个营。英军士兵不顾摆在眼前的困难艰险,一点点朝山坡上的目标推进。

起初,英军比较活跃。原本德军拥有一条从弗莱尔往西北经过奥库尔修道院和弗莱尔前方,被英军称作"弗莱尔战线"的强大战壕系统,从西北方的弗莱尔延伸到奥库尔修道院和勒萨尔的前线。实际上,这条防线担负着联系德军第三阵地和山脊线前面中间阵地的使命。英军占领弗莱尔,获得了防线的东南部分。1916年9月月底到1916年10月月初,整条战线最终完全落入英军手中。1916年9月29日,一个诺森伯兰连占领了阿尔贝-巴波姆道路以北、勒萨尔西南四百码处的德斯特蒙农场。1916年10月1日下午,英军沿着一条长达三千码的战线发起进攻,占领了德斯特蒙以北的"弗莱尔战线",而曾经在之前的战事中占领"高地"树林的伦敦本土自卫师占领了位于勒萨尔东南一英里、奥库尔旧修道院的建筑。几天以来,巴伐利亚第六师的残部一直在旧修道院负隅顽抗。1916年10月2日清晨,德军重新夺占修道院一角。1916年10月3日,两军展开激烈的拉锯战。直到1916年10月4日清晨,修道院内的德军才被全部肃清。1916年10月6日,伦敦本土自卫师占领了修道院西北的一处磨坊。

1916年10月7日下午,虽然风大云厚,但没有下雨。英军拓宽了攻击线,位于攻击线右翼的法军攻打德军要地萨伊-萨伊塞勒。经过一番苦战,一个英国新军师占领了勒萨尔和它东西两侧的地盘。英军在格德库尔与雷斯伯夫之间往前推进了很长一段距离。

从1916年10月7日开始的一个月里,尽管英军不断猛攻山坡上的德军,并能不时占领一些地盘,却始终无法攻上山顶。德军采用了新战术。他们将机枪部署在经过妥善考察的要地,这样一来就可以远距离杀伤英军进攻部队。如果要将那一个月里发生的大小战斗详细记录下来,不仅劳时费力,还要使用特大比例的地图。为了占领德军名字花哨的战壕,英军士兵不得不踩着三尺深的积水作战。暴雨让胸墙沾满泥浆,如果英军想从里面爬出来将非常困难。对英军来说,运送补给,撤走伤员成了两大负担。面对当前的严峻形势,加上不断拉开的"第二处无人区"的距离,英军没有办法再发动一次全面进攻。英军一度似乎占领了瓦尔朗库尔小山丘。1916年11月5日,英军登上小山丘,并且把守其东侧阵地,但新近赴战场的德国禁卫第四师于当时发起反攻,迫使英军撤退。在大多数情况

在泥泞的路边休息的英军士兵

在泥泞的道路上艰难行军的英军

下,德军的反击虽然迅速但很微弱,等集结较强军力后发起进攻就会被英军火炮消灭。

  英军的大胆无畏值得我们铭记。英军在1916年10月已不如1916年9月时进展神速,英军士兵必须为攻克小目标而战,这种规模战斗的胜利对士气的激励作用比一场大型联合突击要小很多。战斗已经变成了单打独斗。几名士兵坚守阵地、巩固防线,直到与主力部队建立联系。大雨、低温、替换部队迟迟不到等情况考验英军士兵的耐力和意志。他们很少能吃到一顿热餐,有时甚至连吃的都没有。对自己的好运气感到吃惊的德军喜出望外地将英军在这段困难时停滞不前的原因归结于自己战斗力强悍。他们日复一日播送"英军在某地发动进攻,遭到反击损失惨重"的消息,宣称"英军以整军、以整师发动进攻",但事实上英军最多就派出了几个营。甚至有些时候,德国人干脆就无中生有,捏造一场子虚乌有的战斗。应当注意的是,除我们即将记叙的1916年10月21日以外,1916年10月,英军连一场大规模进攻都没有发起。至于小规模作战行动,英军损失非但不大,反而是索姆河战役期间损失最少的。

英军成功完成了自己的第二个目标，完全占领蒂耶普瓦勒山岭。1916年9月下旬，德军部署在蒂耶普瓦勒东边的斯塔夫和佐伦要塞相继失守。1916年9月28日，英军占领了施瓦本要塞除西北角以外的大部分地区。作战第一天，英军阿尔斯特师就已经进入施瓦本要塞，但第二天就被赶回并且花了三个月才重新攻入这一要塞。和1916年7月1日相比，这时的施瓦本要塞已经大不相同。它已经被炸的面目全非，但它挺过英军的炮击，成为德军在高地上的防守枢纽。德军的斯塔夫及里贾纳战壕从所在地往东延伸五千码，直至库尔瑟莱特东北某处。与在山岭南部昂克尔河很多地方设置的要点情况一样，在这些战壕中德军以令人肃然起敬的意志力坚守到最后。1916年9月30日至1916年10月20日，正当英军为了夺取施瓦本要塞的最后一角苦战时，德军预备第二十六师及德国海军陆战师从伊瑟调来把守索姆河前线。在这里，德军表现出比过往记录更高的战斗水平。从缴获的落款日期为"1916年10月20日"的德军团级命令中可以解读出重新夺取施瓦本要塞对德军而言的重要意义："告知士兵们，他们现在夺取要塞的行动并不只是为收复失地，也有重大的战术考量，因为如果英军仍然待在山脊线上，那么他们随时可以消灭我军在昂克尔河谷的炮群。到那时，我们的步兵就会失去保护。"

1916年10月20日至1916年10月23日，战场上的天气短暂变好。入夜，强劲的东风吹干了潮湿的地表，同时也降低了气温。地面结了霜，雾也散了，这时视野极好。德军迅速抓住变天的机会，于1916年10月21日星期日，发起对施瓦本要塞的进攻，为执行上文德军的命令做准备。

德军大队涌上，全线进攻，甚至一度顶住英军火力，打开两个突破口，但很快还是被英军赶了出去。德军伤亡惨重，另有五名军官和七十九名士兵被俘。

这次反攻让德军前线兵力空虚，于是英军抓住机会坚决反扑，1916年10月21日下午，英军对德军把守的里贾纳战壕发起全线反击，由新军部队担负中央方向及左翼的反击，加拿大军队承担右翼的进攻。德军由于上午的失败正处于混乱状态，根本无法长久抵抗。英军大获全胜，他们已经拿下了斯塔夫战壕和里贾纳战壕在施瓦本要塞的北部和东北两个方向建立的前哨站，并在昂克

跃出战壕冲锋的英军

尔河上游与库尔瑟莱特之间的冠状山地建立起阵地。1916年10月21日,英军用死伤不到一千二百人的代价,获得了俘获近一千一百余名德国士兵的战果,战斗的进行十分专业。

这时,德军仍然握有山脊线上的一小片地区,并占有地理优势。这片地区位于巴波姆道路西面的里贾纳战壕最东端。1916年11月10日晚,英军将德军占领的那小部分山岭区域收入囊中。经过这一轮厮杀,英军获得位于德军坚不可摧的博蒙阿尔梅–塞尔防线后方、昂克尔河上游河谷和它所属高地的控制权。

与此同时,战线右侧的法军也在奋勇前进。1916年9月月底,法军突破了深如迷宫的,东到朗库尔、南至萨伊塞勒的圣皮埃尔·瓦斯特树林。当时,英军辉煌的战果令全体法国民众极其振奋,约瑟夫·霞飞将军和道格拉斯·黑格爵士更是热情相拥。短期内,斐迪南·福煦意在与英军从萨伊–萨伊塞勒协同进军,进攻佩罗讷北部由德军把守的蒙特圣昆廷。1916年10月4日,法军攻下了莫尔瓦与圣皮埃

约瑟夫·霞飞

道格拉斯·黑格

尔·瓦斯特树林的中间防线。1916年10月8日,法军扫荡了萨伊-萨伊塞勒山坡上的德军,并沿着巴波姆-佩罗讷的道路进入萨伊-萨伊塞勒以北两百码的位置。1916年10月10日,米歇尔的第十集团军在一条长达三英里的战线上展开行动,占领了阿布朗库尔和绍讷东北树林大部,捕俘近一千三百人。1916年10月15日,马里·埃米尔·法约勒将军驱兵往布沙韦讷以东推进,而米歇尔则在打退德军反击后占领了贝卢瓦西部一条长达一点五英里的防线,直杀到阿布朗库尔东北方,俘获约一千人。至此,法军离维莱卡博内勒山岭更进一步。德国炮群就是在那里和北部的蒙特圣昆廷分别为佩罗讷南北防线开炮,从而阻碍英军进攻的。

1916年10月16日,法军进攻并占领萨伊-萨伊塞勒,不过交叉路口和东部的萨伊塞勒部分仍然还在德军手里。接下来的几天,德军从东、北两路进攻,连火焰喷射器都用上了。尽管如此,德军仍然没能将法军赶出防线,并且德军在占领的村镇遭到了无情炮击。1916年10月21日,巴伐利亚第二师从萨伊塞勒南部和圣皮埃尔·瓦斯特树林的山脊线发动反击。结果,在付出重大伤亡后,德军被击退。德军在比亚什、绍讷的索姆河南部地区同样发动了大规模的反击,但都是徒劳无功。1916年10月月底,法军控制着萨伊,却没能占领萨伊塞勒。法军仍把守着圣皮埃尔·瓦斯特树林西部外围,以及索姆河南部环绕阿布兰库尔与绍讷的地区。

1916年10月,虽然协约国军队的进展低于预期,但比战绩"平平"好。考虑到天气这一重要因素,协约国的成就和1916年9月取得的一样辉煌。实际上,协约国已经一度成功突入德军第四阵地,并且在战线多处取得进展。在战场南部,协约国占领了大量地盘。此外,与1916年7月1日以来英军已经俘获的一千四百六十九名军官、七万一千五百三十二名士兵相比,这时,俘获德军官兵人数又增加了一万人。协约国还缴获了一百七十三门德国野战炮、一百三十门重炮、二百一十五门迫击炮以及九百八十八挺机枪。协约国军队先后和九十个德军师交战,其中二十六个德军师被迫撤编或后撤装备再重返战场。因此,如果计算兵员数量,协约国军队已经与德军的一百一十六个师交战过。1916年11月1日,德军在前线部署二十一个师,也就是说,另外九十五个师实际上已经"被打垮并且撤退了"。战斗进行期间对德军损失兵力的统计是十分粗糙的,但一个德军师在死伤不足五千人时不得退出战场。如果这样计算,在四个月的时间里德军至少损失了五十万名士兵,而实际数字可能还要多四分之一。还有一点值得关注:根据德军文件,百分之四十一的德军损失是"不可补充"的,这意味着德军百分之四十一的官兵要么战死,要么被俘,或者是重伤致残。在这一方面的比例数据,协约国要比德军低很多。1916年10月,英军伤亡人数只比开展堑壕战的月平均伤亡数字稍高一些。

不过,被缴获的德国文件从一个有趣的角度展现了在协约国压力下德军的状况。普通士兵的家书和指挥官的报告都显示前线压力巨大,比如指挥官们对前线部队三令五申,一些要点一定要坚守,因为有时候它们几乎和整个阵地一样重要。而最终这些要点往往全都落入协约国军队之手。德军将领不停抱怨协约国的火炮和空军又使哪些地方变成一片废墟,同时感叹协约国士兵的战斗力高强。但在战斗力削弱、士气下降的同时,我们还是不能否认,德军是一个难缠的对手。德军将最好的军队、最好的火炮都集中在索姆河一线,明知自己必败无疑,还义无反顾坚持到最后一刻。

协约国的炮兵极其高效。他们的弹幕打击有效掩护了步兵进攻,找出并消灭德军炮兵。协约国炮兵大量摧毁德军的战壕和据点,攻击德军前线后方,干扰德军前线兵员集结和物资运输,最终造成德军前线往后纵深八英里至十英里不得安宁。虽然英军不经常使用坦克,但坦克功不可没。一次一辆坦克迂回至德军阵地后方,德军营长以下全营官兵向它俯首称臣。即使在最复杂的运输条件下,协约国的后勤交通也起了最大的保障作用。

恶劣的天气对交战双方都不利,或许对英军空军造成的影响更严重。由于英军飞机常常深入德军前线后方,返程时又遭遇迎头风,其飞行速度下降的同时又暴露在德军防空火力前。如果引擎受损,那么英军飞机只得滑翔迫降以自救。但即使面对逆境,英国空军也最大程度在空中进攻中打击了德军。英国战斗机时常深入德军防线后方巡航,并且与德军飞机和地面部队交战。在提供大量珍贵情报的同时,英军战机将德军的通信、兵营和辎重付之一炬。1916年10月下旬，虽然德军派出更多战机前来增援，但显然英军仍然占据上风。为了彰显英国空军的勇气，下面我们引用一位英军孤胆英雄深入敌后、以一敌十的战斗记录：

  我们给对手造成了沉重的损失，自己的损失却很轻微。有时通信中会传来简短的讣告：一架我军战斗机未能返航，那是前线发生的勇敢而不幸的悲剧之一。在被击落的战友中，大约一半降落在德国阵地，沦为战俘。剩下的另一半，有的死于与德军战斗机的空战，有的殒命于德军高射机枪或防空炮口，还有的则因战机发生机械故障坠毁而丧生。1916年11月4日，在德军战线上空执行任务时，一位最勇敢的英雄献出了生命，及时为国效力的英雄主义情结在他的部队中很普遍，他的死也很重要，他就是二十年前被牛津人称为"布隆·赫伯特"的卢卡斯男爵奥伯隆·赫伯特。卢卡斯男爵奥伯隆·赫伯特四十岁加入空军，在南非战争中失去了一条腿。作为一名声望颇高的政治家，卢卡斯男爵奥伯隆·赫伯特曾经官至内阁农业大臣的高位。卢卡斯男爵奥伯隆·赫伯特家财万贯，交游广泛。但在1915年5月联合政府成立后，他立刻报名参加飞行员培训。通过努力，卢卡斯男爵奥伯隆·赫伯特很快证明自己是一位非常大胆且技术娴熟的飞行员。卢卡斯男爵奥伯隆·赫伯特在埃及的飞行生涯十分辉煌。1916年春，他返回英国担任教官并于1916年秋来到法国前线。卢卡斯男爵奥伯隆·赫伯特是一个性格随和、极富冒险精神的大男孩，他的天赋注定他的生活将极不平凡。在空中，卢卡斯男爵奥伯隆·赫伯特找到他一直追求的纯粹而快乐的生活。尽管像浪漫神话中的英雄一样献出了生命，卢卡斯男爵奥伯隆·赫伯特的热情与梦想却依旧闪亮[①]。

[①] "当希腊人说'神喜欢早逝'这样的漂亮话时，我不禁相信他们是可以这样去死的。当然，无论在什么年龄逝去都是年轻的，因为只要心态不老，人就永远年轻。死亡，不过是存在的最高境界，因为人将跨过一个边界向另一端去。他将乘着荣耀之云前行，抛却一切尘世的喧嚣。他将满心欢喜、精神饱满地踏上圣洁的天界。"——摘自罗伯特·路易斯·史蒂文森《死生之际》

第5章

第四阶段：
被寒冬"逼停"的战役

精彩看点

天气改善——蒂耶普瓦勒北部阵地——英军的优势——英军的部署——昂克尔河战役——塞尔附近的挫折——占领博蒙阿梅尔北部——占领圣皮埃尔·迪维永——占领博蒙阿梅尔——伯纳德·弗雷伯格中校的功绩——俘获数量——1916年11月月底双方态势——索姆河战役大致战果——盟军意图达成——道格拉斯·黑格爵士的总结——德军的新行动——德军对战局的看法——英军的主要目标——英军得失

1916年11月9日，前线的天气状况开始好转。北风狂啸、大雨止歇。然而，由于秋冬季节气候潮湿，地面无法快速变干。英国第四集团军还在祈祷自己战区的道路赶快变干。地面开始结霜，随后天上飘起了小雪。雪刚下完又开始下雨。但就在这天气相对较好的几天里，英国最高统帅部抓住机会发动第四阶段进攻并获得重大胜利。

1916年7月1日，在戈默库尔-蒂耶普瓦勒长达八英里的战线上，英军遭遇了挫折。四个月过去了，英军在更南的地方，直插德军防线心脏。此时，在博蒙阿梅尔-塞尔一线负隅顽抗的德军尚未被消灭。

这一线德军的防御确实强大，德军对自己防线的牢固程度也很自信。所有的山坡都被年代久远的地洞紧紧相连。早在法兰西宗教战争①时期，人们就已经在这一带开挖地洞并将多个地洞串联，从而形成一座地下城市，可以整营整营地藏兵。在这些地方的四周，德军部署了无数座在1916年7月给英军带来沉重伤亡的要塞和机枪据点，并且部署了密密麻麻的铁丝网。从英军第一道战线看去，这些铁丝网仿佛长满锈的围墙。德军设在昂克尔河两岸的防御也很坚固，如果英军要强行经过，就要面对河两岸的博库尔和圣皮埃尔·迪维永——这两座如博蒙阿梅尔般坚固的堡垒。比起德军被赶回蒂耶普瓦勒-绍讷一线时赶造

---

① 发生在16世纪40年代法兰西教会势力与法兰西南部封建贵族之间的战争，最后以亨利四世颁布《南特赦令》结束。

的那些临时防线，德军在戈默库尔-蒂耶普瓦勒山脊一线拥有的全都是苦心经营两年多的防线。

1916年11月月初，协约国军队在三十英里宽的战线上对德军全线施压。虽然战线拉得很开，但协约国军队没有忘记扩大突破口的必要性。看样子，协约国军队完全可以利用已尽可能拓宽的前线在1916年冬将德军尽数赶出防线。如果协约国军队在1916年秋末发动昂克尔河-塞尔一线的突击，那么他们可能没有希望获胜。但经过四个月的作战，协约国军队已经积累了丰富的经验。与战役刚打响时相比，协约国军队已经很占优势。首先，在火炮打击战术上，协约国军队发生了深刻变革。协约国炮兵总是让弹幕落在冲锋步兵前方，使得对手躲在胸墙后、弹坑里。协约国士兵能在自己被消灭前将阻挡自己前进的德军机枪手消灭，弹幕落点还能帮助协约国步兵不迷失方向。其次，英军占领了蒂耶普瓦勒山脊线全境，从北面包抄了德军的昂克尔河防线。1916年7月，德军巧妙地将炮群部署在塞尔和博蒙阿梅尔后面的山坡上，用这些火炮全力阻挡协约国军队自西面发动的攻势。现在，德军却不得不将这些炮口转向南面，与蒂耶普瓦勒山脊线上的英军对峙。英军还因为所处地势更高，其视野也更广阔。因此，如果英军能再次从西面发动进攻，并从南面发炮配合，那么德军炮群就不得不分兵两线作战。原本1916年7月时还是一条平直的德军防线就这样已经被削成突出形。

除此之外，英军还有另外两个有利因素。由于英军第四集团军在1916年10月的战斗中进展缓慢，德军做出误判，以为"为了过冬，英军进攻已经停止"。德军想当然地根据战场情况做出推论：英军既然在1916年夏声势正猛时都无法攻破德军堡垒，更不可能在寒冬发起大规模进攻。需要再次提及的是，蒂耶普瓦勒以北的交通状况远没有蒂耶普瓦勒南部那么糟。英军将从1916年7月1日的前线发起进攻，不需要面对那五六英里被炮弹炸坏、通行困难的道路了。

现在是时候研究一下战场的地形了。在施瓦本要塞以北，英军战线往西北方向拐了一个大弯，在距离圣皮埃尔·迪维永以南五百码的地方穿过昂克尔河，然后一路向北直到博蒙阿梅尔和塞尔所在的山脚地带。几条山脊线分支从昂克尔河西北部的高地一直延伸到河流上游的山谷。其中，最主要的一条山脊线西端是塞尔，北面是皮西厄，南面是昂克尔河畔博库尔，东端是米罗蒙。在最主要的那条山脊线南边，还有另外一条山脊线从博蒙阿梅尔以北一千码处一直延伸到博库尔。在这条延伸到博库尔的山脊线西南侧沿博库尔-博蒙阿梅尔道路一线发展，并以东北部博库尔-塞尔道路为界有一段盆地。昂克尔河右岸都是这样的山坡和口袋状地形区。在昂克尔河左岸，有一片平地从蒂耶普瓦勒山脊线谷底直出，经过圣皮埃尔·迪维永直到格朗库尔。

1916年11月12日星期日，上将休伯特·高夫爵士率领英军第五集团军正把守着戈默库尔到北部的阿尔贝-巴波姆道路一线。第五集团军的两个老常备师部署在塞尔以南、博蒙阿梅尔以北对面的位置。这两个师的人员已经被换掉一大半，不过还有几个营都是由从蒙斯战役开始一路厮杀至今的老兵组成。有一个英国高地本土自卫师在法国作战超过一年半，并在1916年7月月底到1916年8月月初"高地"树林作战十七天，这个师被部署在博蒙阿梅尔正面。其右侧有一个曾经经历过安特卫普、加里波第等战斗的英军海军陆战师。如今，它首次被部署到西线前线的昂克尔河著名的Y形河谷南侧。昂克尔河对岸部署了两个英国新军师。蒂耶普瓦勒-格朗库尔道路的走向大致勾勒出这次进攻右侧边界的轮廓。

1916年11月11日星期六，英军开始炮击德军阵地，试图摧毁德军的铁丝网与胸墙。炮击一直持续到1916年11月12日星期日。不过，英军炮火不是特别猛烈，因此德军没有警惕英军接下来的进攻。1916年11月13日星期一凌晨，雾很厚，冰冷刺骨的水汽像湿衣服一样将地面紧紧裹住。此时，天色甚至比通常没有月亮的冬夜更黑。1916年11月13日5时45分，英军开始翻越德军胸墙。英军精心策划了这次袭击，但即便是最优秀的士兵也很难在浓雾中时刻明辨方向。与此同时，德军对英军毫无警惕，直到发现英军跨过战壕冲锋时才如梦方醒。

像1916年7月1日那次，英军左翼对塞尔发起的攻势再次失败。虽然英军的侧翼火力从蒂耶普瓦勒山岭投射过来，对这个构成英军所有麻烦的德军据点造成进一步破坏，但德军的这座据点还是从一开始就给英军制造了种种困难。尽管在1916年7月它还是英军难以逾越的障碍，但英军横扫了位于塞尔以南博蒙阿梅尔以北的"四边形"工事。这样，英军占领了往东南延伸至博库尔的山下地

战斗中一名被俘的德军伤兵

带。英军右翼进展顺利,几乎在眨眼间就完成作战目标。1916年11月13月凌晨,英国新军师占领了圣皮埃尔·迪维永,并且往前又推进了一英里,以不到六百人伤亡的代价俘获近一千四百名德国士兵[①]。1916年11月12日黄昏,英军占领德军斯塔夫战壕旁边高地延伸到博库尔对面河岸的汉莎防线。

  正是战线中央两个师的勇敢作战才取得这些战绩,且战绩如此辉煌。其中,还有一二有趣的细节,值得我们花费笔墨记录。英军高地本土自卫师是一支除低地先锋营外都穿着苏格兰打褶裙作战的部队,负责占领眼前的博蒙阿梅尔。在整个索姆河战役中,只有像攻打孔塔尔迈松、吉耶蒙和"高地"树林这样的硬仗才能与这项任务的难度媲美。英军的面前是堡垒般的博蒙阿梅尔,博蒙阿梅尔的南部是德军强大的山脊线要塞,再往南就是Y型河谷。Y型河谷有两条分

[①] 当时英军抓获的战俘数量一度比前线的进攻兵力还多。——原注

叉，分别延伸到德军前线，尾部指向公墓南侧车站的路。Y形河谷长约八百码，部分河段深达三十英尺，并且两侧有悬崖。德军借地道、地洞将这些营地一一连接起来。英军的炮火甚至连建在陡峭河岸上的德军阵地入口都破坏不了。即使英军已经将地上区域全部占领，德军也能将援兵送上地面。在地下，德军四条防线几乎如单线一般巧妙地联系在一起。英军无法只占领其中任何一部分，只能一次性将这些防线全部占领。

苏格兰军队第一次突击就突破了除Y形河谷正两端阵地外的全线。英军沿沟壑两侧齐头并进，破晓后不久就占领了德军第三道战壕。英德两军在蜂巢状的土地上激烈厮杀，但在上午较早时候，英军已经往右穿过德军主要阵地，越过车站路和村庄所在的地堑，朝慕尼黑战壕和他们的最终目标博库尔-塞尔道路进军。白天，主战场在Y形河谷周围。英军士兵们没有停下，刚全线占领德军第三战壕，紧接着就沿着山坡向下冲锋。用于辨别德军营地的地标被英军一并炸毁，因此英军根本不知道德军会从哪里"冒"出来。于是，英军又与德军苦战一番。正午刚到，河谷东侧尽是英军人马，但河谷分岔处仍然有德军。下午刚过，英军发动了新一波攻势，迫使守军最后缴械投降。英军之后的作战犹如"清洁工洗地"，将小股德军残兵从地下赶出来。先前强固的"地下堡垒"如今已经成为被突破的防线，并且成为将德国士兵禁锢其中的可怕陷阱：如果德军无法阻止英军占领地上阵地，那么地下的德军将难见天日。

雾气弥漫的秋日战场从来不缺少狂野的战争冒险。一位苏格兰军官及其两名手下一举俘获一位德军营长及其参谋，却发现自己和大部队走散了。在这千钧一发之际，英军增援部队及时赶到解围。于是，一众德国"起义军"再次成了"阶下囚"。一名受伤的英军信号兵藏身山洞，以一己之力一边求援一边挡住德军一个连的进攻。混战中德军补给落入英军手中，浑身泥浆的英军高地战士因此吃上了肉罐头，抽起了大雪茄。黄昏时分，博蒙阿梅尔已经完全易手，英军将前哨延伸至慕尼黑战壕一带，俘获一千四百余名俘虏，另缴获机枪五六十挺。凭借勇猛的战斗，英军高地本土自卫师攻克了德军西线上最强大的堡垒之一，这将成为英军永远的荣耀。

在高地本土自卫师右侧,英军海军陆战师正在攻打曾于1916年7月1日被阿尔斯特师左翼部分占领的博库尔。英军战壕离德军前线有五百码到七百码的广阔无人区,步兵冲锋存在困难。不过,英国海军陆战师采取土工掘进策略[①],硬是在进攻前将这段距离缩短到二百五十码以内。

英军的首要目标是攻击德军的支援防线,其次是联系博蒙阿梅尔与阿尔贝-里尔铁路的车站路,以及博库尔外的德军第三战壕。通过先前发起的突击,英军攻占了德军前两道战壕。看上去,英军一度可以顺利完成任务。但在英军攻击线正中央区域,一座德军配备机枪的坚固碉堡矗立在一道距离河岸约八百码,位于德军第二、第三战壕之间的交通壕里,阻挡了英军前进的脚步。这座幸免于英军炮火的堡垒有效阻碍了英军的中央攻势。与此同时,德军从博蒙阿梅尔后方的山坡上投来的侧射火力,挡住了英军左翼部队的进军。英军大队已经杀到德军支援防线前,而进展较快的部分已经到了车站路。根据英军师一级指挥官的回忆,1916年11月13日8时30分,局势变得"跟1916年7月1日战幕初开时相似,让人感到跟当初阿尔斯特师进攻是一时地不祥"。一个接一个的英军小分队被派遣进攻,但英军后方是德军部署了预备队的战壕,前方是坚固的德军堡垒。英军无法前进,情况相当不妙。

这时,英军攻击线右侧的一个营用信鸽回传了一条消息。消息发送者是一位叫伯纳德·弗雷伯格的年轻新西兰中校。在战前,他曾经参加过多次冒险活动,并在加里波第战役期间有过不俗表现。伯纳德·弗雷伯格中校在消息中称,自己的营建制完整地穿越德军第三战壕,现在已经在博库尔外围待命,等候指挥部下达进攻命令。伯纳德·弗雷伯格中校率领部队沿河行进至车站路,沿路收集其他营队被打散的英军散兵。1916年11月13日8时21分,伯纳德·弗雷伯格中校抵达博库尔前的德军战壕,距离英军发起突击的前线大约一英里。根据伯纳德·弗雷伯格中校发回的这条消息,英军指挥部立刻增派一个本土营前往他的方位支援。与此同时,英军指挥部还用河岸作为掩护,冒险为伯纳德·弗雷伯格

---

① 即通过挖战壕、掘通道的方法缩短两军之间战线的直线距离,这对减少在冲锋时由对手火力造成的损失很有帮助。

在战斗中一名受伤的英军士兵,他的头盔已被打破

中校建立了一条补给线,确保他和手下有充足的食物和弹药供给。1916年11月13日下午,英国海军陆战师发起第二次攻击。由于德军堡垒阻挡,这次进攻又没有成功,只有部分士兵突围到达车站路和更纵深的山坡地带。这时,十七名都柏林燧发枪手在一位牧师的陪同下完成了一项壮举。在博蒙阿梅尔高地以东,这十八人遭遇大股躲在地堑里的德军。他们迫使德军投降,并让四百名德军战俘冒着德军弹幕炮火,缓慢走回英军阵地。

1916年11月13日晚,英军终于下定决心彻底摧毁德军堡垒。英军投入了两辆坦克。虽然只有一辆成功靠近目标,但也迫使德军竖起白旗缴械投降。夜袭的成功为1916年11月14日发起一场总攻"开了绿灯",英军还从另一个师抽调了一个旅作为增援。虽然部分英军进攻部队在冲锋时迷路,但英军总算消灭了车站路与博库尔战壕之间的德军阵地。与此同时,位于右侧已经待命超过二十四小

伯纳德·弗雷伯格

时的伯纳德·弗雷伯格中校的部队突袭并占领了博库尔。伯纳德·弗雷伯格中校虽然身上三处受伤,但还在1916年11月14日早晨亲率部下冲锋。在激战中,伯纳德·弗雷伯格中校第四次受伤,这也是他受的最严重的一处伤。然而,在部队设置好阵地北部、东北部的反伏击观察哨,并且与继任指挥军官充分交接战场情况前,伯纳德·弗雷伯格中校拒绝离开火线。正是由于伯纳德·弗雷伯格中校的卓越指挥,英国海军陆战师才立下功绩①。伯纳德·弗雷伯格中校的成功有力地证明了一点:与战斗力遭到削弱的对手作战时,即使侧后受敌,在能得到后方支持的情况下也有必要让进攻部队坚守现有阵地不撤退。大胆前进的部队如果撤退,那么不仅功亏一篑还要蒙受很大损失。尽管留在原地可能会让他们被消耗

---

① 1915年4月24日至1915年4月25日,加里波第战役期间,伯纳德·弗雷伯格中校因泅渡登上萨罗斯湾并发射照明弹为己方指示目标而获得战时优异服务勋章,这次占领博库尔使他获得维多利亚十字勋章。英国官方这样评价伯纳德·弗雷伯格中校:"这位军官的能力、勇气和无畏让我军可以占领博库尔这个最前沿的要地,并以博库尔为支点形成了一条战线。"——原注

殆尽，但会保存下反戈一击的火种。我们应该记住，在某种意义上，位置前出、侧后被围的孤立部队同样也身处对手侧后方。因而这时，士气将可能是打垮对手抵抗的决定性因素。

1916年11月14日星期二晚，在全长五英里的战线上，英军已经累计抓获德军官兵五千多人。索姆河战役开始以来，这是西线抓获德军官兵最多的一次战役。英军在博库尔一线继续稳步向前推进。1916年11月15日，德军再次反击，却没有夺回哪怕半寸土地。由于这时英德双方都不再控制慕尼黑战壕，博蒙阿梅尔以东双方战线之间的无人区面积得到扩展。不过，英军在博库尔地区继续前进。1916年11月16日星期四，英军从博库尔继续往东推进到昂克尔河北岸，并且在格德库尔西北的布瓦奥朗德建立了几个阵地。此时，开始起霜，能见度提高。从蒂耶普瓦勒山脊线或者阿梅尔的山坡上，整片新战场可以一览无余。1916年夏开战以来，英军一直难有这么好的视野。这时，英军已经俘虏了六千余名德军战俘。1916年11月17日星期五，英军再次发动攻势。1916年11月18日星期六，英军第五集团军右侧的加拿大部队从里贾纳战壕忍受着冰冷的雨水发起进攻，并且朝着河流冲下山坡，身处中心的英军部队则逐步进逼格朗库尔的西部外沿。

攻打格朗库尔的战斗像一个休止符，是索姆河战役第四阶段发生的最后一战。冬季的降临仿佛为索姆河战场这个大"舞台"降下了终结的"大幕"。虽然现代战争投入的高技术装备一定程度上能让参战双方无视季节的更替，但无论交战双方是否愿意，他们不约而同地回到像在马尔堡那样的堑壕线去。昂克尔河战役为索姆河战役画上了一个圆满的句号。英军占领了由三个重兵固守的德军村庄，以及从博蒙阿梅尔以北延伸至博库尔的整条小山脊线分支，将在德军主阵地上打开的突破口拓宽了五英里。现在，英军掌管的前线从原来蒂耶普瓦勒山脊线远道推进至格朗库尔西、北两侧的山坡，俘虏了七千多名德国士兵，缴获机枪数百挺，缴获的德军辎重更是堆积如山。相比德军的惨重损失，英军的受损程度只能用"轻微"形容。在德军都自认为进攻结束了的时候，英军的进攻打了失算的德军一个措手不及。凭借出其不意的攻击，英军重新唤起了德军对于未知及意外的恐惧，狠狠打击了德军士气，切开了德军战线上的"旧伤口"。

战斗间歇，英军士兵在占领的德军阵地上捡拾遭到丢弃的枪支

战斗间歇,两名英军士兵缴获的重机枪

埃里希·冯·法金汉

只有等时间流逝、史实充分积累后[1]，索姆河战役的得失功过才能得到后世史家从整体上做出的客观评价。不过，有一个事实很清晰：1916年7月1日前，凡尔登曾经是人类历史上规模最宏大的持久战战场。然而，索姆河战役的打响改变了这一切。无论是投入的人员规模、德军防守的战术强度还是战役的战略重要性，索姆河战役都远远超过凡尔登战役。现在就计算双方投入的兵力，未免显得轻率，计算的伤亡数字也不可靠。只要看看索姆河战役时期如何搅得德军最高统帅日思夜想无法分心，索姆河战役的重要性就可见一斑。实际上，德国官方习惯将协约国军队在索姆河战场上的表现称为"对坚不可摧的堡垒蚍蜉撼

---

[1] 这是指本书作者生活的20世纪初。1940年，作者约翰·巴肯逝世。本文出现的"现在""当下"等字样都是指作者生活的年代。

树式的进攻",这样公众就不会关注索姆河上发生的一切,德军就可以一门心思在东线继续征服自己的对手了。但事实上,德军将大部分军队最精锐的部队都聚集在索姆河战场。截至1916年11月,德军在西线共有一百二十七个师的兵力,而东线最多只有七十五个师。为抵挡阿历克谢·阿列克谢耶维奇·布鲁西洛夫将军率领俄罗斯军队发动的进攻,东线需要调配兵力,而埃里希·冯·法金汉抽调部队组建罗马尼亚远征军更是迫使德军往东线增兵。尽管如此,德军也没敢从西线调走一兵一卒,甚至反而往西线增兵。1916年6月,德军在索姆河一带部署了十四个师。1916年11月,索姆河德军兵力已经增至四十多个师。

什么才是评判现代战争胜败的标准?在过去,战场上或附近的大战中评判标准是不容置疑的,即只要交战双方中有一方被打垮、逼退或者包围,另一方明显就戴稳了胜利的桂冠。现代战争战线动辄可达三千英里之广,因此我们很难直观做出谁被打垮了、谁被逼退了或者谁被包围了的判断。不过,另外一条判断胜负成败的基本准则仍然有效:那就是看一方的作战力量是否被摧毁。我们认为,在作战中如果一方通过军事手段达成他的战略意图,就可以说是赢得了这场战斗的胜利。因此,很多时候仅凭占领地盘面积大小和"要地"的多少并不能准确评价交战双方得失。我们知道德国对波兰①的控制失败了,但如果按照上述判断标准研究,得到的结果反倒是"德国大胜"。实际上,保罗·冯·兴登堡并没有达成借此摧毁俄罗斯军队的意图,因此德军在战略上失败。由此可见,检验战略意图是否达成才是评价现代战争成败的唯一标准。因此,坦能堡的赢家是德国,马恩河的赢家是法国,英国则是第一次伊普尔战役的胜利者。由于索姆河战役达成了协约国军队的战略目标,因此协约国军队取得了胜利。

第一,索姆河战役的打响缓解了协约国在凡尔登战场的压力,并确保罗贝尔·乔治·尼维尔在西线后来继续胜利。第二,索姆河战役将德军主力留在了西线;第三,索姆河战役在数量和士气上对德军造成了沉重打击。两年来,德军一直在以极小消耗的"炮群加战壕"战术与装备较差的协约国对手作战。经过索姆河一战,就像英军在伊珀尔和法军在阿图瓦一样,德军也体会到在无情的炮

---

① 波兰是一战中德国、奥匈帝国和俄罗斯相互作战的战场。

火中躲在弹坑和被炸的战壕里苦苦支撑、直到最后连人带阵地被炮弹一同从这个世界上抹去的恐惧。这种感觉不仅是德军闻所未闻的，更让曾经饱经战阵、骁勇善战的德国士兵吓破了胆。实际上，协约国军队通过不停施压让德军的参谋工作大受影响，使德军一度引以为豪的高效组织能力蒙羞。

我们将以道格拉斯·黑格爵士一语中的的战报总结为索姆河战役作结："德军并没有因为这场战役被我军彻底打垮，而以现在的局势也无法判断战争将会在何时最终结束。但索姆河战役的胜利让我们离夺取这场战争的胜利又近了一步。德军是同盟国武装力量的中坚。然而，这支拥有'最强战力'的军队虽然在索姆河不但占有防御优势、坐拥最强大的防御体系，而且投入了自己半数

弗里德里希·西克斯特·冯·阿明

的兵力，但最后还是1916年败在我军手下。无论战胜国还是战败国都将永远铭记这场胜利。尽管坏天气阻挡了我军前进的脚步，但等到新一轮战事再起的时候，我相信士气遭到严重打击的德军官兵没有办法和我军持久对抗。"

至少我们可以说，德国像军人般应对了压力。正如弗里德里希·西克斯特·冯·阿明将军的报告显示的那样，德国立刻开始从索姆河战役中吸取经验教训并采取补救措施。德军最高统帅部做出了重大调整。此外，德军还将更进一步压榨已经被瓜分利用的兵力：德国开始强制征兵，甚至将重要工业领域中能上战场的男子都强征入伍。德国男性无论老少都要参军，就像罗伯特·爱德华·李的军队在美国内战最后一次战役中那样，"将一切都夺走了"。战争就是这样，而德国为了打仗已经倾其所有。1916年7月1日以来，德军已经新建了大约三十多个师。这些部队有的是走上战场的国内驻军，有的不得不对原有部队的编制动手脚，比如将部队从四四制改为三三制①，并撤编猎兵营②。在徒增德军作战单位数量的同时，编制的变化并没有使德军兵力增加。相反，通过类似的调整，协约国可能会增加十万野战部队的兵力。不仅如此，战争可不只涉及兵员数量的简单增加。后勤已经压力重重的德军还要想方设法为这些新增的德军师提供火炮和稀缺的军事指挥人员。德军军官的数量已经大量减少，在一份1916年9月的命令文件中，保罗·冯·兴登堡这样写道："经年累月的伤亡，让我们缺少经验丰富、精力充沛和训练得当的基层指挥官。"

索姆河战役实现了协约国军队"最大限度拖垮"德军战争机器的目的。它绞尽了德军最高统帅部的脑汁，吸干了德国本土的民力，并将前线德军官兵们的最后一丝精力也榨净。"索姆河"也一度成为"恐怖"的代名词。尽管德国公报对协约国军队在索姆河的表现是极尽贬低之能事，媒体也很少用类似的提法，但对当时的德国民众来说，"索姆河"仿佛成了不祥之地，成了象征有来无回的"血浴"。在国家的生命力遭到英军如癫疯般吞噬的时候，德军沿着多瑙河一路

---

① 四四制、三三制都是部队编制的方法。四四制即代表一个团由四个营组成，一个营由四个连组成。三三制类似。
② 猎兵是轻装步兵，在不同时期、不同国家军队中扮演的角色有所不同。一战时期的德国猎兵是经过精挑细选的优秀射手。

攻打得到的那一点成果又能起什么作用呢？虽然寒冬可能会带来一丝喘息——昂克尔河战役就是在冬天打响的，但冬天总会过去，丧钟还是要再次敲响。德国已经发起全国总动员：十七至六十岁的成年男性都要当兵。只要还能走，这些德国男人们就要凭借仅够维生的补给，一面在壕沟里和对手硬碰硬，一面通过潜艇战努力削弱对手的力量。但如果协约国也随之效仿，后果会怎样呢？协约国并未如德军般采取如此激进的补救手段，但在战斗力上，协约国和德国平分秋色甚至更胜一筹。如果协约国也打算孤注一掷呢？协约国已经明确表示不会单方面求和。他们志在必得。但如果协约国也要动终极手段，后果会怎样呢？[①]

1916年11月，在德国记者发布的关于罗马尼亚的胜利和德国政治家"必胜"坚定言论的背后，其实已经带有一种明显而深远的焦虑。举两份受到德国当局严格审查报纸的报道为例。莱比锡《最新消息》写道："我们意识到：英国才是我们的对手。他们会不惜一切代价打倒我们。英国人为达目的，已经开始强制征兵，为此我们必须认识到英国的意志，并且有所准备。如果一时的物资紧缺没有阻止英军继续在索姆河战役中前进，那么英国就更不会放弃打垮德国的念头。相反，妄想明年春天西线不会狼烟再起才是最愚蠢的。英军绝对会利用一个冬季的时间大搞战备，他们有那样的财力。"还有柏林《本地新闻》的报道："我们必须从索姆河战役认识到，现代战争也是比拼劳动力资源利用的战争。显然，英国人在劳动力整合方面走在了世界前列。正因为具有这个本领，我们最危险的对手英军才能将枪林弹雨昼夜不息地倾泻到我们头上，这就是索姆河战役战场给我们上的课。"

每一场大规模军事行动都有一个经过精打细算，却没有考虑过意外情况的主要目标。然而，在大多数军事行动中，可以扭转整个局势的小意外都是存在的。将军们都希望可以碰到这样的机会，却不敢去创造这样的机会。尽管过去包括马伦哥、滑铁卢和钱斯勒斯维尔在内的很多大战役的成败都与"小意外"有关，但在如今精密复杂的机械化战场，发生这种"意外"的概率很低。在索姆河战役中，机遇没有站在英军这一边，没有"意外之喜"垂青的英军只是"照章

---

① 本书写成于1917年，当时一战还没有结束。这句话有恐吓意味。

办事",凭借艰苦卓绝的战斗一步步攻占德军的防线。德军吹嘘自己的防线"坚不可摧",那么英军就一个接一个地攻破这些防线。如果德军利用大炮攻击英国步兵,那么英军就想方设法摧毁德国的火炮,并且使用比德军更优的火炮。如果德军贬低英国新军,那么新军官兵们就用实力证明自己在战场上比德军的禁卫军和勃兰登堡部队更好[①]。英军以自己的方式清醒、耐心地打完了索姆河战役。英军的主要目标已经实现,协约国军队犹如某种残酷天性的化学物质,以不断增强的能量吞噬德国日薄西山的军队。英军的作战计划考虑得非常深入细致,因此,英军敢于保持作战时的耐心。英军进攻可能一时会因德军反击动摇,甚至因此失败,但英军对德军施加的确切而有序的压力将使德军自然而然必败无疑,这是一种剧烈的消耗战,不似海边"滴水穿石"般缓慢,而是协约国的"水利工程师"们加大"水力",具有冲垮"大山"的无比威力。

　　白昼短暂、劲风卷地的冬季为一个阶段的战斗画上了句号,但这并不代表战役本身已经尘埃落定。英军可能会被迫减少进攻的次数,并在每一次进攻中占领更少的地盘,但他们不会因此减弱进攻的力度。在漫长的战线上,协约国凭借炮兵和其他手段将德军战斗力进一步削弱。在长达五个月战斗中,所向无敌的部队会更直接地感受到严冬的可怕。关于战争和自然的法则也是这样:物竞天择,强者更强,弱者更弱。只以占领地盘多少论英雄的白目们可能一时找到了大放厥词的机会,但只有亲身参战的士兵们才会明白,他们所做的一切给对手造成的损失并不比占领一大块地盘轻微。协约国的目的还将进一步实现。

　　速写大型军事行动的主要特征,仿佛一幅画家还未上色或加入比例之前巨画的轮廓,不能尽显战场上的人性,如友情、忠诚、忘我、坚韧,也无法尽显其恐怖和痛苦。不过在另一个方面,这场战斗规模之巨大同样清晰可见。不列颠举国上下都自愿投入这场战争。英国士兵并非一个脱离英国人民,只被饶有兴致围观的阶层。他们就像友好的角斗士,应征来参与一件与自己体面日常生活格格不入的事。英国民众自愿为国参军作战,英军实际上就是由英国民众自己组成的。

[①] 1916年7月1日至1916年11月18日,英军在索姆河战场俘获德军三万八千余人,其中包括八百名军官。另外,英军还缴获重炮二十九门、野战炮九十六门、迫击炮一百三十六门以及机枪五百一十四挺。——原注

成千上万来自各行各业的英国人都加入了战争,国内几乎没有不为马革裹尸而难过的家庭。战士们心甘情愿奔赴战场,因为他们早已把自己的兴趣喜乐与目标的胜利合而为一。英军士兵想要打胜战争,竭尽一切手段打赢这场战争,体现了自己对服从命令的追求,这很好地解答了亚伯拉罕·林肯提出的问题。

要成就伟大必然要付出代价,而在索姆河战场上我们献出了最优秀的战士,献出了他们最强健的肢体,最敏捷的大脑及最热情的灵魂。每个英国人都会哀悼自己在战争中失去的朋友。我们每个人都看到自己拥挤的圈子变得像一出不受欢迎的戏剧现场的包厢,感觉自己周围是那么空虚,而永恒又是那么拥挤。回顾献出自己的一切、死得其所的阵亡士兵的一生,就是在体会悲喜交织。年轻的士兵为了完成任务而死,甚至还没有好好看一眼世界;军人们留下未竟的事业就离开这个世界,但他们的死让自己更加伟大。他们做出一番比自己设想中更伟大的事业,让自己变得圆满。他们的死固然是英国沉重的损失,却为英国甚至整个人类赢得了利益。只要人们还重荣誉甚于安远,国家不只重账面上的经济状况而为道义美德而存在,那么对军人们的记忆将会永远存在;他们将化作亨利·沃恩①幻想城中的闪耀尖塔与我们同行。

---

① 亨利·沃恩(Henry Vaughan,1621—1695),威尔士诗人,他的宗教诗对自然怀有一种神秘主义观点,带有约翰·多恩和乔治·赫伯特的印迹。1650年出版宗教冥想哲理诗集《闪耀的火石》,诗中用"幻想城中的闪耀尖塔"比喻引领教徒找寻上帝的圣徒。

附录1
道格拉斯·黑格爵士致英国陆军部的第二封战报

英国陆军部，1916年12月29日

以下由英国远征军总司令、巴斯勋章获得者道格拉斯·黑格爵士发来的战报已呈交陆军大臣。

英国陆军总司令部

1916年12月23日

尊敬的阁下：

我很荣幸在此向您汇报我麾下部队的作战情况。1916年5月19日，我向您发送了第一封战报，这是在那之后的第二封。

经过与盟邦各军将领商讨，我们达成了应该在1916年夏对德军发起一场进攻的基本共识。此前，我与约瑟夫·霞飞将军已经针对所有可能的备选方案全面地讨论和分析过，并一致同意由英法两军联合发动进攻。目前，战役各项准备工作进展良好，但由于前线的状况还存在很多不稳定因素，因此我们要等局势再明朗一些才能决定正式发起进攻的具体日期。

考虑到必须在夏初着手行动，综合前线的一些情况，我希望先尽可能延后发起攻击的时间。英军正在集结更多的兵力、储备更多的弹药。除此之外，我麾下还有相当多的官兵训练不足。如果延后进攻，那么时间越长，这部分官兵的战斗力就越强。另一方面，德军继续在凡尔登、意大利等地的前线向我军施加压力，德军盟友奥匈帝国则趁势在意大利发动进攻抢占地盘。显然，如果我军不及时在前线某地向德军发动一场进攻，那么前线压力很可能会变得太大，进而一发不可收拾。我会继续与约瑟夫·霞飞将军就相关情况保持密切沟通。与此同时，我也会推进工作，并且在局势有需要，且得到国王陛下政府授权情况下以当时能尽的最大力量发起进攻。

1916年5月月底，意大利前线局势吃紧。于是，俄罗斯军队不得不在1916年6月月初从东线发动反攻。虽然俄军成功大败奥匈军队，并且迫使德军将西线兵力东调支援它的盟友，但这对凡尔登前线的支援作用只是杯水车薪。尽管法国守军全力死守，并且争夺了很多个星期的宝贵时间造成德军的重大损失，但德军的进攻压力反倒与日俱增。因此，纵观全局，约瑟夫·霞飞将军和我一致认为，我军最迟应该在1916年6月月底向德军发动一场进攻，以解凡尔登之围。

一、战役目标

我军战略意图共有三个：

（一）缓解凡尔登前线的防守压力；

（二）尽可能多地拖住德军，阻止德军离开西线，以此策应其他战区的友军部队作战；

（三）拖垮对手的作战力量。

在我军备战进入最后阶段时，德军似乎试图通过两场军事行动干扰我方，但全被我军打退。1916年5月21日，德军进攻我军位于苏谢以南、东南两个方向的维米岭阵地，并且占领了一小块战略和战术上都没有太大意义的地盘。与其为了收复"鸡肋"做出无谓牺牲以致削弱攻势，我宁愿放弃那块地，在我军原战线后方再巩固一个阵地。

1916年6月2日，德军沿霍格-索雷尔山①一条长一点五英里的战线向我军发动进攻，最远向前推进了七百码。鉴于德军可以从占领地区南部很好地压制我

---

① 道格拉斯·黑格爵士提及的这两个地方位于比利时南部与法国的交界地区。

军战壕,我判定收复失地势在必行。因此,在经过充分准备后,1916年6月13日,我军发起反击。由于指挥得当,我军大获全胜。

在我看来,德军两次袭扰都没能拖延我军的战备进程。

我军必要的战备工作内容繁多,执行很费时间。

在战斗开始前,大量各种口径的弹药必须在我军前线距离适当的后方地带存放。为此,我军在前线兴建了很多英里的标准轨、窄轨铁路和堑壕缆车。我军拓宽、加固了己方控制的所有道路,建造了很多新道路,并在我军必经的沼泽山谷地带为步兵修筑了进攻堤道。我军还需要加筑多个地堡,作为部队住所的伤员救助站,囤积弹药、存水及工程建材的仓库。此外,我军还需要修筑几十英里的深交通壕,以及用于电话线铺设和进攻、集结的战壕若干,还有足量的火炮阵地和观察哨位。

在前线的重要地带,我军已经布设了地雷。我军还在德军战线的很多要点地下都埋设了炸药。

除了驻扎在河谷地区的人员外,战区中部队水源供应不足成了一个大问题。目前的水资源供应无法满足战备工作进行时集结起来的人、马所需。因此,我们在前线打了很多眼水井,安装了多个水泵,铺设了一百二十多英里长的输水管线。目前,以上措施已经可以确保我军士兵在进攻时能获得充足的水源补给。

大量战前准备工作是在非常艰苦的环境下完成的,还会反复由于遭到德军火力打击而被迫暂时中断。前线的天气状况很恶劣,加上当地没有那么多住房供应给所有将士,大多数官兵的居住条件都很糟糕。战备工作就是在战斗和维持已有防线的间隙中争分夺秒完成的。虽然前线各部队都顶着巨大压力,但官兵们个个都体现出一种无法形容的喜悦心情。

二、德军阵地

我军计划攻击的德军阵地设防严密。它坐落于一段地势起伏不平,高于海拔五百英尺的高地上,形成了一侧是索姆河,另一侧是比利时西南部一条河流的一条分水岭。分水岭南侧的主要走向是从东南偏东到西北偏西,地形以长而走向不规则的山脊和深盆地为主,一直延伸到索姆河谷。德军的第一道防线就筑在坡上。这条防线设置在屈尔吕附近索姆河流域,先往北延伸三千码,再往西延伸七千码到弗里库尔附近,接着从弗里库尔防线转向北方,形成一个巨大的突出部。

在弗里库尔以北约一万码的地方,德军战壕横穿索姆河的支流昂克尔河,一路向北延伸至经过埃比泰尔讷到戈默库尔附近分水岭的顶峰,战壕的北部分支则一路延伸到阿拉斯。

德军在索姆河–昂克尔河之间两万码的前线上还有一条坐落于分水岭最高处南部顶峰或者其附近,距离第一个战壕系统平均距离在三千码至五千码的第二阵地。

经过两年苦心经营,德军防线已经固若金汤。德军第一、第二阵地各自拥有几条配备深战壕、防炮洞,并用无敌交通壕相连的防线。战壕间都用两层四十码宽的铁丝网隔开,上面有铁桩与铁丝网交错,常有成年男人的手指那么粗。

德军还将位于防线之间的树林、村镇统统变成强固堡垒。村民房屋的地下室,还有白垩土质地区常见的采石场和露天矿坑,都被用来掩护德军机枪与迫击炮手。德军建造了极其精巧复杂、有时可深达两层的地下营地作为民居地下室的补充,而几个营地之间用深埋地下三十英尺的地下通道相连。德军在前线的突击部可以提供侧射火力,自成堡垒,并且得到雷场的掩护;德军还修建了强大的堡垒和混凝土机枪阵地,可以即刻扫射被我军占领的战壕。原本就占据良好视野的德军炮兵还巧妙安排了交叉火力点。

德军的各种防御系统,固守的村镇树林及其他支援阵地选址巧妙,能彼此相互照应。即使我军侥幸强行穿插,德军的机枪和火炮也能对我军发动最大限度的纵射打击。简而言之,我军面对的不是几条接连挡在眼前的德军战壕,而是一个纵深广、防守力量强的德军防御体系。

在德军第二阵地战壕后方,除了树林、村镇及其他据点,德军额外构筑了几道防线。空中侦察的结果显示,德军还在努力加固它们,并在这个基础上于更后方的地区继续构筑新的防线。

我军前线战壕在上文提及的索姆河-昂克尔河段地区与德军对应的前线战壕正好平行，但德军阵地所在地势较高。在前线，我军可以清晰观察到德军前线战壕及第一、第二阵地间德国守军的配置，但我军从地面无法检测到德军第二阵地多处更后的阵地。除非我军使用空中侦察，否则无法看见。

在昂克尔河北部横越山脊线的德军战壕同样坚不可摧。目前，地面部队指挥部担忧，我军虽然在此处与德军实际上处在水平的位置，但在更南部地区对德军阵地的观察视野可能不足。在这一地区，德军战壕的分布相对分散。在北部山谷地区，德军部署了很多隐蔽火力点，能从侧翼打击试图穿越开阔地带的我军部队。

三、关于作战的三个阶段

本次进攻可以大致分为三个阶段：第一阶段从1916年7月1日开始。这个阶段的进攻明显给了对手意料之外的打击，同时让德军举棋不定、方寸大乱。随着我军在1916年7月上半月优势的不断增长，1916年7月14日至1916年7月17日左右，我军已经占领了位于德尔维尔树林和小巴藏丹之间高地的南部顶峰。

接着，通过几周苦战，我军瓦解了德军自以为无敌的防线，让他们意识到危险并迫使他们孤注一掷死守主山脊线。这一阶段的战斗是双方针对阵地控制权的争夺战。尽管这个过程既艰难又缓慢，但我军军心和战斗力丝毫没有因此动摇。我军官兵极高的忍耐力和决心证明了他们自己的价值。1916年9月第一周结束时，在作战中，我军已经比德军更具有优势。山脊线易手落入我军囊中就是最好的证明。

随着我军沿着占据的山脊线向山下的德军发起冲锋，索姆河战役第三阶段战斗打响。不光是沿着山脊线，我军也从莫瓦尔-蒂耶普瓦勒一线的德军阵地两侧发起冲击。这样一来，我军一举占领了整片高原和高原后方的大片土地。与此同时，在索姆河南部的作战中，我们勇敢的法国友军也取得巨大成功。尽管在战术上法军不占优势，法军一线的德军也在负隅顽抗，但法军还是将前线推进到我军阵地右侧的长山坡上，并且准备将德军赶出其位于孔布勒山谷和

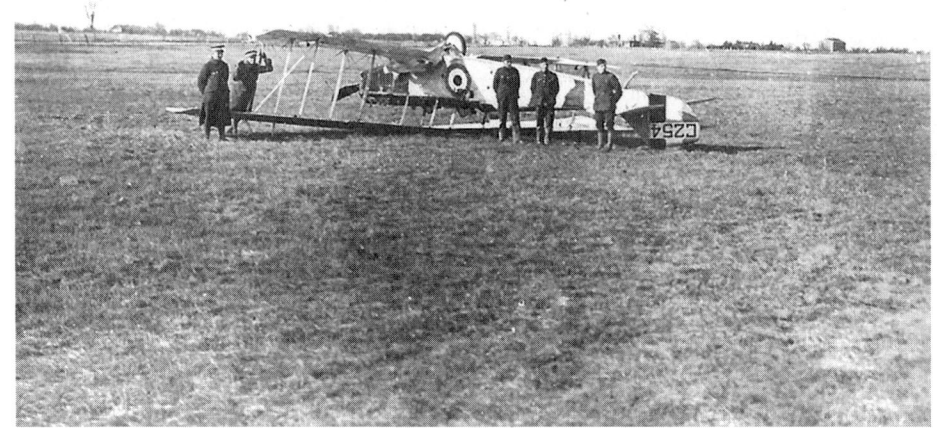
皇家飞行军团坠毁的飞机

托泰尔河自北向南在佩罗讷附近汇入索姆河之间的主山脊线最高峰的狭窄崎岖地带。

只有经过密集炮火打击再发动进攻,才可能摧毁防守严密的德军阵地。因此,1916年6月24日起,我军对进攻方向上的德军阵地发动大规模炮火打击。

与此同时,我军每天还在前线其他区域炮击德军。1916年6月24日至1916年7月1日,在前线长达十五英里、涵盖四十多个地点的广阔战线上,我军对德军发动毒气攻击并取得很好成效。在索姆河战役开始前一周,我军步兵还在戈默库尔和位于战线最左边的伊普尔北部与德军发生了七十次战斗。这些战斗不仅暴露了德军的部署,而且在其他方面也对索姆河战役提供了帮助。

1916年6月25日,皇家飞行军团对德军的空中侦察气球发动了一次集中攻击,击落其中九个侦察气球,一度戳瞎了德军从空中窥探我方行动的"眼睛"。

四、战事第一阶段报告

1916年7月1日早上7时30分,经过长达一小时猛烈的炮火准备,我军步兵开始向德军阵地发起冲击。与此同时,为了策应我军行动,法军也在索姆河两岸发起攻势,并与我军密切协作。

我军前线右起马里库尔，环绕德军在弗里库尔的突出部，一直延伸到圣皮埃尔·迪维永前方的昂克尔河流域。为了支援大部队正面主攻，除了牵制德军预备队、占领德军炮兵阵地，我军会对昂克尔河以北的德军战壕及塞尔同时发起攻击，并在战线更北端的戈默库尔突出部两侧发动一场辅助攻势。

第四集团军下辖五个军兵力，由维多利亚皇家爵级勋章和巴斯爵级司令勋章持有者上将亨利·罗林森爵士指挥，负责马里库尔–塞尔一线的作战。巴斯爵级司令勋章持有者埃德蒙·亨利·海因曼·艾伦比将军将指挥一个集团军在戈默库尔发动助攻。

在进攻前，我们引爆了事先埋在德军防线地下的炸药，并在前线多处施放烟幕。我军士兵坚定地在烟幕掩护下冒着德军堡垒的炮火向前冲锋。我军攻击

埃德蒙·亨利·海因曼·艾伦比

线右翼在进攻初期进展神速、大获成功。1916年7月1日中午前,我军占领了蒙托邦。随后,东面的砖厂和蒙托邦以西的山脊线都落入我军手中。我军在马梅斯对面设下的集结战壕遭到德军炮兵轰毁,导致我军步兵在这一带进攻时不得不多跨越四百码的开阔地带。即使在这种情况下,我军士兵还是闯进马梅斯,杀出一条血路,并最终跨过马梅斯,来到位于马梅斯另一端的山谷,在部队左翼面朝弗里库尔摆开防御阵形。英军从弗里库尔北部攻入德军战壕,因此德军设在弗里库尔的防线正同时受到来自三个方向的威胁。在更北部,德军在奥维莱尔-拉布瓦塞勒挡住了我军的进攻,不过我军已经从侧面穿插进德军的这些村镇据点"集群",夺下它们只是时间问题。我军扫荡了德军位于蒂耶普瓦勒往南延伸山脊线分支上的"莱比锡突出部"。接着,为了夺取蒂耶普瓦勒及德军防线,我军和那里的德国守军展开激战。然而,我军在左翼包括昂克尔河谷以北至塞尔的地区,取得的胜利都只是暂时的。尽管我军已经从多处突破德军防线,甚至一度突破了格朗库尔、彭丹特等地区的灌木林和塞尔一带的外围防御,但德军在蒂耶普瓦勒、博蒙阿梅尔持续抵抗,使我军无法顺利将援兵和弹药提供给最前线的部队。因此,尽管我军士兵作战相当英勇,还是不得不在晚上退回己方阵地。

虽然我军在戈默库尔发起的助攻也一度突破了德军防线,但德军的顽强抵抗令我军难以继续前进。在确认助攻目的已经达成后,戈默库尔一带的英军士兵也停止进攻,退回己方防线。

从开战第一天的概况看,我认为最好应该沿我军与法军战线连接点至拉布瓦塞勒与孔塔尔迈松间的中点,只从左翼进攻,同时将战术改为"有序稳进"。这是为了将昂克尔河以北的德军牢牢牵制住,留待日后战况好转再进攻。为了让上将亨利·罗林森爵士自由地集中兵力猛攻他的阵地上需要猛攻的那一部分,我决定让巴斯爵级司令勋章持有者上将休伯特·高夫爵士负责指挥拉布瓦塞勒-塞尔一线的作战,并从上将亨利·罗林森爵士所辖部队中抽调了两个北部的军去支援他。我让上将休伯特·高夫爵士扮演一个战线"枢纽"角色,对拉布瓦塞勒-塞尔道路一线的德国守军保持高压态势。这样一来,我军就可以在从上将休伯特·高夫爵士右翼往北作战取得进展的同时将战线往前推进。

接下来的几天中，我军继续沿着上面提及的几条战线发动攻击。尽管在蒙托邦和砖厂遭遇德军猛烈反攻，但1916年7月2日中午，我军就占领了弗里库尔。1916年7月2日晚，我军还横扫了马梅斯树林和它北边农场里的德国军队。1916年7月3日至1916年7月4日，我军先后占领伯纳菲、"毛毛虫"这两座树林，并推进至马梅斯以北的铁路一带。经过几天苦战，我军成功削弱了拉布瓦塞勒地区德军的防御，并于1916年7月5日到达孔塔尔迈松的外围地区。我军不停地向拉布瓦塞勒北部的德国守军发起进攻，在"莱比锡突出部"一带占领的地盘越来越大。

总结这五天的战果，在砖厂到拉布瓦塞勒长达六英里的战线上，我军摧毁了德军尽最大努力保持其防御强度的第一个也是修筑得最坚固的防御系统。德军被迫后撤一英里多，丢掉四座固守的村镇。

另外，截至1916年7月5日，我军已经累计俘获德国军官九十四名，士兵五千七百二十四名。

五、作战第一阶段五天战果总结

经过五天持续、惨烈的战斗，是时候调整和替换主攻部队了。在正常情况下，每对德军阵地发动一次大规模进攻，我军在一次进攻中向前推进的距离都要受到限制。这不仅是考虑到疲惫的我方部队需要休息，以及德军两座阵地相隙的长距离，更是用炮火打击德军战线。之后，我军发起突击才能大获全胜。尽管天气状况恶劣，我军还是对德军展开局部攻势。1916年7月7日，我军发动了对孔塔尔迈松和马梅斯树林的攻击。经过三天苦战，在顶住德军多次反攻后，我军占领了孔塔尔迈松全境，以及马梅斯树林除北部边界地区以外的大部分地区。1916年7月7日，我军还占领了奥维莱尔外围的一小块地盘。1916年7月9日，阿尔德库尔北面山脊线分支的德军防线要点、位于我军攻击线最右侧的马兹仲农场也被我军占领。

在马兹仲农场以北一千码的地方，我军重新进入曾经在1916年7月8日占领过一次的特罗恩树林南部尽头地区。德军在特罗恩树林东、北两个方向防守非常严密。在接下来的五天中，德军还先后向我军发起至少八次强力反击。特罗恩树林部分地区在交战双方之间反复多次易手。1916年7月13日，我军最终在特罗恩树林南部站稳了脚跟。

与此同时，我军肃清了马梅斯树林里的所有德军，并已经事实上控制了特罗恩树林，处在可对德军第二阵地发起突击的位置。因此，我们做出了于1916年7月14日破晓时分在隆格瓦勒–小巴藏丹树林一线发起进攻的安排。位于小巴藏丹树林西面一千码处山脊线分支上的孔塔尔迈松别墅区已经事先被我军占领，为进攻时的我军左翼清除了威胁。炮兵可以利用步兵取得的进展趁机前移缩小炮击距离。1916年7月11日，我军的炮火准备就已经开始。我军炮兵充分利用了占领的，可以侧射德军防线的地盘，这为确保后来进攻成功贡献很多。

1916年7月14日凌晨，我军的进攻部队在开阔地带向前开进了一千码至一千四百码，接着趁夜在山顶下方距离德军阵地三百码至五百码处一字排开。我军进军得到了强大巡逻队的掩护，潜伏位置也通过采取多个措施确保正确。德军对我军的行动浑然不知，我军部队也没有出现与指挥部失联的状况。这次行动中，我军投入了一个集团军的兵力，他们中的大部分士兵都是战争爆发之初就在军队里的老兵，经验丰富、勇冠全军。可以说，这次行动是我军目前在索姆河战役中战前准备最认真、地面侦察最细致的一次进攻行动，在进军的具体命令被起草出来之前，各师长、旅长、营长及其参谋多亲临阵地进行侦察。

六、战事第二阶段报告

1916年7月14日凌晨3时25分，天空中的微光只够在咫尺间的距离上辨认交战双方。我军炮兵首先发动攻击。从天而降的弹幕瞬间摧毁了德军第二阵地的第一道战壕。随着炮火向对手纵深延伸，我军步兵也随之对德军防线全线发起冲击。

我军首先将德军从他们在特罗恩树林里的最后据点内赶了出去。1916年7月14日8时，我军已经肃清特罗恩树林。与此同时，我军还成功营救了在这之前整夜驻守在树林北部被德军团团包围的一百七十名我军士兵。我军巩固了在特罗恩树林的防御，并往隆格瓦勒和吉耶蒙方向派遣了巡逻队。不过，在特罗恩树林北部仍然有两个德军据点负隅顽抗。直到1916年7月14日16时，残余的德军才在一番大战后被我军消灭。

在攻击线的中央地区，我军占领了大巴藏丹树林和村镇，并往北占领了小巴藏丹村镇以及坐落在东边的公墓。1916年7月14日中午，德军发动两次反击，全都无功而返。然而，通过下午的第三次反击，德军一度夺回了大巴藏丹村镇北部一直延伸到教堂的一片区域，面积达半个村镇。我军立刻发动反击，虽然伤亡较大，但还是成功夺回失地。冒着德军在西部边缘的猛烈抵抗，我军肃清了小巴藏丹树林左侧的村镇，并打退了德军随后的反击。1916年7月14日下午，我军占领了小巴藏丹树林西面的一块地盘，并利用它在波济耶尔南面建立了几个观察哨。

遭到我军痛击的德军开始失去原有秩序。下午前线传回报告，向"高地"树林进发的时机已经成熟。上将亨利·罗林森爵士决定派出一股为这种情形准备好的骑兵部队进攻"高地"树林。随着我军攻势的展开，这股骑兵部队向前稳步推进。他们密切关注战场动向，随时准备伺机而动。我军派一个骑兵中队伴随步兵侧翼，并于1916年7月14日20时进入"高地"树林。经过肉搏战，我军夺取了除树林北端地区外的大部分地盘。我军步骑兵配合良好，给对手造成了一些伤亡，并抓捕了一些战俘。

1916年7月15日，战斗仍然在持续，不过规模有所减小。我军占领了位于特罗恩树林"南部边缘"、吉耶蒙和瓦特洛农场之间，地处隆格瓦勒-吉耶蒙道路上的"箭头"灌木林。此外，我军还占领了德尔维尔树林，并挡住了德军多次反击，因为德军固守的两个据点和果园，我军在隆格瓦勒北部地区的苦战一直持续到黄昏。隆格瓦勒的战况让"高地"树林的我方守军面临的态势变得严峻。与此同时，我方守军还遭到德军炮击，伤亡惨重。因此，我们下达了撤退命令。1916年7月15日至1916年7月16日，我军部队趁夜撤退。撤退过程中没有遇到德军，而伤员也全都被平安带回。

尽管德军接连向我军阵地发起反击，我军在1916年7月16日夜位于小巴藏丹树林——波济耶尔东北角五百码的德军第二阵地的作战取得了更大进展。在这之前，我军部队已经开始从南边逼近德军防线。

与此同时，我军在战场更北部的军事行动同样取得进展。自1916年7月7日攻势发动以来，根据我对上将休伯特·高夫爵士下达的命令，奥维莱尔城内和附近的德国守军持续遭到我军炮火和步兵攻击，节节后退。1916年7月16日，大批德国奥维莱尔守军终于向我军投降。1916年7月16日晚至1916年7月17日，我军乘胜追击，跨过两军战壕之间的无人区，一举占领奥维莱尔，并从东、北两个方向直逼波济耶尔。

1916年7月14日及随后几天，我军行动取得的战果意义重大，我军占领了德军第二个主要防御系统阵地上一条宽三英里多的战线。德军又被迫往后撤了一英里多，我军则占领了德军在主山脊线上设置的长达六千码战线中的南部山顶制高点。德军又丢失了四座村镇和三座树林，我军前锋部队甚至已经将枪口顶在了德军的第三道防线上。马兹仲农场是我军战线与法军战线左翼的连接点，我军顶住了德军的激烈抵抗和顽强反扑，在这里建立并巩固了防线，从而将往北东起特罗恩树林–隆格瓦勒，往西经过大巴藏丹–小巴藏丹北角及小巴藏丹树林波济耶尔南部，直到奥维莱尔以北的英军战线与法军战线连接起来，并在瓦特洛农场和"箭头"灌木林设置了阵观察哨。尽管在向德尔维尔树林和"高地"树林进发时，这几个地方德军的威胁还没有彻底解除。

无论怎么称赞我军士兵在取得这些辉煌战果时体现出的善战、大胆、坚韧与决心都不过分。这一阶段的胜利很大程度上要归功于上将亨利·罗林森爵士对这次难度极高的任务细致而彻底的作战规划。1916年7月14日凌晨，突击行动虽然在黑夜执行却井然有序，且取得圆满成功，这是对我军指挥官卓越指挥能力和官兵之间默契配合的最大称赞。

在作战中，德军蒙受了惨重损失。1916年7月15日，我军缴获了一批德国火炮。1916年7月1日起，我军已经累计缴获德军重型榴弹炮八门、重炮四门、各类轻型火炮及野战炮四十二门、迫击炮三十门和机枪五十二挺。此外，我军还俘获了两千多名德军官兵。1916年7月1日以来，我军捕俘德军官兵数量已经过万。

七、战场上的新情况

大量证据表明，我军和法国友军在索姆河战场的节节胜利严重挫伤了驻守在索姆河一带与我军对峙德军的士气。然而，由于德国防线有强大的战斗力和防御纵深，德军赢得了往战区增兵的时间，在我军阵地的正前方与侧翼，德军仍然控制着大量戒备森严的战壕、村镇与树林。

虽然我军已经在主山脊线控制了一小块地盘，但比起德军在山上长达六千码的防线，我们的地盘微不足道。因此，与一味继续向前推进相比，现在更重要的是加快扩大我军占领战线的面积。

我军仍然没有攻下配备了复杂的德军战壕系统、位于小巴藏丹与主山脊线之间以西的波济耶尔和蒂耶普瓦勒。不过，随着我军进一步东进，这两座"据点"最终还是会落入我军之手，眼下我军左翼采取的就是根据已下达的命令，有序推进，步步为营地向前进军。

显然，我军右翼部队的攻击力度要进一步加强。我军在德尔维尔树林-隆格瓦勒一线形成了一个巨大的突出部，西起波济耶尔，南止马兹仲农场。我军战线与法军战线在马兹仲农场会合，法军战线则从这里一路往南延伸至索姆河畔的埃姆。

这个巨大的突出部立刻成为德军反攻时惹人注意的"靶子"。从战场上，德军可以直接观察到从战场东南方向的吉耶蒙到西北方向"高地"树林的情形。这样一来，德军不仅可以集中炮击树林和村镇，甚至可以将打击范围覆盖到两地后方的我军纵深地区。我军与法军布置在一起的交通壕、火炮、弹药辎重都将受到威胁。更糟的是，由于已经在这里盘踞两年之久，德军对本地状况极其熟悉。在这种情况下，德军对我军发起的火炮间射往往能准确命中目标：显然，如果德军可以突入我军的突击部，拥有我军阵地后方的视野，那么我们将处于不利的位置。如果我军部队对将德军部队赶出这一阵地没有自信，那么战局就会很紧张。眼下首要任务是让我军右翼及延伸出去的法军战线与我军中央部分的战线保持一致。然而，我军必须夺取德军强大的阵地才可以达成这一目的。

高原地带主要从德尔维尔树林东偏东北方向延伸四千码至雷斯伯夫和莫瓦尔，以及往战场东南方向延伸四千码至孔布勒以西一千码的勒兹与"桦树"树林和莫瓦尔。为了让右翼部队推进的速度赶上战线其他部分的友军，我军必须首先占领吉耶蒙、法夫蒙农场和勒兹树林，然后夺取然希和"桦树"树林。本来这些地方就易守难攻，德军还在那里部署了复杂的防御系统。已经被我军占领的瓦特洛农场位于这些地区正前方。德军第二道防御系统的主要构成正是从瓦特洛农场开始一直往南延伸到法夫蒙农场的。我军在这一带的滞后并没有逃过德军的眼睛。为此，他们不仅在原有战壕的前后都挖了新的战壕，还设置了铁丝网。此外，德军还调来了增援兵力。这样一来，我军连出其不意、发动突袭的机会都失去了。

摆在我军面前的任务相当艰巨。不过往好处想，这也是一个了解德军真正力量的好机会。但"屋漏偏逢连阴雨"，我军进攻难度因为天气不好而受到限制，不利的地理位置限制了我军地面火炮的直瞄观测能力，如果要提高射击准确度，那么在很大程度上只能依赖空中侦察。鉴于我军牢牢掌握着战场制空权，只要天气够好、能见度够高，一切就没有问题。然而，这几个星期的天气都不好，雨量比往年七八月的还多。偶尔雨停的时候，大雾随之而来。聚拢在低空的云层又厚又重，非常不利于空中侦察。

八、侧翼部队的推进

为了确保我军右翼能顺利推进，索姆河北岸法军战线的推进速度必须与我军保持一致。因此，我和法军指挥官确定了战场分工：以马兹仲农场向东经过孔布勒山谷，往山谷东北部延伸，并以萨伊-萨伊塞勒和莫瓦尔之间的中间地带为界划分各自负责推进的战区。法军左翼负责攻打萨伊-萨伊塞勒，我军右翼则负责占领莫瓦尔。为了使推进速度与我军右翼保持一致，法军仍然要沿着位于孔布勒山谷以西和托泰尔河以东的主山脊线向前进攻。法军首先要占领德军布置重兵的莫勒帕、勒福雷、朗库尔和弗雷吉库尔，以及周边德军固守的树林和战壕系统。由于孔布勒山谷两侧的山坡彼此之间可以照应，我军与法军的动作必须保持一致，并且进行最密切的配合。出于对这个问题的深刻认识，我们制定了相应的作战计划。

在准备克服困难、发起正式进攻前，我下令前线官兵停止进攻。这样，可以替换下疲惫的进攻部队，炮兵也有充分的时间前移射击阵地。此外，在改善已有通信设施的同时，我们还必须设置新的通信设备。为了防范德军反击，我军也不能忽视加固已有阵地。我们还需要部署新部队，从而在进攻时替换原来的进攻部队。

我军必须在前线其余地方对德军施压，不只是昂克尔河，甚至在更南的地方，使他们无法集中兵力抵御我军在德尔维尔树林与索姆河流域之间发起的进攻。与此同时，为了巩固在主山脊线控制的阵地，我军有必要往德尔维尔树林以西方向前占领一些地盘。综合上面列举的所有情况，我命令部队不要减小对德军自德尔维尔树林以西前线施加的压力，同时加快进攻吉耶蒙的战备速度。

1916年7月18日下午，德军先炮袭德尔维尔树林，然后出动步兵反攻。在付出惨重代价后，德军攻下了德尔维尔树林的北部和东北部，杀入了我军当天上午才成功肃清的隆格瓦勒北部地区。我军在德尔维尔树林东南部的守军奋起反击，力保阵地不失。位于战线更南部瓦特洛农场的我方守军也成功粉碎了德军的三次进攻。

德军反击德尔维尔树林标志着此前我军与德军漫长而惨烈拉锯战的开始，直到1916年9月3日局势才变得对我军有利。1916年9月9日，我军占领然希。虽然在这段时间我军占领了面积可观的地盘，但这是用艰巨而进展缓慢的苦战换来的。1916年7月20日，我军在"高地"树林建立起一个连接隆格瓦勒的据点。随后，1916年7月23日，我军第四集团军在沿着吉耶蒙-波济耶尔附近一线进攻时，发现大批德军在那里驻防。德军前线部队携带机枪防御，有的隐蔽在主要防线前方德军新筑的战壕里，有的匍匐在炮弹炸开的弹坑中。虽然我军在之前的战斗中占据了地盘，但德军的状况显示，他们已经从开战之初的混乱中恢复过来。如果我军还要争取更大的胜利，就必须从长计议。

1916年7月23日，上将休伯特·高夫爵士对波济耶尔发起进攻，战果颇丰。

1916年7月25日早晨，我军占领了包括公墓在内的波济耶尔全境，并在对波济耶尔东北部德军战壕的进攻中取得重大进展。1916年7月25日傍晚，在对我军阵地发起猛烈炮击后，德军发起两次反攻，一次针对我军"高地"树林附近的新建阵地，另一次从德尔维尔树林西北向我军发起进攻，但都被我军打退。德军损失惨重。

1916年7月27日，我军收复了德尔维尔树林的失地。1916年7月29日，我军肃清了进入隆格瓦勒北部以及果园的德军。双方炮兵在作战中表现十分活跃。

1916年7月30日，我军进攻了吉耶蒙和法夫蒙农场，法军则在索姆河以北发起进攻。我军有一个营一度进入吉耶蒙，部分士兵甚至冲到更远的位置，但由于侧翼部队没能按时到达指定位置，这个营只能在吉耶蒙西缘勉强坚守几小时后退回我方阵地。1916年8月7日，我军再次进入吉耶蒙，但由于由吉耶蒙及两侧战壕同时发起的进攻不成而不得不撤退。

在村镇内部以及四周阵地部署的德军掌控着通往吉耶蒙南部的空地。因此，在往法夫蒙农场方向继续推进前，我军要先肃清吉耶蒙南部的这股德军。为此，我军必须做好付出较大代价将吉耶蒙单独占领的准备；相应地，我军右侧的法军也做好了逐步占领莫勒帕、法夫蒙农场、吉耶蒙、勒兹树林和然希的准备。

1916年8月16日，按照预定计划，我军对德军发起了第一阶段攻击，但只在部分区域取得成效。经过炮兵部队三十六个小时的火力准备，1916年8月18日，我军发起了更大规模的联合攻击。德军对我军发起了一系列反击。然而，除了那些最猛烈的、在我军阵地与法军阵地结合处的反击能成功将我军逼退并占领小块地盘外，在战线的其他地方，我军都获得大胜。我军占领了吉耶蒙火车站，并在吉耶蒙外围设置阵地。1916年8月23日，德军猛烈反攻吉耶蒙车站，但被我军打退。1916年8月24日，我军在德尔维尔树林东、北两处取得很大的进展。

除了上面谈及的军事行动，在我军前线上还发生了一些虽然规模较小、但十分惨烈的战斗。通过猛烈炮击，德军防御力量遭到严重削弱，我军也因此占领了德军原本可以阻碍我军前进的前沿阵地。虽然每次占领的地盘都不大，但积少成多，我军占领地盘面积也十分可观。就这样，我军把战线推进至位于马坦皮什的山脊线，占领了波济耶尔的风车，以及波济耶尔北部的高地。借助这几个据点带来的良好视野,马坦皮什、库尔瑟莱特和两地附近以及勒萨尔周围配备的德国炮兵阵地都被我军尽收眼底。几天后,我军抵达位于波济耶尔西北的德军莫奎特农场据点。与此同时,在蒂耶普瓦勒南部与德军的战壕厮杀中,我军取得一定进展。德军持续的反击十分猛烈,但在付出惨重代价后,德军的反击宣告失败。例如,仅仅十五天时间,一个在蒂耶普瓦勒突出部作战的隶属德国禁卫预备军的团就损失了一千四百名士兵。

1916年9月1日至1916年9月2日,为了利用1916年8月作战成果带给我军的有利进攻位置,我军正在为一次全新的大规模进攻做准备。1916年9月3日12时,我军对战线最右侧——阿梅尔北部昂克尔河右岸德军战壕的前线地带发起进攻。与此同时,在我军右侧的法军也开始向德军发难。

很快,我军占领吉耶蒙,立刻巩固了吉耶蒙防御阵地,一路无人阻挡地推进至然希,及向南延伸至"楔形"树林的地带。很快,我军就占领了然希。1916年9月3日下午,我军遭到德军的猛烈反击。1916年9月3日至1916年9月5日,双方在房屋的废墟间打了三天拉锯战。1916年9月8日,德军仍然占据着然希的大部分地区。1916年9月3日晚上,德军向我军在吉耶蒙的守军发起三次反击,均在损失惨重后被我军打退。此外,我军还占领了德尔维尔树林北部及"高地"树林的一块地盘,但德军随即发动反击,夺回了一部分失去的阵地。

吉耶蒙战斗过后,英军士兵收集阵亡者的遗物

尽管上将休伯特·高夫爵士的部队给德军带来很重的伤亡，但他占领德军阵地的面积极其有限。

为了与战线右侧的法国友军保持联系，我在总攻开始三个小时前特意先发动了一次对法夫蒙农场的突击。我军第一次突击杀进农场，但可惜还没守住阵地就被迫撤退。尽管如此，我军还是推进至农场北部。1916年9月4日，我军从西、北两个方向向法夫蒙农场发起了一系列攻击。

最后，我军终于一口一口"蚕食"掉这个德军重兵布防的阵地，并于1916年9月5日清晨将法夫蒙农场收入囊中。由于前线指挥官及时把握机会，我军在农场东北方向的作战也有进展。1916年9月5日傍晚，我军已经在勒兹树林建立起强大的防御阵地。1916年9月6日，这一区域的德军被我军全数肃清。

虽然然希和"高地"树林的大部分仍然在德军手中，但实际上我军在这四天的军事行动中获得的战果甚至已经超过1916年7月14日至1916年9月2日期间取得的全部战果。在一条宽达两英里的战线上，我军右翼部队向前平均推进了一英里，击破德军在这一前线上的第二道防线，占领了法夫蒙农场、勒兹树林、吉耶蒙和德尔维尔树林东南部等一系列德军固守据点，将战线从昂克尔树林东南部推进至然希的西部外围。然而，比占领地盘更重要的是，在坚守七周后，德军用于抵御我军进攻的阵地终于被我军攻破。我军捕俘逾千，而在战斗中缴获、摧毁的德军机枪不计其数。

我军马不停蹄地整备，计划对然希发动更大规模的进攻。1916年9月9日16时45分，我军的第四集团军正式打响战斗。枪声刚响，我军在然希与勒兹树林北部的战线就传来捷报。我军在德军右翼取得胜利，占领了一条从"桦树"树林西南角往西北延伸至吉耶蒙-莫尔瓦铁路南部、长达一千余码的德军防线。随后，我军再次杀入然希，并且越过然希，占领了德军设在东部的战壕。我军在德尔维尔树林以南地区和"高地"树林以东、以南地区分别取胜，占领了一些地盘。

1916年9月9日以来，我军在一系列军事行动中抓捕了超过五百名德军战俘。1916年7月1日以来，我军累计抓获德军战俘已经超过一万七千人。

与此同时，我军右翼的法军同样战果颇丰。他们已经将战线推进至孔布勒以南的勒兹树林-勒福雷-索姆河畔克莱里一带。这样一来，我军战线上薄弱的突出部消失了。与此同时，我军向前进攻的前线也已经形成。

然而更重要的是，这些战果证明我军新组建的部队不仅是打1916年7月1日和1916年7月14日那种攻坚战的首选。从数周激烈持久的苦战看，它还是一支在持久战中持续不断消耗德军的劲旅。为确保1916年7月1日的进攻获胜，我军作了长时间的精心准备。德军虽然对我军意图有所察觉，但认为凭借其防御阵地的现有兵力，就足以抵挡我军的进攻。我军第一天战事的胜利足以压倒德军的战斗力与决心。1916年7月14日夜袭的成功让德军认识到他们面临的危险。这座纵深很深的防御体系为德军重整败兵赢得了宝贵的时间。德军调集更多人员和火炮前来增援，却被我军打得节节败退，并且从战壕和堡垒中，他们被赶出去。德军大部分反攻都以惨败收场，即使他们偶然侥幸获胜，但很快又被我军打退。

德军的顽强抵抗确实大大拖延了我军前进的速度，但也让他们自己付出了惨重代价。此外，最近德军前线的崩溃也反映出作战勇敢、不屈不挠又坚韧果断的英国军队从长远角度看势必会获得最终胜利。

九、1916年9月上旬前线局势

目前，我军已经占领了主山脊线前坡制高点，控制了德尔维尔树林-莫奎特农场上方高地道路一带长达九千码的战线，获得了广阔的视野。我军在距离勒兹树林还有三千码的德尔维尔树林以东地带站稳了脚跟；在更东边跨过孔布勒山谷的位置，我军右侧的法军也在乘胜向前推进。不过，尽管我军攻击线中央局势一片大好，但两翼的进攻仍存在困难。

高地的顶峰从然希开始向北延伸两千码，接着转向东，形成一条长四千码的山脊线分支。在这条分支的最东段是拥有对各个方向的开阔视野和良好射击角度的莫瓦尔。位于勒兹树林的我军右翼部队离莫瓦尔有两千码，中间隔着开阔深幽的孔布勒山谷的一个分支，莫瓦尔山脊线居高临下俯瞰着山谷，还从然希东北右翼及孔布勒山谷以东直接俯瞰山谷的位置，并且将其环绕。

法军正在孔布勒山谷上方的高地，朝位于莫瓦尔东边处在同一海拔高度上的萨伊-萨伊塞勒前进。在萨伊-萨伊塞勒与莫瓦尔之间的孔布勒山谷谷口处，地势开始降低，山谷一直向西南延伸，谷底就是孔布勒村镇。虽然我军右翼部队从勒兹树林和身处对面高地居高临下的法军被压制孔布勒，但孔布勒防守仍然十分严密。经过讨论，我和法军将领一致认为可以先不急于进攻孔布勒。只要从两侧高地任意一边居高临下发动冲锋，孔布勒就会失守。

如何从南面进攻占领莫瓦尔成了我军的大问题，法军要占领三千码开外阵地左侧的萨伊-萨伊塞勒似乎难上加难。一方面，德军在圣皮埃尔·瓦斯特树林和这里部署的防御力量令法军难以展开攻击行动，因此攻击面被大大削窄。另一方面，孔布勒山谷伸出的分支则被东西两侧的山坡居高临下俯瞰。

因此，我军右翼与法军此时仍是各自为战。但为了占据更多地盘，使我们的中央进攻部队在一条足够开阔的战线上发起进攻，我军必须与法军紧密配合，协同作战。理论上说，指派其中一方将领担任两军司令统一协调指挥很有必要，但我军将领与法军将领关系良好，而且都很愿意相互帮助。这发挥了与统一指挥同等的效力，解决了实际作战中的所有难题。

我军左侧的上将休伯特·高夫爵士率部在查特农场附近主山脊线一条往西南延伸的分支猛冲，穿过一座宽河的山谷，来到德军设置在蒂耶普瓦勒一带山脊线支线南部高地上的强大"奇迹"据点。此外，我军还要努力攻下德军在蒂耶普瓦勒上方主山脊线和德军苦心经营两年，无论是自然位置还是人为部署，号称坚不可摧的蒂耶普瓦勒村镇堡垒。

根据我1916年7月3日下达的命令，我军开始对蒂耶普瓦勒及德军部署在那里的防线采取缓攻稳进的战术。用我军高超的技巧、极大的耐心收获了十分可观的战果，上将休伯特·高夫爵士和他的部队更是发挥了"枢纽"作用。我们已经知晓德军在蒂耶普瓦勒的防御十分强大，因此我在1916年7月1日以后的计划中再没有冒巨大人员伤亡的风险试图占领蒂耶普瓦勒。虽然时机尚未成熟，但从我军已经占领及即将占领的几个地区来看，占领蒂耶普瓦勒的时机正逐步成熟，且进攻无疑不会造成不应有的损失。1916年9月14日晚间，我军横扫了德军的"奇迹"据点。就这样,我军占领了为突击蒂耶普瓦勒所需的几个据点中较重要的一个。

十、战事第三阶段报告

我计划协同法军在1916年9月15日向德军发动一次联合进攻,主要依托昂克尔河以南与阿尔贝-巴波姆道路北面空地进行。第四集团军则全力在德军莫瓦尔和勒萨尔的旧防御体系后方作战。要是我军能取得胜利,我就将左翼扩展至马坦皮什和库尔瑟赖特一带。一旦我军前线推进至莫瓦尔一线,我军左翼就会随之前进到蒂耶普瓦勒山脊线。我军右翼的法军盟友同意在索姆河-孔布勒上方山坡一线继续与我军保持密切合作。

1916年9月12日6时,我军开始对德军阵地发起有序炮击。炮击一直持续到步兵冲锋开始。

1916年9月15日上午6时20分,我军步兵冲锋开始,炮击也比之前更猛烈。我军新型重装备"坦克"首次配合步兵作战就获得成功,不仅在粉碎了对手的防御上发挥了巨大作用,而且大大震慑了德军官兵。

我军进攻之初就取得了巨大成功。1916年9月15日上午8时40分,我军大队步兵跟随坦克进攻弗莱尔,交战持续了一段时间。1916年9月15日上午10时,我军到达弗莱尔北部。1916年9月15日中午,我军占领了弗莱尔北部附近的几段德军战壕。我军右翼进攻部队已经逼近莫瓦尔、雷斯伯夫和格德库尔,而经过数小时激战,左翼进攻部队已经占领"高地"树林,进攻的营队立下了汗马功劳。这让我军在1916年9月15日下午占领马坦皮什和库尔瑟莱特成为可能,而两地也在当天晚些时候落入我军之手。1918年9月18日,我军以占领一直阻挡在我军攻打莫瓦尔途中的"四边形"工事完成了当天的战事,而在弗莱尔与马坦皮什之间也取得了一些进展。

综上所述,与索姆河战役打响后我军任何一次单独进攻取得的战果相比,1916年9月15日以来的一系列战斗中,我军取得的战果都更大。一天之内,我军突破对手两道主要防线,在一条宽六英里的战线上平均前进了一英里。此外,我军占领了三座德军布置重兵准备久守的村庄，其中两座村庄都是经过简单准备后只用几小时就攻占下来的。与投入的兵力相比，英军取得这些战果所付出的人员伤亡极少。事后发现，这些攻击对德军来说并不完全算得上出乎意料。

1916年9月14日夜至今，我军累计俘获德军官兵超过四千人，其中包括一百二十七名军官。

虽然我军为下一步进攻作的战斗准备再次被恶劣的天气延误，但在1916年9月24日早晨炮击德军后，我军于1916年9月25日0时25分在索姆河-马坦皮什一线向德军发起全线猛攻。我军意在占领莫瓦尔、雷斯伯夫、格德库尔以及一条自北环绕弗莱尔、止于弗莱尔与马坦皮什之间中点、长达一千码的带状地带。但由于遭到德军第四阵地守军猛烈阻击，我军没能占领格德库尔。除此之外，傍晚时分，我军基本实现作战意图。

我军右翼部队攻下朗库尔，一鼓作气推进至弗雷吉库尔外围。经过一夜奋战，我军于1916年9月26日凌晨占领弗雷吉库尔。至此，我军如铁桶般围住孔布勒。1916年9月26日凌晨，协约国以英国从北面进攻，法军从铁路南边进攻的方式占领了孔布勒，以小代价获得大胜。虽然处在地势较低的地堑，但孔布勒的守备堪称"固若金汤"。在我军如雨点般猛烈倾泻的炮火下，除了修筑的大量地面工事，深埋地下的地窖和地窖间密密麻麻的通道使得德军士兵免遭打击。战斗结束后打扫战场时，我军发现德军备有大量各式弹药的军火库。

1916年9月26日，我军在以一种有趣的方式占领格德库尔西部的一座德军防御战壕后占领了这座村镇。1916年9月26日凌晨，一辆我军坦克从西北方向开到德军把守战壕，并且用机枪和火炮攻击德军，因为我军步兵已经控制了战壕南端，德军已经逃跑。这时，我军一架战斗机又从空中俯冲下来用机枪助战。德军连忙挥白手帕示意投降。截至1916年9月26日8时30分，我率步兵在得到飞机返航的同时接受了德军投降。德军横尸无数，另有八名军官、三百六十二名士兵做了战俘，我军只有五人伤亡。

鉴于第四集团军已经取得一系列战果，是时候发兵占领蒂耶普瓦勒了，以使左翼部队登上在未来行动中有很高战术价值的主山脊线。

德军还没来得及从我军第四集团军给他们造成的致命打击中缓过劲来，我军就于1916年9月26日0时25分，向蒂耶普瓦勒和蒂耶普瓦勒山脊线发起大规模进攻。我军计划占领蒂耶普瓦勒东部及北部，前线坡度长达三千码的高地，还有德军的佐伦要塞、斯塔夫要塞、施瓦本要塞和要塞之间相连的战壕。

我军的进攻相当成功。我军战线右侧的部队轻易就杀入了德军战壕系统。不过，蒂耶普瓦勒及其北部据点德军的抵抗则猛烈得多。我军用三波进攻占领了德军设置在莫奎特农场的外围防御体系，突进佐伦要塞，剿灭了要塞里的德军并巩固了战果。马兹仲农场的德军凭借建筑物和地窖坚守，直到1916年9月26日18时，德军最后一道防线才被我军一个先锋营发起的主动进攻攻破。

我军左翼的战斗也相当猛烈。在接下来一天一夜的激战中，坦克为我军步兵提供了宝贵的支援。1916年9月27日8时30分左右，我军占领了蒂耶普瓦勒。

在蒂耶普瓦勒山脊线同德军的战事中，我军俘虏德军约两千三百人。1916年9月14日到1916年9月30日，我军在这一区域抓获德军官兵的数量几乎达一万人。此外，我军还缴获德军火炮二十七门、机枪两百余挺以及迫击炮约四十门。

1916年9月27日，我军占领了斯塔夫要塞的西、南两面，斯塔夫要塞西侧与施瓦本要塞相连的战壕，以及德军在东侧与山脊线北坡部署的防线。1916年9月27日下午，我军突击了德军施瓦本要塞，突破德国守军的防御，大胜援军的反击，占领了施瓦本要塞南面，并将巡逻队派遣至施瓦本要塞北面及圣皮埃尔·迪维永方向一带。

我军前线已经推进至库尔瑟莱特以北，我军第四集团军甚至已经在格德库尔西北的德军第四阵地上占领了一条宽一英里的德军防线。德军从自己设置在库尔瑟莱特与格德库尔之间，位于奥库尔修道院-勒萨尔前方的防线撤退了。因此，1916年9月27日下午和傍晚，我军直到距离德军防线八百码时才遭到抵抗。在这一战地，我军占领了一大块地盘。这块地盘长五百码至六百码，宽约两英里，地跨小巴藏丹、利尼、蒂卢瓦和阿尔贝-巴波姆道路等多地。

1916年9月29日，我军只用一个连就占领了地处勒萨尔西南部的德斯特蒙农场。1916年10月1日下午，我军对奥库尔修道院和它东西两侧宽达三千码的德军防线发动突击并取得胜利,对修道院建筑的轰炸持续了两天,1916年10月3日傍晚,我军占领了奥库尔修道院。

十一、1916年10月战记

1916年9月月底,为了帮助法军攻打萨伊-萨伊塞勒,我将莫瓦尔移交给法军。1916年10月7日,在大雨延误进攻三天后,法军再次向萨伊-萨伊塞勒进攻,并且前进了一大步。1916年10月7日,为了支援法军的攻势,我军第四集团军对雷斯伯夫-德斯特蒙农场发起全线进攻。

在进攻中,我军不仅占领了勒萨尔和它西北的采石场,而且在战线其他地方也取得了可观的进展,特别是攻下了德军在格德库尔东部宽达两千码的战线,以及一处可以从西南掌握勒特朗斯卢瓦的山脊支线制高点。在这次军事行动中,第四集团军抓获了近千名德军战俘。

德军已被赶出托泰尔河与昂克尔河间的山脊线——只剩下萨伊-萨伊塞勒附近的残存阵地和蒂耶普瓦勒高地北部山顶的据点还在苟延残喘。

由于占领了蒂耶普瓦勒河以北蒂耶普瓦勒山脊的西北部分,我军可以直接观察到德军在河右岸把守的米拉蒙-阿梅尔之间的昂克尔河谷,及其他山脊线支线与河边的动向。因此,德军一面不惜一切代价加固河右岸的防御,力保这片区域最后的德军战壕不失,一面为了收复失地,对我军发动持续三周的轮番反击,尽管损失惨重但全都失败。与此同时,我军在斯塔夫要塞和施瓦本要塞的战果进一步增加,为未来的战事做好准备。我对我军部队很有信心,我军不仅可以顶住,并且击退德军攻击,只要符合计划,他们完全能将德军消灭。因此,我对侧翼的进攻十分满意。

位于我军战线中心的格德库尔-勒萨尔以西一线同样取得了可观的战果。由于我军士兵已经冲下山脊线前坡,这时不宜再发动正规进攻,而应该先等待我军战线其他部分取得战果并巩固当前局势再作打算。

然而,这时我军战线东翼应该再加把劲,争取多占领德军阵地。德军强大的战壕系统拱卫着勒特朗斯卢瓦、博朗库尔和巴波姆。德军疯狂开挖新的战壕,但说起质量，赶制的新战壕比不过原有战壕。如果我军趁势对战线东翼的对手发起进攻，那么可能会收获前所未有的战果。在这一区域，德军的战斗力早已经由于我军最近的行动遭到严重削弱，无法和我军抗衡。

德军硕果仅存的堑壕防御体系位于勒特朗斯卢瓦前方，南侧是德军萨伊–萨伊塞勒阵地，西侧是勒特朗斯卢瓦和雷斯伯夫的山脊线分支。为了摧毁这个防御体系，我军首先必须占领山脊线分支和萨伊–萨伊塞勒高地，居高临下压制北部、西北的低地，确保我军攻击勒特朗斯卢瓦部队的侧翼安全，与此同时让德军无法再居高窥视我军设在孔布勒山谷中联合指挥部的情况。鉴于德军还在勒特朗斯卢瓦防线的后方修筑新防线，我军必须马上行动。

然而，英法军战线连接处的恶劣天气从1916年10月月底一直持续到1916年11月月初。由于能见度很低，炮兵受到严重影响。大雨冲垮了德军匆忙赶筑的战壕，因此事实上我军士兵是在泥坑里作战。我军新占领地盘的那条乡间小路被炮弹炸出一个又一个弹坑，很快变得几乎无法通行，因此前线士兵的后勤供给开始出现了问题。所有的不利条件让战场的复杂性成倍增加，也使我军速胜的愿望变得不现实，我军无法充分利用已取得的优势。

我军右翼仍然在为攻打萨伊–萨伊塞勒的法军提供支援。天气状况只要稍有改善就能使我军步兵和炮兵顺利开展协同作战。然而，之前的进军延误虽然无法避免，但为德军重整人员装备提供了宝贵时间。德军的抵抗再次猛烈起来，甚至一有机会德军还会发起反击。战壕的归属要在阵地易手多次后才能见分晓，泥泞的路面让武器装备运输和巩固阵地防御变得困难无比。要占领一座受损的战壕很容易，但守住它难于上青天。

1916年9月12日和1916年9月18日，我军占领了雷斯伯夫和格德库尔与勒萨尔以东部分地区，数百名德军官兵成为我军战俘。法军克服种种困难占领萨伊–萨伊塞勒，但恶劣的天气导致无法对德军展开决定性进攻。泥泞的地面需要很长时间才能变干，但根据当时的天气状况，几乎不可能有这么长时间让地面变干。

我一面下令巩固我军右翼的位置，一面为尽可能利用左翼部队所处的有利位置加速战备。1916年10月21日中午，趁着短暂的晴朗干冷天气，我军攻击了从库尔瑟莱特-皮村道路以西,往西延伸至施瓦本要塞一线的斯塔夫战壕和里贾纳战壕,并且获得大胜。在炮兵强力弹幕的有效配合下,我军步兵只付出很小的代价就攻下目标,顶着德军的反击炮火建立了我军自己的阵地。1916年10月21日,我军抓获德军官兵超过一千人,比我军的伤亡人数还要稍微多一些。

1916年10月23日和1916年11月5日两天,在等待昂克尔河地区天气改善之余,我军与进攻萨伊-萨伊塞勒高地和圣皮埃尔·瓦斯特的两路法军呼应,对雷斯伯夫和格德库尔以东发动新一波进攻,并且取得很大进展。在勒特朗斯卢瓦山脊线分支上的我军据点得到巩固,位于我军与法军战线交界处、与德军争夺激烈的战壕最终也归我军所有。我军克服道路泥泞的困难,通过发起小规模局部进攻先后占领了一些较小的地盘。特别是1916年11月10日全天遇到好天气时,我军在宽达一千码的前线展开进攻,攻占了库尔瑟莱特-皮村道路以东部分的里贾纳战壕。

为了夺回失地,德军向我军发动了大量猛烈反击,其中一次发生在1916年10月23日晚上。那次反击确实取得了成功,德军从我军手中夺回了1916年10月23日白天被我军占领的勒萨尔以东的一部分。除了这一次,德军的其他反击都被我军步兵和炮兵悉数粉碎。为此,德军付出了惨重代价。

十二、战事第四阶段报告

1916年11月9日,战场上恶劣的天气状况有所改善。气候干冷,晨雾晚霜的日子持续了好几天。我军仍在为进攻昂克尔河地区做最后的战备工作。现在,地面仍泥泞不堪,有必要将军事行动的范围限制在利用现有条件巩固防御。

德军在昂克尔河地区的防御一直很稳固。四个月以来,他们一边从正面击退我军的进攻,一边不停从我军在战场南部的作战中总结经验,以巩固、强化其防御。德军希望在别处发起反击时能将圣皮埃尔·迪维永、昂克尔河畔的博库尔和博蒙阿梅尔建成像索姆河防线其他村镇一样的永久据点。每当意识到防线某处面临危险时,为提供更凶猛的火力掩护,德军会往那里运送更多的火炮。1916年10月月底,为巩固格朗库尔与埃比泰尔讷间的防线,德军加派了一个师。

1916年11月11日5时，我军炮兵开始对德军发起步兵进攻前的炮火打击。炮击一直持续到1916年11月13日5时45分，当时，我军炮火已发展成能有效支援步兵冲锋的弹幕。

我军步兵冲锋的战线从施瓦本要塞以东延伸至塞尔以北。士兵们冒着浓雾奋力向前，几乎是全线一举冲进德军防线上的第一道战壕。在昂克尔河南部，德军的战壕依蒂耶普瓦勒山脊线而建。我军自南而北向这座战壕发起冲锋。短时间内，我军就以很小的代价获得了较大战果。

1916年11月13日7时30分，我军在圣皮埃尔·迪维永东部的作战目标已经完成，德军多在被赶进地堡之后投降。截至1916年11月13日上午9时，我军俘获的德军官兵数量竟然已经超过了我军前线进攻兵力的数量。很快，圣皮埃尔·迪维永被攻陷。我军的一个师，用不到六百人伤亡的代价捕俘了德军一千四百余人。在我军昂克尔河以南战线上，这样的战绩比比皆是。

相比之下，昂克尔河北部的战况就惨烈多了。不过，我军同样取得了辉煌的战果。尽管凭借第一道防线和博蒙阿梅尔布置的据点，德军在白天的作战中成功坚守了几小时，但最终没能阻挡我军主攻部队前进的步伐。我军靠近昂克尔河右岸的进攻部队夺下博库尔以西和西北两个方向的一些地盘，并在与我军其他进攻部队隔绝的情况下成功撑过剩下的一天一夜。这些士兵坚强的意志力对我军的胜利厥功至伟。

1916年11月13日黄昏，我军在博库尔西部外围建立防线，并与昂克尔河南部把守着通往博蒙阿梅尔道路且占领博蒙阿梅尔的我军部队建立了联系。此外，我军还控制着从昂克尔河道通往博蒙阿梅尔车站的道路。我军还占领了博蒙阿梅尔以北半英里外德军的第一座战壕。虽然我军克服万难在多地达到德军的战壕，但由于战场还是太泥泞，因此我军不能不放弃对塞尔以北对面地带的进攻。

1916年11月14日凌晨，我军恢复了对博库尔和博蒙阿梅尔北部山脊线分支顶部区域的进攻。我军占领了博库尔，同时将战线沿着博库尔道路往西北延伸，跨过博蒙阿梅尔山脊支线分支的南端。我军不仅每天都能抓获德军战俘，随后还将战线沿东、北两路推上博蒙阿梅尔山脊线分支。

我军进攻作战的战果很令人满意,特别是我军在天气再次变化前及时结束了进攻。我军肃清了昂克尔河两岸的德军,没有付出太大代价就让德军自认损失惨重。在第四阶段的作战行动中,我军共抓获德军俘虏七千二百人,其中军官一百四十九名。

十三、我军西线其余部分的进展

在索姆河战役进行期间,战场北端一直到伊普尔的我军战线都在扮演"二线"及"防御战线"的角色。这并不代表这些地方的守军任务轻或不重要。由于前线的战争资源要全力向索姆河一线倾斜,我军西线其余部分的士兵们必须在紧守前线的同时让德军时刻绷紧神经。士兵们要承担繁重的工作,指挥官和参谋们更是一刻也不能放松警惕。令我欣慰的是,凭着无私、博大的奉献精神,我军防守官兵完成了任务,值得嘉奖。

以下数据可以作为我军防守部队自1916年7月1日战役打响以来四个半月作战战绩的参考: 前线共发生大小战斗三百六十次,德军伤亡惨重,许多德国士兵成为我军俘虏。1916年7月19日发生在阿尔芒蒂耶尔附近地区的防御战是其中最具代表性的一次战斗。我军深入德军防线,对德军防御设施造成了严重破坏,令德军损失惨重。

十四、我军战略目的总结

目前为止,我军自1916年7月1日发起的进攻已经将三大主要目标全部顺利完成。如果不是秋季的倾盆大雨导致的泥泞令我军无法凭借已经取得的优势发动大规模总攻,我军完全有希望取得更大的胜利。

凡尔登得救了。德军主力部队不但被我军牢牢牵制在西线动弹不得,而且被消耗战拖得疲惫不堪。

哪怕只完成一个战略意图也值得成功发起这场战役。现在,三个目标都完成了,取得的战果也足以与我军和法国盟军付出的巨大努力相匹配。我们离获得战争的最后胜利又近了一大步。

德军不惜一切代价也要占领凡尔登，这与其军事战略价值无关，德军更多考虑的是政治和鼓舞士气方面的价值。如果凡尔登被德军攻取，不但德国的宣传部门会吹嘘这场胜利为德军的"重大胜利"，而且也会极大动摇我国民众的必胜信念。相反，如果德军付出沉重代价却拿不下凡尔登，那么不但德军的士气会受挫，而且德国人对战争获胜的信念也会极大动摇。

在索姆河战役期间以及主要军事行动结束后收集到的各方情报都显示，通过这场战役，我们成功地将德军主力牢牢拖在了西线。自1916年6月俄国在东线大胜奥匈帝国后，德军从西线往东线的移动在索姆河战役开始后不久即告结束。从那以后，如果战场上出现某个德军师自西向东移动的状况，那就说明这个师在索姆河战役中元气大伤，德军又总是用新的师来接替被换下的师在西线上的位置。1916年11月，德军在西线集结的兵力显然比1916年7月时更多，德军也未放弃对凡尔登的进攻。如果德军这时侥幸占领了凡尔登，可能会利用战场上集结的重兵谋求更大的胜利。不过，考虑到东线战况的进展，德军更有可能会将大量兵力派往东线。因此，我们可以得出结论，索姆河战役不仅缓解了凡尔登地区的压力，而且有利支持了东线友军的作战。

现在来谈谈我军借由索姆河战役达成的第三个战略意图：成功拖垮德军。索姆河战役让德军疲惫不堪。至于德军究竟疲惫到何种程度，我们的判断多少都带有估计的成分。不过有充分证据表明：德军损失远超过我军和法军的损失，我军士气也远比德军高涨得多。

尽管有许多德国士兵用一以贯之的坚定战斗决心同我们作战到底，但随着战役推进，更多的德国士兵都泄气了。德军只能凭借森严的防线一面阻挡我军进攻，一面频频调兵增援前线，凭借良好的训练和纪律控制着战争机器在一次又一次失利后重整部队再向前反攻。在索姆河战场的推进过程中，我军接连和西线五分之四的德军师对峙，有时甚至跟同一个番号的德军师先后交战两三次之多。在我军攻势由于天气恶劣不得不告一段落时，德军的战斗力已经明显大不如前。

1916年7月1日至1916年11月18日，在索姆河战场，我军共俘获德军官兵三万八千多人，其中包括八百余名军官。此外，我军还缴获重炮二十九门、各类野战火炮九十六门、迫击炮一百三十六门以及机枪五百一十四挺。

取得上述辉煌成绩的英军官兵多半都是在战争中训练并成长起来的。这些英军官兵们大多只服役了几个月，初次来到索姆河战场只是作为殉职官兵的补充。当然，在现在的局势下这也无法避免。要么让这些没有经过充分训练的士兵在战场上积累经验，要么就等到士兵训练成熟再让他们上战场，但这会让法国盟友大失所望。在没有经过充分训练的状况下，我军士兵不仅与常年积极备战的德国士兵作战，还取得了如此骄人的战绩，这在历史上都是前所未有的壮举。至于我军官兵克服困难时的欣然之情，面对困境时体现出的坚韧和决心，以及一往无前的勇气，如果一个人没有经历过战争，或者见识过战争却没有亲历过索姆河战役，那么将很难充分体会到。

十五、我军战果总结

在本战报中，我向您呈报的我军战果，其实不过是我军在索姆河战场中重大事件的摘要。由于篇幅所限，我既无法将近五个月时间内我军经历的每一次战斗及无止境的战壕搏杀等情况不分大小都向您一一详报，也不能将我麾下类似一个师或一个旅的各个小型作战单位在每场战役中扮演的角色都在战报里尽数列举。为了防止泄密，我会将个人授勋的推荐名单另行发送给您，战斗细节也将适时公布。无论是不列颠群岛还是殖民地，无论是常备军、本土自卫军还是新军，全国上下都为这场战役的胜利出了一份力。虽然他们当中的一些人更是有幸因为表现卓越获得荣誉，但所有人都光荣地履行了自己在战役中的职责。

一系列胜利的背后，是对我军坚韧、坚定品质前所未有的考验。我军官兵用自己的实际行动证明，他们身上还传承着我们民族最高贵的传统，他们的事迹足以与我军历史上的一系列丰功伟绩同列。

我军攻打的是战争史上前所未有的强大堡垒。如果没有充分的炮兵支援，步兵冲锋就完全没用。我军炮兵顶住人员方面的压力完成了火力支援任务，值得钦佩。鉴于大部分基层军官与士兵训练不足，取得如此战绩着实十分出色。不仅如此，年轻的官兵们锻炼出了高超的技战术水准，还积累了充分的步炮兵协同作战经验，这是我军取得一系列胜利的关键因素。我军的步炮兵协同作战在1916年7月就已经做得很好，随着经验不断积累，在后续作战中会更炉火纯青。

皇家飞行军团在步炮兵协同作战中扮演了极其重要的角色。皇家飞行军团的可敬工作是索姆河战役中一个可圈可点的事例。在现代战争中，空军要承担多方面的任务。空军可以为炮兵指引对手地面部队的位置并确认打击效果，也可以通过空中拍照准确侦察德军战壕、据点和炮兵阵地的位置等战地情报。不仅如此，飞机还可以从高空准确掌握德军防线后军队调度的动向。

在执行各种飞行任务时，我军飞行员们尽显自己的无畏胆色和高超本领。在我军步兵发起冲锋时，飞行员们驾驶战机翱翔空中，时而为地面部队指引目标，时而低空俯冲，甚至是用机枪扫射德军步兵。

皇家飞行军团不仅要在各种天气状况下冒着德军的密集防空火力出航。为了压制索姆河战场上的德国空军，他们还必须时常在空中作战。凭借高超的本领和顽强的意志，飞行员们取得了空中大战的胜利。然而，保持空中优势的关键在于及时、充分的后勤补给。如果补给跟不上，就算我军飞行员是清一色的王牌飞行员也同样无济于事。

除了夺取"高地"树林作战外，在索姆河战场，骑兵难有用武之地。

各种与步炮兵攻守密切相关的特种任务执行为我军战事的成功贡献了很大力量。

在堑壕战中，各式迫击炮成功地补充了火炮打击，在炮手的手中发挥了大作用。在未来的战事中，迫击炮的使用可能会更加频繁。经过索姆河战役的锤炼，我们的炮手积累了丰富的实战经验，而迫击炮在以后很可能会被更频繁地应用。

在现代战争中，机枪也是相当重要的兵器，在某些程度上甚至足以左右战局。在战斗中，我军机枪军团已经成为一支作战大胆、技术高超的劲旅。与进攻时相比，机枪在防御作战中具有更大价值。不过，如果派遣眼明手快的士兵担任机枪手，在进攻作战中同样能抢占先机、收获奇效。机枪军团虽然是一支新生的部队，但在未来的作战中必定能发挥更大的作用。

坦克，这个在索姆河战役后期投入战场并被我在每日战报中提及的我军新式武器引起了我的注意。坦克在很多情境中都能派上大用场，而我们的坦克兵们更是勇猛无比。

德军使用毒气和喷火器攻击我军，一方面迫使我军想方设法为官兵提供防护措施，另一方面也倒逼我军工部门发挥创造力，开发具备同样破坏力的武器装备。我军工部门面对挑战表现出巨大的创造力，在面对危险困难的任务时，使用这些新式武器的特种士兵[①]们也表现出极大的勇气。德军靠突然袭击的伎俩攻击文明世界。对于那些帮助我们战胜德军的化学家、物理学家和生物学家们，我们欠他们一个大大的人情。由于学者们的努力，我军反而比那些用化学武器偷袭文明世界的德国人技高一筹。在喷火器和毒气弹正式投入使用前，我军大量试验了它们。在培养自己的化学兵时，我军更是发现要掌握这些武器的使用方法和技巧根本不是一日之功。德军并不是因为穷途末路而不择手段，这完全是他们蓄谋已久的战争计划的一部分。

虽然在战场上我军使用化学武器完全是被迫自卫，但收到了很好的打击效果。我军战报、战俘口供、缴获的德军文件及我军自己的观察都显示，我军的毒气攻击使德军伤亡惨重，我军的化学防护措施对我军士兵起到很好的保护作用。

来自本土和海外的工兵部队在战斗中扮演了重要角色。每一场厮杀中，在先锋部队的有力支持下，我军野战连队与其他兵种密切配合，勇敢忘我地投入战斗中。

除了在火线上表现卓著外，皇家工兵在战前准备、攻势开展的过程中也承担了相当分量的重要任务。对于这一点，我在前面的报告中已经一一详细叙述过。无论在火线上、在后方还是交通线上，皇家工兵的高超本领、强大武备和奉献精神都能体现出来。

[①] 这里的"特种部队"是相较于手持步枪进行常规作战的"常规部队"而言的，并不是经过严格作战训练可以"以一当十"的精锐部队。

在对手脚踩的大地下,我军工兵的隧道掘进连来去自如。这让我军的战壕部队能够放心固守。在这支勇敢团结、技术精湛部队的努力下,德军雷区对我军起不到任何重大阻碍作用。

在索姆河战场上几场重大军事行动中,我军隧道掘进连做出的贡献是不可替代的。

我军野战勘察连勤奋工作,不仅为战场指挥提供了大量详尽的前线地图,而且在各个方面为引导炮兵攻击帮了大忙。

虽然在大战爆发之初我军信号兵部队才刚刚组建,但其现有人员的规模在我军序列中的比例已经大大增加,成为我军一个庞大的组成部分。

信号兵充当了我军全线各部队间信息交流的使者。在现代战争中,信息交流的规模越来越大,程度越来越复杂。虽然在战场传递信息任务很大,压力重重,往往要在艰苦,危险的状况下执行任务,但信号兵们总能不知疲倦、准确高效地完成任务。

时间近五个月的索姆河战役,后勤部门、军械部门,以及其他交通或者前线非战斗部门同样承受不小的压力。

在现代战争条件下,维持一支大军战斗力是一项异常艰巨的任务。虽然前线恶劣的气候条件让后勤运输变得艰难,但我军后勤部门从没让前线士兵们出现缺吃少穿、弹药不足的状况。这是我军后勤人员勤奋、高效工作的最好证明。

大量维修耗材、补给品等后勤物资都在克服磨难后顺利通过海路运输到前线,这有力支援了陆军作战,保证了我们在战场上的胜利。海军成功担当起为陆军运输后勤补给的责任。

除了军队的将士们,我们同样应该铭记国内奋战在各行各业的男人和女人们。他们的不懈努力和自我牺牲满足了前线所有的需求。如果没有工人们为我们生产的各种武器和辎重,没有男青年踊跃参军,我军的作战就将难以为继。

虽然在战斗中我军蒙受的惨重伤亡给医疗部队带来了极大压力,但他们还是以最大的热情和最高的效率为我军受伤的官兵们提供服务。大量本土和殖民地的救护兵们血洒疆场,团一级医务官兵、野战救护车组在执行任务时表现出勇气与献身精神。后方的医疗任务同样艰巨，但伤兵站和医院里的外科手术医生和门诊医生们凭着不懈的热情与高明医术，医护人员凭着高超技术与奉献精神备受称赞。我的总干事多次向我报告说，英国皇家陆军医疗队对伤兵的救治工作提供了很大的帮助。

前线的卫生状况保持得最令人满意。截至战报发出时，前线还没有出现士兵因病死亡的情况。

由于我军在索姆河前线集结了一支规模极大的部队，我军最高统帅部只能提供一般性指导，因此部队的具体指挥责任就落在了集团军指挥官的肩上。

在索姆河战场，我将重任交给了上将亨利·罗林森爵士和上将休伯特·高夫爵士，他们分别担任第四集团军和第五集团军的司令，在这场世界最大的战役中带领庞大的我军部队作战近五个月。

在这场战役中，我军指挥官们表现优异。他们本领高超，判断冷静可靠，命令执行机敏坚决，作战指挥的表现更是完全对得起上级的选拔。

除了最后一次攻打戈默库尔，上将亨利·罗林森爵士负责了整个索姆河战役的战备工作。1916年7月1日后，上将休伯特·高夫爵士负责我军部分战线的进攻指挥任务，从而确保上将亨利·罗林森爵士能专心于我军集中力量攻击区域的战事。

集团军指挥官们的报告说，军里的参谋和技术官们，以及下级部队的指挥官和参谋人员表现卓越。我已经将各单位推荐有功人员的名单另行发送给您。

此外，我还想对我总指挥部和交通线的参谋军官，以及各位技术官致谢，感谢他们的忠诚和不知疲倦的付出。

对于在战役中全军表现出的团结一心、不惧牺牲及全情投入的品质，言语的称赞微不足道。这样的品格将确保我军发挥出最大的战斗力。能指挥这样的官兵作战是我莫大的荣幸。

我军与协约国各友军及法国、比利时两国民众之间建立了良好的关系。友军与我军的不懈合作、努力作战及对待我军的普遍亲善态度，赢得了我军各级官兵的感激，尊重与钦佩。

十六、未来战局展望

最后，我想简单谈谈对未来局势的展望。

德军并没有因为这场战役被我军彻底打垮，以现在的局势也无法判断战争将会在何时最终结束。索姆河战役的胜利让我们离夺取这场战争的胜利又近了一步。德军是同盟国武装力量的中坚。然而，虽然这支拥有"最强战力"的军队在索姆河投入了自己半数的兵力，并且占有防御优势、坐拥最强大的防御体系，最后，德军还是在1916年败在我军手下。无论是战胜国还是战败国，都将永远铭记这场胜利。尽管坏天气阻挡了我军前进的脚步，但等到新一轮战事再起时，我相信士气大受打击的德军官兵将没有办法和我军持久对抗。

我国新军带着必胜的信念及对自身实力的信心踏入战场，在自己、对手，甚至全世界的军人面前成功证明了这份自信的价值。与此同时，在一次又一次的恶战中，新军官兵们积累了很多宝贵的战斗经验，这些经验将对他们的未来大有裨益。

很荣幸为您效力。

您忠实的
英国远征军上将司令道格拉斯·黑格

附录2
1916年7月德国第四军索姆河战记

弗里德里希·西克斯特·冯·阿明将军

一、英军战术

1. 步兵战术

毫无疑问,在秋季攻势中,英国步兵吸取了很多经验教训。可能是因为拥有强大的炮兵相助,再加上英军刻意强化了对士兵的体能训练,英国步兵的攻势变得十分有冲击力。不过,在遇到困难战局时,英军步兵指挥官的表现令人感觉他们很不称职,因为他们只要自觉与大部队之间的联系被切断就会失去理智并且投降。每当英军集结起一支大部队浩浩荡荡进入我军火力打击范围时,我军炮火顿时就能让他们大片大片倒下,场面相当骇人。然而,英军巩固已占领阵地的能力同样不可小觑。

在打防御战时,英军,尤其是其小股部队展现了极大的韧劲。如果一小股英军部队占领了树林的一个角落或一组建筑,并成功架设起机枪阵地,我军就很难将英军赶出他们固守的位置。

不过大部分从火线下来的我军士兵都士气高涨,坚信自己优于英国步兵。

2. 炮兵战术

英军炮兵武器库中大多是中型火炮及重炮,且数量远比我军多,其弹药相比从前也有了很大改善。

对我军防线上的所有战术要地及所有被他们了解的步炮兵阵地,英军都有序地实施了炮击。位于一线战壕后方由我方控制的村镇遭到的打击尤其猛烈,附近的自然掩体也没能幸免。英军精心组织的空中侦察让他们的炮弹落点和火力控制更精确。晚上，英国飞机甚至常会挂弹轰炸由我军控制的村镇。

3. 骑兵战术

在开阔地带，几个英军骑兵团对我军一支坚守的步兵部队发起正面攻击。我军守住了阵地，打的英军在付出惨重代价后撤退。这个战例是英军最高统帅部骑兵战术的体现。

二、组织

1. 索姆河战役中特种装备的分配

前线呈交给我第四军指挥部部的报告无一例外要求增派武器、通信设施和交通运载工具等装备，如喷火器、高射机枪及其他防空装备、系留气球、侦察机、战斗机、电话设备、卡车、马车、摩托车、自行车、光学信号设备、无线电

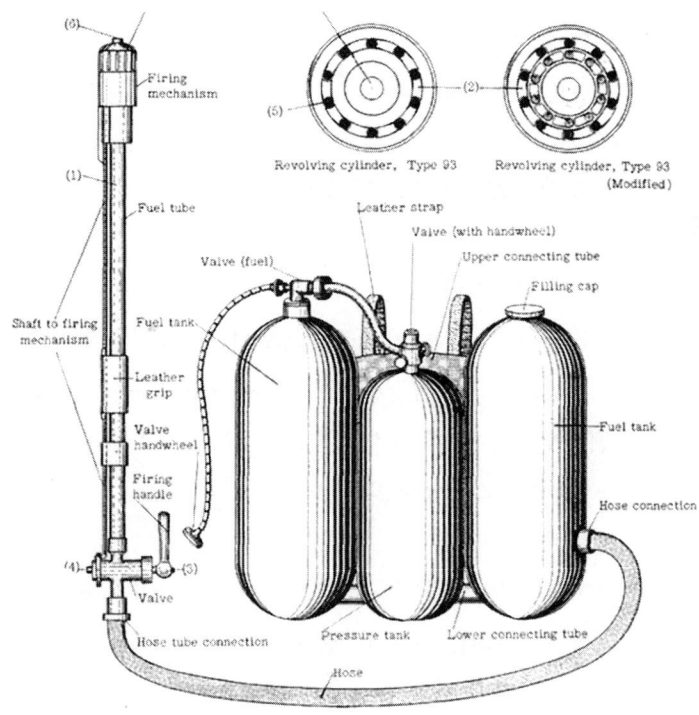

喷火器结构示意图

台……我军在索姆河地区的激战无疑证明了，合理分配战争资源的必要性。在索姆河一带，由于我军集结兵力太多，我军装备的规模无法做到为每个军和每个师都永久配备一整套上述装备。

因此，上述装备的制造应该效法重炮、战斗机中队和先锋集群的部署，准备足量的上述装备作为大型军事行动的储备资源，并由集团军或总指挥部保管，在开战时配发给新开赴战场的各个军。

在本备忘录记载的情况中，只有在堑壕战进行到必要程度时，我军才要求后方往前线永久增配装备和常备守军。

2. 增加参谋人员数量

随着战事的发展，最高统帅部参谋人员的数量减少了。在实际作战时，这不利于指挥。在这里，我有必要说明所需参谋人员的类型。根据战事的实际情况，我们需要足量的值班军官、情报官和联络员，其中值班军官要听从上级军官的指令，执行搜集前线情报的任务。

3. 军指挥部

第十六预备军和第四军的参谋们曾经在同一栋楼里驻扎了几天。

因此，两个军必须共用一条电话线路。每当战况激烈的时候，两个军的参谋们都在极大的压力下工作，这加剧了通信困难。

4. 为前线连队组建预备队的经验

为了填补前线因伤亡造成防线空缺，我第五师某部的步兵连成功组建了第四排。我们先是让第四排和一线运输部队的野战厨房在一起。后来，直到前线的三个排出现较大伤亡需要增援时，我们才将第四排派上前线。这时，步兵们可以将所有作战中需要的装备、辎重，如手榴弹、战壕挖掘工具、补给等一起自行带上战场。这一战术安排效果相当好。

5. 先锋步兵连

各军下辖的每个步兵团都配备了宝贵的先锋步兵连。然而，随着战事要求士兵做更紧急的事时，先锋步兵连的士兵往往还没有充分发挥出其在特训后习得的才干。通常先锋步兵连由富有经验且惯于团队合作的老兵构成，在关键时刻解决很多前线部队意料之外的难题是其最具有价值的贡献，如为前线战壕提供战时补给。

6. 为前线部队提供更多机枪

机枪和机枪手能很好地填补我军防线上被英军持续、集中炮火炸出的防线空白，因此前线部队普遍要求增配机枪。

每个团、旅、师都应该配备后备机枪和机枪手。每个步兵团应当配备至少三十挺机枪。

三、训练

在这之前，我军基于在战争中攻守的经验制定的训练教程适用于精心构筑的战壕系统。然而，我军并未在索姆河一带发现这样的战壕。

英军持续的炮击覆盖了我军前线和后方的一片区域，其炮击的猛烈程度前所未见。从这次炮击中，我们总结出一些士兵训练的基本原则，列举如下：

在训练时应该强调士兵的单兵作战能力，从而确保士兵在自己遇险或对手进攻危急的时刻，超出了上级掌控的范围，能够尽量利用手边的一切资源做出合理反应。

教会士兵如何穿越一片遭到猛烈炮击的空地。

教会步兵如何接力传递。

官兵们的个人训练中，增加对我们自己和缴获不同型号机枪的使用比例。

训练士兵使用我军的各式手榴弹。尽可能多地训练出能使用对手手榴弹作战的士兵。

训练士兵根据作战时间表，伴随我军弹幕分段攻击对手阵地的能力。为了有能力处理意外事件，要尽可能组织较大纵深的进攻阵型，这在视野有限的树林地带作战时极其有用。

不同状况下，训练士兵在开阔地带向对手发起快速反击的能力。在发起反击时，掷弹兵在前，尖兵在掷弹兵身后约十米的位置，另派一些小股部队在尖兵稍后的位置用火力掩护。在树林地带，部队要排成单列或散开前进。

训练士兵快速将炮弹弹坑转化为防御散兵坑、小股部队在被占领的空地上挖掘战壕,以及在单列前进时利用追踪带领编组的能力。

训练士兵在预制材料不足的情况下,会使用手边简易材料并构筑防御设备的能力。

四、从作战中获得的经验教训

1. 防御与防御阵地构筑

1.1 步兵阵地的设置

与深度更小但宽度更大的战壕相比,两边坡度较陡且狭窄的战壕防护效果更不好,造成防御部队伤亡更大,其主要形式是被活埋,这是因为大部分英军炮弹威力虽大,弹片散布性能却不佳。对于防御作战,前线的一个团持有以下看法:士兵在没有覆盖任何遮蔽物的战壕中,呈跪姿或卧姿防御能比在"兔子洞"工事中作战得到更好的防护。

与前线战壕平行修建掩护战壕的做法并不明智,因为这可能会导致二者同时被对手的炮火以同样的方式摧毁。为了避免战壕因为这种状况被摧毁,我建议与其继续沿用当前被普遍采用的战壕构筑范式,不如根据战场实际地形选址,修筑不规则走向的战壕。

洛赫曼铁丝网,又称"地毯式"缠绕铁丝网,性能因运输不便显得不尽如人意。一种更好的解决办法是使用每段长二十米至三十米的带螺钉柱,另一种更好的解决办法是使用带掩护,配备螺钉柱的带刺铁丝网,这种铁丝网可以直接固定在需要的位置。

弧形铁框架很有弹性,常能弹开重炮炮弹。因此,弧形铁框架是木制框架的良好替代品。

1.2 炮兵阵地的设置

英军惯于对我军防守的村镇进行猛烈炮击,如果将火炮阵地部署在村镇中,就相当于将它送给英军消灭。因此,我军应该将火炮阵地设置在这些村镇一百米外的地方。这样一来,我军炮兵部队的伤亡将大幅下降。

出于类似的原因，我军也要放弃设置在陡峭山坡上的炮兵阵地。考虑到英军的作战方法，如果不能将炮兵阵地设置在现有未使用的散兵坑壕等位置附近，就应该将它设在开阔的地方，从而避免被对手直接观察到。至于被选择的开阔地，也应该采取反空中侦察措施。点缀有地表物品的伪装网和帐篷都是有效的伪装设施。随后，等建造地堡的材料运到，我军炮兵阵地的安全系数就会大大提升。

1.3 战役指挥部的设置

与炮兵阵地类似，我军的战役指挥部也不应该冒着英军沉重的炮火设置在类似村镇、陡峭的山坡或其他在地图上显而易见的位置。如果将电话系统设置在如作战指挥部等不适合的地点，那么被对手炸死传令兵，炸断电话线会时常发生，本来就很有限的村镇地窖空间将变得更拥挤。

在作战过程中，很多人都是因为找不到指挥部的位置而在路上遭到攻击，这造成了很多不必要的伤亡。因此，必须确保参谋军官能看到足够多用于指示指挥部方位的标志牌。

1.4 步兵和先锋部队的阵地交接

在阵地交接时，准备移防的部队需要格外小心。只要战术情况允许，就要把各级指挥官召集到场开会。前来接防的部队在任何情况下都必须通过前线部队指挥官与解放部队的指挥官携带地图、草稿等开会。在会议上，必须明确给出战地情况，例如阵地的弱点、阵地需要执行的任务及阵地的重要性……

为了保证交接任务顺利完成，可送交接部队的指挥官必须在白天亲临阵地熟悉情况。如果有必要，可以派汽车作为指挥它的交通工具。如果条件允许，最好让交接部队在白天对阵地有个了解。这样一来，除非有令人信服的反对理由，阵地的正式交接工作最好从黄昏时分开始，并在凌晨时完成。

如果事先难以向交接部队提供阵地的大概情报，先进入阵地的部队就必须在战壕里留下小分队进行指引。如果本阵地与附近其他部队的阵地存在连接点，则应清楚地指出，因为在双方激烈交火的时候，这些信息往往会被前往交接的官兵抛在脑后。

用小单位穿过被对手火力覆盖的开阔地可以有效地减少己方伤亡。例如，步兵可以采取逐排交接的方式。两个排之间相隔较短的时间出动，呈单列前进。至于每次派出多少部队、小单位之间出击的时间间隔如何，如果没有提到就应当根据战场的实际情况确定，部队前进的阵型也应当根据战场地形综合考虑。

换防部队在前往接受正在进军的部队时，应当尽可能携带工程建筑材料，至少要多带大型战壕挖掘工具。

1.5 炮兵的支援与交接

步兵阵地的交接原则同样适用于炮兵。如果出现炮兵部队由于必须要在夜间增援前线，没时间在出发前的白天前往前线事先勘察阵地的状况，那么指挥官也应该尽快与已经到达的炮兵取得联系，并且充分利用他们提供的情报，如果下令增援的炮兵指挥官正身处等待增援的位置，那么在增援部队就位前，随行的参谋和军官应该为炮兵指挥官勘查炮兵阵地位置，并在增援部队赶到后为炮兵充当向导。

1.6 步兵兵力的分配

索姆河战役带给我军最大的一个经验是：尽管英军随时可能向我军阵地发起进攻，但由于他们的炮击有序而猛烈，为了避免重大伤亡，我军只应在前线留下少量可靠的士兵防守，并给他们配发机枪。如果不这么做，不等对手发起冲锋，那么我军就已经伤亡惨重。然而只靠自己，自然难以抵挡英军的冲锋。为了解决战壕内守备力量不足的问题，应当将配备机枪的步兵以小组为单位部署在离火线最近的后方地带，待对手炮击一结束就不需要等待命令，自主冲进战壕支援防御作战。采取这种战术时，每当英军士兵自以为即将冲进一座死伤枕藉的德军战壕时，我们都能让他们付出沉重的代价，并取得反击的胜利。

因此，我军作战胜利的关键因素就在于设置的各种防御阵型必须有纵深，且各防守部队必须并排作战。这样一来，在反击时，我军既能保证足够的人手，又不会出现编制混乱的情况。如果英军突破我军防线，那么英军猛烈的炮火有时会在为我军带来重大伤亡的同时扰乱我军的编制。

每个步兵连长都要留出一些人手作为后备兵。如果有条件，那么他们最好会留下几挺机枪。各级部队的指挥官必须留足后备人手。一旦英军攻破防线，这些后备军要有立刻将他们赶出我方阵地的战斗力。最高统帅部和团级作战单位不但都要有整建制的后备部队，而且越多越好。集团军指挥部应该给上前线作战部队尽量多配发机枪，因为机枪能最大程度发挥单兵作战能力，"制造"出更多的后备部队。这样一来，作战部队就有更多机会与后方部队轮流上前线作战，其以逸击劳的优势将十分明显。

1.7 炮兵的组织

集团军指挥部下令组建军直属炮兵部队的用意是避免出现由野战炮兵旅频繁变动导致炮兵指挥出现频繁变动，至少就长期部署的重炮而言是这样。不过，根据我们近期积累的经验，如果将一部分直属集团军的重炮移交给师属炮兵将有利于尽快完成作战任务。

1.8 炮兵部队的后备人员与物资

新火炮总是很快就被申请调用一空。不过，每个野战炮兵旅还是应该保留部分火炮及射击小组担任后备军。举例来说，如果一个炮营由三个炮队组成，那么应该留下一个炮队及射击小组作为后备军，装备四门火炮的炮队也要留下一门火炮。这样一来，在紧要关头一旦火炮阵地哑火，后备火炮就可以立刻接管阵地，继续向对手射击。

1.9 炮兵弹幕射击法

在战斗中前线位置的不确定因素导致我军必须不断更换炮兵阵地，改组火炮编制。此外，我军前线观察视野不足，电话指挥线路长期不畅。由于英军对我军前线的后部持续发起炮击，我军很难在战线前方形成持续性炮击弹幕。

如果我军成功在前线制造了一个持续时间较短的弹幕，那么这都是前线炮兵观测军官的功劳。这些军官只能通过信号枪和传令兵传递情报，但即便这样，他们仍然可以向我后方炮兵传递大致准确的射击诸元[①]。通常观测人员会和炮

---

① 指为了让火炮击中目标，必须在武器上装定的参数。通常考虑的火炮射击诸元包括目标的距离、目标的方向、风力、风向、目标的运动速度、运动方向等。

兵先商定一个时间。时间一到，炮兵就往一个前线容易观测的位置发射一定数量的炮弹。这次炮击的落点会为下一次在前线某个特定区域制造弹幕的诸元提供参考。此外，对炮弹落点的观测还需要附上前线人员的目测报告作为补充。这种方法特别适用于由两名火炮兵观测军官每天相互替班、往返前线两次的情形。虽然炮兵观测军官因此伤亡惨重，但步兵的伤亡大大减少。对此，可以参见下文第四部分3.2中记载的炮兵观测军官在一次进攻中的案例。

在情况不允许对前线发射常规弹幕的时候，对不同距离上的对手分别发射破片弹、高爆弹、碰炸高爆弹等不同种类的炮弹并往不同距离发射可以制造出有效的"临时弹幕"。与此同时，使用多种不同类型的炮弹可以对一片面积很大，纵深很深的区域造成很强的毁伤效果。不过，这种射击法的缺点在于需要耗费大量炮弹，而且一旦缺乏某种炮弹，就无法获得相应的毁伤效果。

1.10 步兵弹幕与狙击手

步兵可以使用步枪和机枪在夜间及对某些地面观察不到的区域制造无须瞄准但方向水平的齐射弹幕。这不仅可以为我方可能已被对方动摇的部队提供休息和保护，还能在威慑对手的同时令其损失惨重。在前线，我军将经过精挑细选的狙击手安插在战场上视野良好且隐蔽的地方，比如树上。狙击手的冷枪给对手造成不小的麻烦，其中有一个团的狙击手表现尤其突出。

1.11 在对手猛烈而持续地炮击我军时应采取的对策

我们发现，在英军持续、猛烈地对我军前防部分不完整的前线阵地集中炮击开始时，将我军防线的部队前移一百到二百米，在天掩护的开阔地带卧倒隐蔽，会取得良好的效果。

鉴于英军拥有很强的空中侦察能力，即使我军不停转移炮位也会很快被发现。因此，在意识到自己的阵地已经暴露时，我们建议炮兵部队与其仓促转移阵地，不如就地加强火炮阵地掩体的强度。除此之外，在持续开火大量消耗体力之后，频繁更换炮兵无法一面频繁更换位置，一面在一夜之间挖掘新工事并且运输转移弹药。

1.12 化学炮弹的使用

很多人都认为,如果将绿十字毒气①的使用权交给师一级的炮兵指挥官们,我们将无法获得希望得到的战术优势,因为只有集团军群指挥部的化学战专家才能根据战场上的地理和气候条件充分发挥化学武器的效果。

为了避免在师级炮兵指挥官未收到事先通知并在执行其他任务时,为发射"绿十字"占据宝贵的炮队,可以利用我军野战炮永久编制几个专门发射"绿十字"的炮队。相反,在不能使用"绿十字"炮火的情况下,专门用于发射化学炮弹的炮兵阵地则可以归炮兵指挥调遣用于增援常规炮兵。

另外,根据可靠消息,我军向对手发射的化学炮弹杀伤效果很好。

1.13 重型火炮和迫击炮

在索姆河战场上,绰号"牧师"的重炮是很好用的武器。

无论我军防御前线有无战壕,或战壕状况如何,都应尽早将迫击炮带进阵地,至少携带轻型款式的。不应因为担心损失武器装备而不让迫击炮上战场。

1.14 据点

在后继防御作战中,我们应该尽快开始在防线后方利用村镇等有利条件修建据点,将每座村庄分成不同的片区并派遣主力军队,且无论防区大小,都为守军配发机枪。为了避免遭到炮击波及,白白损失兵力,据点的支援及后备部队不能驻扎在村镇周边。单个防区的边界不应该超出村镇的边界。

1.15 二线步兵阵地和转换战线

我军的二线阵地和重要的"之"字形转换战线由铁丝网、地堡和交通壕构成。我们应调动一切可用力量,持续工作建造更多样的阵地。散兵坑比较易于构筑,因此也很容易在冲突中被放弃。这条经验在后方较安稳一些的地方修筑二线据点的时候,必须时刻放在心上。

以下是根据实际经验所总结出的战时构筑二线阵地以及交通壕的实用组织方法:

---

① 绿十字毒气是在第一次世界大战时使用的化学武器,属于窒息性毒剂,主要影响肺部。这类武器通常会在引信的末端和弹壳底下标示绿十字。不同毒剂弹用不同代号标示,"黄十字"为糜烂性毒剂弹,"蓝十字"为喷嚏性毒剂弹,"白十字"是催泪性毒剂弹。

各师自行在前线区域修筑二线阵地,二线阵地与前线的距离由各部队自行把握。每个师要有一组由一名军官负责的先锋部队士兵,这组士兵专门留在前线协助驻守前线的部队挖掘战壕。每个师的战壕挖掘部队由师里负责管理每天战壕挖掘进度的军官负责指挥。如果遇到特殊情况,需要快速将阵地构筑就绪,前线师应得到战壕挖掘小组的增援。需要注意的是,只能使用没有战斗任务的部队,或者师一级部队的预备队。驻守后方阵地的部队必须负责相应阵地的加固工作。

夜间工作时,战壕挖掘部队需要增派监督劳工的人手,而且尽量避免在可能遭遇对手猛烈火力打击的区域使用劳工修筑战壕。

必须派遣专人详细记录前线后方阵地构筑等具体情况,集团军群或集团军指挥部很快会发布相关命令。为了保证劳动力充足,负责记录的军官应该配备先锋部队和劳工。此外,可用来替换的人手和物资运输的手段也要跟上。

1.16 二线炮兵阵地

经验表明,在一线阵地后方构筑炮兵阵地的重点是,首先要构筑观察哨、缆线壕和交通壕。在物资充足的情况下,一个炮兵组只需要一晚就可以将阵地构筑完毕。

2. 进攻

2.1 进攻的种类及所需时间

准备不足的进攻与反攻往往都会因为过于仓促而失败。

要仔细区分两种不同形式的反击任务:一种是为了夺回刚刚丢失的一段战壕或者一块地盘,且战场附近有我军预备队存在的反击作战;另一种则是上级指挥部下令且动用更高一级的预备队发起的反击作战。

在开展后一种反击作战时,我军常常没有充分考虑进攻及一线部队调度所需的时间。在激烈的作战中,电话线常常被炸毁,因此比起通常命令传达所需的时间,战场上从后方指挥部向前线部队传达一条命令所需的时间更长。这时就只能派出速度较慢的传令兵顶着对手的炮火上前线传达命令。即使命令传达到前线,前线部队还需要更多的时间传达、消化命令中指示的攻击目标和攻击方法。上战场的后备部队也存在同样的问题。后备部队往往在不熟悉的战场上顶着对手猛烈的火力缓慢开进。因此，为了了解战局，后备部队的指挥官必须主动和一线部队的指挥官取得联系。但这样的沟通耗时费力，在视野受限的情况下，如夜间身处树林地带时尤其耗时费力。

在发起有充足后备兵力支持的反击前，我军有必要做好充分的炮火准备。这也需要不少时间。索姆河战场的战斗经验印证了我军确认已久的战争准则：

反击要么在我方兵力已经全部就绪而对手攻击尚未结束的情况下立即开始，并且由前线部队下达是否反击的决定；要么经过有序、彻底的炮火准备后由对战场战术情况、地理特征有所了解的后备军执行。

"如果仓促执行本应该经过充分准备的反击命令，那么结果往往是输多胜少。不但部队会伤亡惨重，部队指挥官也因此失去下属的信任。"

2.2 行军与部署

在率部进入对手炮火打击区域前，指挥官应当通过派遣精锐侦察兵和自己亲自观察等方式了解对手的火力分布，从而据此制定穿越这片区域的计划。在选择穿越道路时，应优先考虑对手很少甚至没有被轰炸的道路而非路况好或庄稼地。原则上，对手会用炮火覆盖他们火力范围能及的盆地、下陷的道路和村庄，因此行军时要尽量避开这些地段。

2.3 有序进攻

在进攻时逐步终止炮火支援是一项相当成功的策略。进攻前，炮兵与步兵事先协调好时间表。根据步兵推进的速度，炮兵逐步减弱炮火打击也是有效的支援策略。不过，如果步兵部队缺乏相关经验直接推进，那么攻势就会受阻。

2.4 突击队

在进攻中，使用专门突击队往往能收获奇效。突击队员都是经过精挑细选，但事先没有参加过进攻作战的士兵。这支突击队证明了自己是一支事先经过全面训练、能很好地适应村镇建筑物之间战斗及树林作战的精英部队。

2.5 树林进攻作战

树林进攻时，建议采用传统的散兵线战术，步兵呈单列小纵队向前推进。

树林地区树木繁茂，视野不开阔，而小型喷火器过于笨重，因此不利于打击远距离目标。喷火器最适合在状况较好的攻击阵地近距离打击已经被事先侦察探明的近距离目标。

利用手榴弹力不能及的大型弹坑展开防守的对手，"牧师"式重炮特别适用于对付这种情形。

2.6 进攻得手后的策略

为了在进攻得手后快速掘壕固守，应该指派精干军官带领辎重部队和工程部队伴随突击队进攻。

3. 步炮协同作战

3.1 指挥官之间的通信

战场上，有时参战的军级作战单位内部各部队会混在一起，很多时候炮兵指挥部做的安排也不清晰。

考虑到战术因素，新来的师通常在夜间会快速进入战斗位置。战场上几乎每天都在进行必要的调动、替换。

以上情况加上战场上糟糕的电话通信让步兵–炮兵的联络困难重重。很多时候，步兵很难与炮兵建立联系，这对于长时间遭到攻击的步兵来说相当不利。步兵和炮兵越难保持充分联系，越应该下功夫保护通信线路。最好的办法是将步兵的团级指挥部和炮群指挥部部署在相邻的地方。如果上述部署难以达成，那么应该尽快在两者间架设电话线。每个炮群都要往步兵团长处派一名联络官，有时甚至是几个炮群共用一名联络官。

3.2 前线通信

炮兵观测军官的派遣数量和部署位置取决于战场的地理环境和战术位置，对于这一点可以参见第四部分1.9。为了快速处理前线发回的信息和炮火支援请求，观测军官必须与所管辖炮兵阵地附近的基层如营一级指挥官建立联系。在发动进攻时，炮兵观测军官通常不应该留在火线最前线，相反，他们应该在后方对我军全线持续观察。只有置身如德尔维尔树林及隆格瓦勒等视野不佳的战场，炮兵观测军官才应该紧跟前线部队观测。此外，我军仍然存在难以及时回传情报的困难，尤其是炮弹落点过近误伤己方的情报。通过事先约定，通过发射不同颜色信号弹及勤务兵接力等方式，可以有效克服上述困难，并且派最可靠的军官及传令兵，通过如骑自行车的方式执行炮击观测和信息传递工作。

然而，在类似德尔维尔树林这样的战场，上述解决方案可能难以执行，因为双方猛烈的交火可能会压得我方炮兵观察员动弹不得，从而阻碍情报快速传递。不过，一个团回报了一条非常有价值的经验：建议炮兵情报中心前移，作为信息传递的"保险"措施。为了方便作战情报传递，炮兵情报中心的具体位置应该被通报到在该地作战的营、连一级作战单位。

五、通信手段

1. 电话

我军现有的电话通信系统完全不能满足战事发展的需求。在施泰因集团军群被一分为二成为两个独立集团军群后，通信状况再度恶化，需要加装几条新的电话线才能解决通信问题。尽管战场上的通信状况很不好，但我们在堑壕战时必须时刻对困难有所预备。因此，有必要为每个师加倍提供电话设施，为军属电话小队增加人手，并利用现有的物资储备，在步兵师开赴前线前增设电话线路。电话线路架设不足，是我军步炮协同作战最薄弱的一环，但目前我军只能逐步缓解这方面的压力。

由于村镇是英军炮火重点"关照"的目标，在架设通信线路时最好远离村镇。现有从村镇开始铺设的通信线路应被转移至距所需方向最近的开阔地。

在实战中，往电话线路沿线经过的地堑里长期部署电话小组可以确保被炮火击毁的电话线在最短时间内被修复。此外，电话小组还应该时常检查电话线的状态，确保电话照常运转。

每个野炮团、营和步炮团、营最好都能永久配备大型可折叠式电话亭，避免携带配备给团营一级指挥所的既占空间又难管理的分离式电话亭出战。

在交接阵地的时候，更换电话设备会导致通信中断。在战争局势正激烈时，我们决不能贸然地更换电话设备。通信设备应当连同阵地一起被移交给前来换防的部队。以上经验教训特别适用于容易因线路变更导致通信中断的可折叠式电话亭。

2. 无线电

为了改善前线通信状况,应该给我军步兵部队团营一级的参谋装备轻型无线台。我军拥有相关物资的储备。

3. 传令兵

在战场上,传令兵和接力式传递法是有效且代价较小的通信方法。所有需要传递的重要信息和命令都应当备份传送。在火线上,一个步兵旅的常规接力距离是一百米。

4. 摩托车和自行车

在开赴战场前,每个军指挥部、师部和旅部都要从仓库中抽调两辆摩托车随行。抽调摩托车是因为指挥部不足以应对激烈战斗,而且劣势很明显,即使再编入自行车充数,也不足以填补需求。

5. 光学信号

我军现有的光学信号设备不足以满足当下的需求。每个集团军都应该尽快配备一支装备有光学信号装置的信号兵小分队。一个步兵团或者一个炮群需要三十盏中距离信号灯才能组成一条信号线。此外,我军还需要四套长距离光学信号装备才能实现师与师之间的光学信号交流。从物资仓库中临时抽调的光学通信设备效果并不尽如人意,因为只有各信号站及指挥所在配合默契的情况下才能发挥这种通信设备的最大作用。

建议在各个师提供其紧缺的光学信号设备前,先利用探照灯小分队组成辅助光学信号分队。在索姆河战场,探照灯部队的本来功能没有用武之地。我麾下的一个师已经采取上述策略,收到了良好的效果。另一个师则成功搭起两个辅助光学通信基站,能借助闪光确保十二千米距离的顺畅通信,虽然肉眼无法直接看见。在电话通信频繁中断的战场上,光学信号的巨大价值将更加突出。

6. 信号枪

前线只能通过信号弹为炮兵指示弹幕的攻击方向。我们发现,只为每个连配发三把信号枪不仅无法满足其使用需求，而且信号弹的数量也不够多。因此，我们建议从仓库中抽调更多物资，确保每个连拥有至少六把信号枪，并携带更多的信号弹投入战斗。鉴于我第四军曾经在战场上遇到信号枪和信号弹不足的困难，尽管信号枪和信号弹都是我第四军战时编制的一部分，但在撤下战场时，我军第四军还是将所有可用的信号枪和信号弹都移交给了接替我们的部队。

7. 气球和飞机侦察

我军为炮兵提供的航空侦察无法满足作战需求。如果前线条件允许，那么为每一个下辖两个野战炮兵团的野战炮兵旅增加一个系留气球和两架侦察机将能为我军带来巨大优势。

航空侦察的临时引入是不会改善效果的，只有与火力军官充分磨合，侦察机飞行员才能高效地完成任务。

英军的飞行员比我军多，飞机质量也比我军好，尤其是其在炮火打击和炸弹投掷上占的优势对我军造成了威胁。

在空中，英军飞行员还通过声音信号与地面的炮兵部队建立联系。或许我们也可以如法炮制，通过建立与炮兵阵地快速通信的方法，将它作为时断时续的战地无线通信的补充。事实上，我第四军也曾经做过相关试验。

8. 防空措施

我军战斗机同样数量太少，不足以同对手抗衡。英军飞行员常降低飞行高度，从几百米的高度向下俯冲扫射我军地面部队。由于担心高射炮炮弹破片落地后误伤己方步兵，我军高射炮不敢对这个高度的英国战斗机持续开火。因此，我们需要更多的机枪作为防空火力补充。只要仓库里还有机枪，就要调到前线去。此外，我们的步兵还应当主动用步枪对空射击，作为驱离英军飞机的手段。

我们最好的防空炮是步炮阵地的四座一百毫米高炮。在转移阵地时，由于车载自行高射炮要频繁与防空电话交换系统建立新连接，考虑到前线作战条件，固定在阵地上的高炮的可靠性相对较强。

很早，我们就发现在战事不紧的地方让部分野战炮充当临时高射炮是必要的防空火力补充。在索姆河地区，这么做更有必要。为了能随时开展防空作战或者对对手发起弹幕打击，每个野战炮兵旅都应该配备一个由两轮榴弹炮牵引车拖曳的炮队。为了使防空作战更有效率，每个野战炮旅都应该为它的两个高炮组配备射击支架。如果有可能，我们应该为这些防空部队安排使用两轮拖车的轻型弹药补给纵队。

9. 特别情报小组

前线将信息逐级汇报给最高统帅部要花费很长时间。为了及时掌握军机的情况，指挥官要另外拥有自己的耳目。为此，指挥部要设立自己的"间谍"小组，并不时派遣军官亲自上前线搜集情报。每个特别情报组由一名军官和数名精挑细选的人员组成，携带与现有线路相连的步兵电话设备。情报小组可以根据需要自行选择观察位置，以便观察任一交战地区。

情报小组的任务是通过电话汇报、传令兵往返等方式确保高级指挥官尽快了解战场局势。在没有作战任务的时候，师一级作战单位就要在官兵中物色相关人选，并充分训练他们。这样一来，情报小组才能顺利完成任务。

六、武器装备

1. 轻武器

前线普遍反映，作战中我军步枪枪膛易被尘土堵塞，导致射击不畅。因此，建议参照英军设计，在步枪枪膛上加装易于拆装且可以挂在枪身上的防尘盖。

1908式手枪[①]是村镇及树林作战中高效的近身战武器。一些部队将1908式手枪奉为适合机枪小分队近距离作战的武器。一个野战炮团推荐大范围装备。我军已经在骑兵部队中试验性列装带锯齿刺刀，自动步枪则是堑壕战的利器。

2. 机枪

通常，机枪手要冒着英军的弹幕炮击将机枪扛到开阔地带，但我军机枪由

---

① 关于"1908式"手枪为何物，根据查阅的资料，有三种可能性。一种是勃朗宁M1908式手枪。不过勃朗宁是美国公司，因此这款枪不是最有可能装备德军的。一种是德制施瓦茨劳斯M1908式七点六五毫米自动手枪，但此枪1911年即告停产，其产量也仅有一万八千余支，因此也不太可能用于装备1916年的德国陆军。还有一种是卢格P08手枪，又名巴拉贝鲁姆M1908手枪。这款枪是德军制式自卫武器，是三个"1908式"手枪中最符合文中描述的一款。

于重量太大，在这样的状况下携行是很不利的。即使机枪已经事先装好，拖着沉重的滑橇前进也不现实。因此，我军所有的团都推荐普及装备专供精准机枪手部队使用的简化机枪车。有一个团甚至自己发明了一种机枪车，效果良好，且重量更轻。

前线官兵还反映我军配备给机枪的弹药箱和防水布太重，应当普及装备专供精准机枪手部队使用的轻型弹药箱和防水布。

精准机枪手部队使用的轻量化机枪车虽然车轮强度不够，长途行军时极易破损，但它的性能足以让机枪进入阵地。在输送伤员和补给时，它也发挥出人意料的效果。

我军应该在前线稍后方的位置大量保有多余的机枪零件。这样一来，一旦部队急用，就可以将零件快速提供给他们。

3. 手榴弹

手榴弹是步兵攻防作战中最重要的武器。前线普遍要求应当为士兵配发更多的手榴弹，比如在进攻时使用的球形和卵形手榴弹。这两款手榴弹虽然威力不如木柄手榴弹，但可以在投入战斗时大量携带。

不过，为了简化士兵训练，最好还是只使用一种型号的手榴弹。在索姆河战场上，交战双方攻守态势常常变易。因此，每次都根据具体任务携带合适类型的手榴弹似乎不太可能。我们认为应当在部队中普及装备整体性能最优异的木柄手榴弹。

4. 火炮

我军使用的野战火炮性能整体上令人满意。导致前线火炮"哑火"的主要原因有两个：一个是弹药故障，另一个是发射炮弹的数量已经远远超出火炮身管的寿命。野战炮在开火时经常卡膛，这是因为使用了制造商标为"A.E.G."的钢弹壳炮弹和黄铜弹壳、钢制底座并标有"SP：61"的炮弹。每当打开炮闩装填炮弹时，炮弹就会卡在炮身中，只有用拨弹器才能将其取出来。这样一来就降低了火炮射速，反复取炮弹也会损耗炮膛。此外，炮兵没有仔细维护和使用炮弹也是导致索姆河战场上火炮卡膛的主要原因之一。

在战场上，火炮缓冲器极易损坏。皮革垫圈容易被高温损毁，甘油也容易耗尽。此外，缓冲器工作不良会导致炮车侧面不稳，在开火时容易被震坏。

七、弹药

1. 炮弹种类

如果要在我军步兵前方不远处对对手开展精准和高密度的弹幕打击，那么在战前有限的战备时间里就要将高质量、多种类的弹药准备充足。

我军轻型野战炮使用的长形炮弹有五种不同引信，其中两种应当在使用前做好安全措施。在发射时，如果需要变更炮弹弹种，那么需要重新作发射测距。然而，在激烈交战或者夜间作战时，士兵会因紧张或看不清而无法确定自己装上了什么型号的引信。此外，这种炮弹不配储运箱，因此将炮弹从仓库运到前线既花时间又困难。

相比之下，老式野战炮炮弹的性能就好得多。

绿十字炮弹使用困难，因为一旦使用就必须大量投射，而这样的机会又很少。举例说明：一个轻型野战指挥炮阵地在二十四小时内向共向目标发射了三千五百发化学炮弹。

2. 炮弹消耗

索姆河战役期间，我军每门火炮日平均炮弹消耗量如下所示：

野战炮：145发； 轻/重型野战榴弹炮：170/119发；一百毫米炮：118发；二百一十毫米迫击炮：51发。

由于炮弹供应不足，因此炮弹的日平均消耗量不大，并且必须向部队传达节约使用炮弹的指示。

在索姆河战役期间，我集团军群每年每门火炮单日最高平均弹药消耗数如下所示：

野战炮：322发；轻/重型野战榴弹炮：479/233发；一百毫米炮：321发；二百一十毫米迫击炮：116发。

各炮兵部队建议携带的弹药数量如表1所示：

表1　各炮兵部队建议携带的弹药数量统计表　　　　单位：发

炮弹类型	野战炮	轻/重型野战榴弹炮	一百毫米炮	二百一十毫米迫击炮
阵地备弹	2200	2200/1400	1600	300
师部备弹	500	500/300	400	80
集团军部备弹	2200	1600	1600	300

大批量的弹药只能在炮兵阵地附近的地区分发给炮兵。夜以继日的交火和战壕挖掘工作极其耗费精力，因此应当避免使用人力长距离搬运炮弹。与此同时，在炮兵阵地附近堆积过多的炮弹会增大炮兵阵地被打击后殉爆[①]的危险。不仅如此，如果炮兵阵地需要转移，无法随着火炮一起转移的炮弹只能等炮兵阵地转移完成后另行搬运。那时，搬运炮弹的困难将大大提升。

3. 弹药供应

索姆河战役开始之初，各类炮兵弹药供不应求，储备的炮弹只往前线供应很小一部分。1916年7月14日，英军对我军发动袭击。为了击退英军，我军需要大量炮弹，但不可能靠由补给纵队的卡车运送来的弹药或集团军群储备的弹药，以满足第二天作战的需求。因此，我们被迫向施泰因集团军群请求借调弹药。施泰因集团军群从北部最近两个师的前进弹药库里拨出弹药，不顾困难连夜送了一部分到我们的阵地上。

1916年7月15日后，弹药供应状况有所改善。为了确保每个炮兵阵地能随时待命，卡车每天送到各炮台的弹药数量一般就是上一节中提到的数量。通过努力，集团军群成功弄到少量备用弹药——都是野战炮炮弹，但由于铁路运输被阻断了一两天，弹药供给量还是远远跟不上其消耗量。我军炮兵长时间炮弹供应不足，无法建立较大的弹药储备。集团军指挥部用火车给我部运输炮弹补给的速度确实很快。然而，一旦铁路线被切断，我军就会产生弹药运送不来的严重后果。

---

① 指一处炸药爆炸时通过在某种惰性介质(如空气)中产生的冲击波引发另一处炸药爆炸的情形。

因此，集团军自行在炮兵阵地、师部和集团军部储备大量的"铁干粮"，也就是炮弹，完全有必要。

弹药供应是由军指挥部和各军、师仓库共管的。卡车、炮兵弹药纵队、步兵弹药纵队、弹药补给场和配备有大型手推车或马拉车的补给纵队都被归于一支部队名下统一调度。军需火车一到，运输队就会赶赴车站接车。每个师都有自己的火炮和轻武器弹药补给队、一个补给场或补给纵队，有时还会多一个步炮兵弹药纵队可供调度，因此弹药运力是足够的。

卡车是高效和令人满意的弹药运输工具。将大型手推或马拉车作为后备炮兵弹药运输工具也是一种实用安排。

此外，我们还应该在军需火车站旁边建设能大量存放弹药的军需仓库，并用轻型铁路将二者相连，否则从火车上卸下来的大量军械就只能露天摆放在火车站的铁轨附近。

八、工程材料储存

1. 先锋部队弹药储运小队

先锋部队弹药储运小队负责转移阵地时管理弹药仓库和工程材料。每个军必须在部队进入新阵地前完成弹药储运小队的组建。该小队必须全由本军官兵组成，先锋部队指挥官要任命一名军官专管仓储物资补给，这个人选尽量不是先锋部队中的。部队开拔的决心一下，储运小队必须立刻被派遣至工作区域。为了确保部队利益不受损失，储运小队的每一名成员都必须是相关任务的专家。

在遇到困难时，掌管物资补给的军官应当尽快亲临前线解决问题。因此，我们要为这类军官配备汽车。

2. 先锋部队补给场及工程材料仓库

我军应当建设供先锋部队仓库使用的专属火车站，并且为了利于监管、便于交通，最好不要在这类火车站卸载弹药和食品。运载先锋部队所需物资的火车应当尽可能满载，这不仅是从保证物资充足的角度考虑。这样做更能省去物资在战区火车站卸载时分流的时间。

为了确保先锋部队的物资尽快入库储存，应当给负责仓储的军官配备运输工具，最好是配备物资站的卡车。每个师级先锋部队的补给场要配备半支卡车运输纵队以供调遣，马拉卡车由于速度慢且运力不足，只作为应急运输手段备用。

师级先锋部队补给场前方存放先锋部队物资、补给及重要物资的小型团级补给场必须前移至靠近前线的位置，方便作战部队直接在战壕后方附近补给。补给场越靠前，部队补给就越方便。应当指派军官或者高级士官管理这些团级补给场。团级仓储军官应该随时注意为仓库补充物资。

九、军装和其他装备

1. 铁制头盔

在索姆河战役开始前不久和战役期间配发部队的铁制头盔短时间内就广受欢迎，应该优先为炮兵观察员和防空哨的官兵配发铁制头盔。

2. 风衣和军靴

军官风衣胸前的纽扣都被衣服布料遮住了，因此在纽扣上没法挂风镜或者手电筒之类的小装备。给突击部队配发的带鞋带的靴子和绑腿都很受士兵欢迎。

3. 背包

通常在重大攻防作战中，背包都是加重士兵负担的累赘。事实上，士兵只需要带齐战斗装备上阵就足够了。相反，如果将沙袋改装成简易背包，加上部队原本为士兵配发的背包，士兵们再往大衣和裤子口袋里装一些物品，就可以一次性将更多物资带进战场。

4. 水壶

我们发现在作战时，比起挨饿，士兵们更容易口渴。因此在激战中，有必要给士兵配发存放在物资站、储水量达普通水壶两倍并可以被士兵挂在身上的锡制水壶。

5. 战壕挖掘工具

各部队反复要求增加可用于战壕挖掘的工具，从战区后方的物资仓库中为这里的部队调集接应物资。

6. 手持式立体望远镜

手持式立体望远镜易于携带，比普通或半立体式望远镜方便，因此应该大量配发部队使用。

7. 地图

最初带上战场的地图不足，不但数量不足，而且战场细节也不够准确。地图细节不足这一缺陷在战场上尤其致命，因为在观察视野不足的前提下，地图上标定的交战双方态势是部队开火的主要依据。由于对手的炮兵阵地早就跟1916年6月的部署大不相同，我们不可能事先将对手所有炮兵阵地的位置都侦察到并在地图上标记出来，但即使能在地图上尽量修正及补充对手炮位也很有帮助。此外，后来供应的地图也存在一些问题。

8. 照明设备

从储备物资中安排一定量的石蜡、电灯和可以供袖珍电灯用的备用电池以给部队提供充分的照明材料。炮兵夜间作战时，照明设备对区分不同引信和辨别射击参照物的作用很大。

十、马匹和车辆

可能由于黑麦饲料供应充足，我方军马尽管工作劳苦，但还保持着十足的战斗力。一方面，因为马匹的保有量正在永久性减少，另一方面需要永久增调更多武器及物资。因此，供给部队的马匹和车辆数量已经达到其最大限度了。

为了在运输需求激增的时候向前线更好地运输物资、粮食和弹药，从预备队中为每个师调拨卡车和马车队执行任务。

由于后备马匹不足，机枪部队因马匹被裁撤而处境困难。有一个机枪连甚至因为缺少后备马匹，将连长的坐骑都编入了马拉机枪车运输队。

十一、食物供应

1. 口粮

初入战场的部队在战局不明的状况下应该领取第三次定量供应的罐头。前线部队一直要求增加面包、面包干、香肠、罐装香肠、罐头培根、罐头肉、烟熏肉及香烟的供应。还应给部队供应热食。

前线各方面必须充足供应，如咖啡、茶、可可及矿泉水之类的饮品。与此同时，不宜供应食用后容易引起口渴的盐鲱鱼。此外，战场气候温暖干燥时，不必为士兵提供含酒精的饮料。

炮兵提出的改善口粮补给的建议同样符合实际情况，亦与上述内容类似。

2. 伙食供应

出于战术考量，一个野战炮营下辖的几个独立炮队彼此相距较远。因此，对于用马车运送补给的炮兵营参谋车队，补给炮兵的难度就比补给步兵大。部分其他依照条令不携带存粮的部队在补给中断时只能依靠友军接济。因此，原则上应该默许步兵部队将部分多余存粮卖给炮兵部队。

3. 口粮补给

补给没有特别大的困难，现有的辎重部队足以满足运输需求。军里会统筹运输口粮补给到各师物资站。

4. 口粮的携带

我们组建的运输部队在为士兵提供口粮、弹药和其他物资时发挥了很大作用，对此可以参见第四部分2.6。在先锋步兵连不参与运输时，要将运输部队编入连队，这有助于运输部队与战斗部队间的同志情谊。

建议在战时为每个炮兵阵地配备四辆"食物运输车"，配给炮兵阵地的运输车都从我军后备物资中调度。

十二、医疗服务

1. 换防

军一级医务部队随师一级作战单位进入战场。比起换下之前在战线上作战的军团时顺便接管他们的医务部队，这么做更好。

由于堑壕作战经年日久，因此工作繁重的医务人员也需要休息。如果医务人员感受到自己的所作所为对部队有所帮助，他们就更会尽己所能地恪守职责。

野战救护车车组的交接也存在一些麻烦。理想状况是：替班人员上午进入阵地，被替下的车组则在下午从前线回到后方。如果两批人不得不同时在阵地上过夜，那么原本该被替换回后方的车组人员应该将住处让给替班人员，而自己则搭帐篷宿营。

2. 救护车

将救护车配给给集团军群是十分有效的。在实际使用时，只需将少部分救护车停放在伤员救治点。大部分救护车必须集中停放，以便在需要时可以随时调用。目前，这支救护车预备队主要负责将伤员运送到救护火车。

3. 担架队

为了满足战线各处对担架兵的普遍需求，在每个军开赴战场前最好在每个师的新兵野战训练站各训练五十名担架兵供军内调度。

4. 医务部队之间的通信手段

医务作业覆盖战场各处，因此电话通信变得相当重要。我军作战条令应当指出战场上各医务单位必须充分利用在现有电话条件下通信的重要性，以免在战前搭建电话通信网络时忽略医务部队的需求。

十三、前线后方部队的住宿与交通

1. 住宿

前线部队不停替班，因此住宿官必须常常换人。在大规模宿营的情况下，新住宿官必须首先花时间熟悉当地的居住条件，而避免出现大量农产品、特种建筑和现行命令无法被正常移交的状况。因此，在纵队驻扎、火车行驶经过的村镇和师级部队住宿区域的后部需要设置常驻住宿官。

当前线没有大的战事时，应当在战场后方广建木制兵舍与马厩。

2. 宪兵

宪兵是后方工作的重中之重。一旦战事久拖不下，就应该在战区所有通向后方的道路布置有执法权的精干部队。每个师都要在离伤员救治区较近的地方设置可疑分子的集中监管区。此外，我们还要在士兵驻扎村镇的各个出入口和内部设卡管制。住宿官负责具体章程的制定,并任命军士长和其他士兵负责执行。

3. 道路交通

战区道路交通管制主要由野战骑警①负责,骑兵部队只负责配合。每个师至少要负责管理经过自己防区的一条道路。

十四、铁路

1. 铁路相关建筑

起初,施泰因集团军群,即后来是阿明军团,所处的前线地区依赖建筑优良、设施完善的巴波姆火车站获得他们所需的全部补给。然而,战役开始之初,火车站的建筑就遭到对方火力的打击。火车只能在晚上进站,卸货站也不能用了。当时,在后方修建的新站还没有完工。除了要修建在正常状况下供火车卸货的火车站,还要在后方距离前线大约十三公里的,即使失去当前的第一、第二阵地也不会被英军炮火波及的地方建设火车站。

因此,即使在相对安静无事的时候,我们也不能放松对铁路交通线的建设。此外,还应考虑到在大规模施工时至少应该投入是平时施工人数三倍的人力来建铁路。前线部队希望修建便于将物资送到前线战壕的铁路,简而言之就是让铁路与先锋部队补给站、锯木厂等通常靠近前线的部门连通。但后方的铁路建设不能被忽视。尽管在平时后方铁路建设的重要性并不明显,但在战争时期它是物资供应的最可靠保障。

火车站的侧线一定要尽量建长,这样一来,弹药、先锋部队、物资和救护火车都能停靠。此外,侧线旁边还必须配套较好的道路和物资堆放场。

2. 物资装卸人员

在重大军事行动期间,一定要任命专人长期执行装卸任务。由于前线部队换防频繁,如果物资装卸人员及其指挥官也随之频繁更换会带来很大不便,那么任命专人负责装卸有利于上前线的部队专注于战斗。对于负责物资装卸领导

---

① 一种骑马的宪兵。

工作的人选,我们需要一名经验丰富、年富力强的军官与一名熟知当地情况的参谋。参谋军官数量不足是导致装卸缓慢、车站拥挤甚至路段堵塞的原因。

那名配备了汽车的军官必须要为全程物资装卸负责。

(签名)弗里德里希·西克斯特·冯·阿明
军团指挥官

附录 3
索姆河战役地图集

地图一：**1916 年 7 月 1 日蒙希到费村前线形势（德军防线的大致情形）**。贝尔勒欧布瓦 =Berles-au-Bois；比安维莱尔 =Bienvillers；英国第 8 军 =8th Corps；埃比泰尔纳 =Hebuterne；戈默库尔 =Gommecourt；比夸 =Bucq；蒙希欧布瓦 =Monchy-au-Bois；阿丹弗 =Adinfer；杜希 =Douchy；Serre = 塞尔；米罗蒙 =Miraumont；伊莱斯 =Irles；格朗库尔 =Grandcourt；Beaucourt 博库尔；英国第十军 =10th Corps；博蒙阿梅尔 =Beaumont Hamel；昂格勒贝尔梅尔 =Englebelmer；梅斯尼尔 =Mesnil；阿尔贝 =Albert；代尔南库尔 =Dernancourt；昂克尔河 =Ancre；英国第三军 =3rd Corps；英国第 15 军 =15th Corps；英国第 13 军 =13th Corps；法军 =French；Méaulte= 莫尔特；拉布瓦塞勒 =La Boisselle；科兰康 =Colincamps；莫尔朗库尔 =Morlancourt；卡尔努瓦 =Carnoy；马里库尔 =Maricourt；穆瓦耶讷维尔 =Moyeneville；埃尔维莱尔 =Ervillers；大阿谢 =Achiet-le-Grand；沃尔夫罗库尔 =Vaulx-Vraucourt；弗雷米库尔 =Frémicourt；巴波姆 =Bapaume；勒萨尔 =Le Sars；库尔瑟莱特 =Courcelette；马坦皮什 =Martinpuich；波济耶尔 =Pozieres；奥维莱尔 =Ovillers；孔塔尔迈松 =Contalmaison；（大/小）巴藏丹 =B.le-Grand/Petit；弗莱尔 =Flers；格德库尔 =Gueudecourt；雷斯伯夫 =Lesboeufs；莫瓦尔 =Morval；隆格瓦勒 =Longueval；然希 =Ginchy；吉耶蒙 =Guillemont；蒙托邦 =Montauban；孔布勒 =Combles；朗库尔 =Rancourt；弗里库尔 =Fricourt；马梅斯 =Mametz；莫勒帕 =Maurepas；马里库尔 =Maricourt；萨伊 - 萨伊塞勒 =Sailly-Saillisel；屈尔吕 =Curlu；蒂耶普瓦勒 =Thiepval；博朗库尔 =Beaulencourt；勒特朗斯卢瓦 =Le Transloy；布赖 =Bray；索姆河 =Somme；运河 =canal；法国第 6 集团军 =6th Army；佩罗讷 =Peronne；埃尔贝库尔 =Herbécourt；弗里斯 =Frise；许涅 =Chuignes；卡皮 =Cappy；

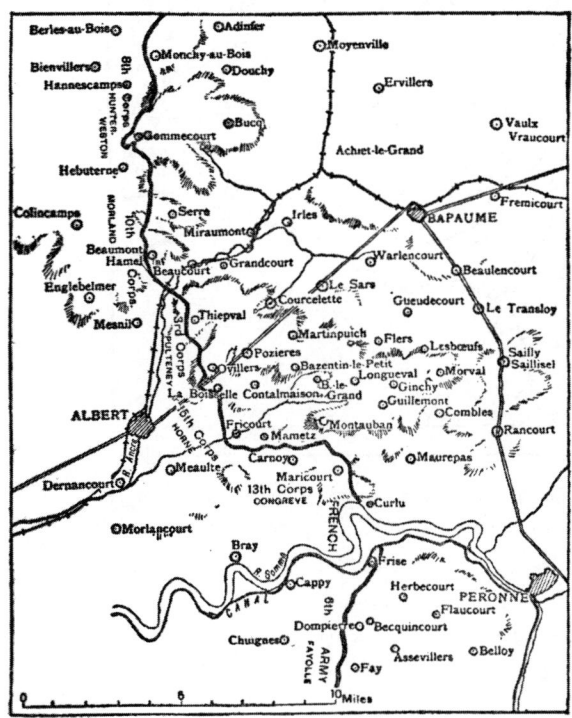

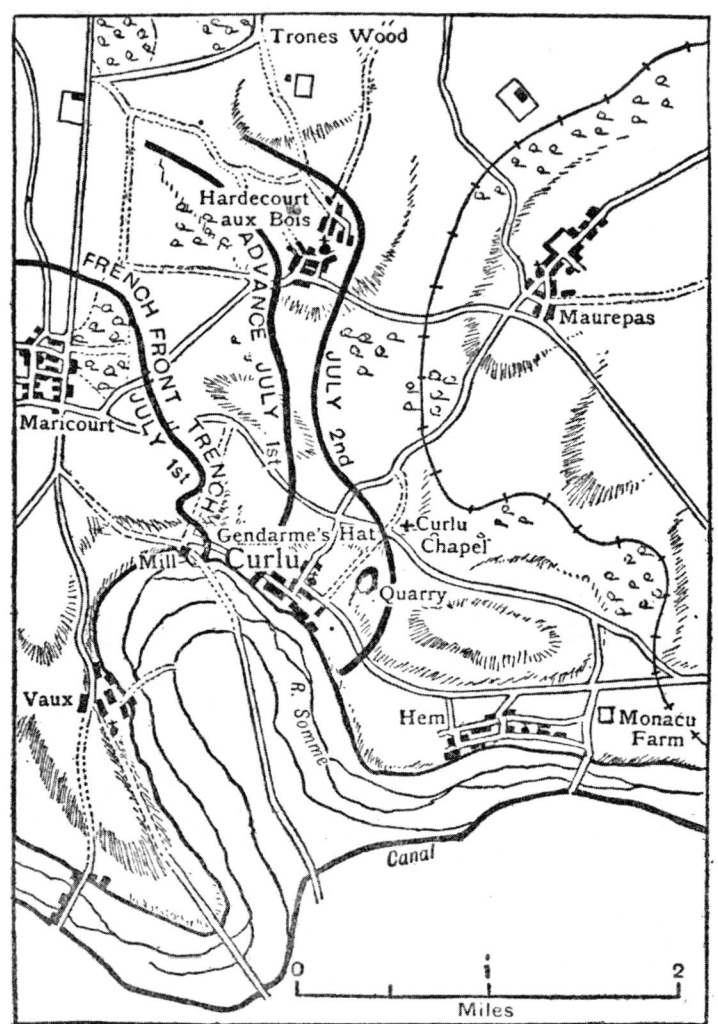

地图二：索姆河北部法军的第一次进军。特罗恩树林=Trone Wood；阿尔德库尔欧布瓦=Hardecourt-aux-Bois；莫勒帕=Maurepas；1916年7月1日及2日盟军推进范围=Advance July 1st、2nd；法军前线战壕=French Trench；1916年7月1日=July 1st；马里库尔=Maricourt；磨坊=Mill；沃=Vaux；索姆河=Somme；埃姆=Hem；莫纳库农场=Monacu；运河=canal；屈尔吕=Curlu；"宪兵盔"=Gendarme's Hat；屈尔吕教堂=Curlu Chapel；采石场=Quarry

地图三：1916年7月2日协约国前线局势。奥维莱尔 - 拉布瓦塞勒 =Ovillers-la-Boisselle；埃比泰尔纳 =Hebuterne；戈默库尔 =Gommecourt；塞尔 =Serre；比夸 =Bucquoy；皮西厄 =Puisieux；小阿谢 =Achiet-le-Petit；通往阿拉斯 =To Arras；伊莱斯 =Irles；通往杜埃 =to Douai；通往康布雷 =to Cambrai；萨皮尼 =Sapignies；弗雷米库尔 =Frémicourt；巴波姆 =Bapaume；格雷维莱尔 =Grévillers；皮村 =Pys；小米罗蒙 =Petit Miraumont；勒萨尔 =Le Sars；格朗库尔 =Grandcourt；米罗蒙 =Miraumont；博库尔 =Beaucourt；博蒙阿梅尔 =Beaumont Hamel；蒂耶普瓦勒 =Thiepval；瓦尔朗库尔欧库尔 =Warlencour-Eaucourt；阿梅尔 =Hamel；昂克尔河 =Ancre；阿弗吕伊树林 =Aveluy；阿尔贝 =Albert；通往亚眠 =to Amiens；瑞科代尔贝库尔 =Récordel-Bécourt；瑞科代尔 =Récordel；莫尔特 =Méaulte；莫尔朗库尔 =Morlancourt；欧蒂耶 =Authuille；波济耶尔 =Pozieres；奥维莱尔 =Ovillers；孔塔尔迈松 =Contalmaison；（大／小）巴藏丹 =Bazentin-le-Grand/Petit；富罗树林 =Bois des Foreaux；马坦皮什 =Matinpuich；风车 =Windmill；弗里库尔 =Fricourt；马梅斯树林 =Mametz Wood；蒙托邦 =Montauban；卡尔努瓦 =Carnoy；1916年7月1日到2日 =July 1/2；索姆河 =Somme；比利昂农场 =Billion Farm；布隆菲农场 =Bronfay Farm；利尼蒂卢瓦 =Ligny-Thilloy；弗莱尔 =Flers；雷斯伯夫 =Lesboeufs；莫瓦尔 =Morval；隆格瓦勒 =Longueval；然希 =Ginchy；吉耶蒙 =Guillemont；孔布勒 =Combles；阿尔德库尔 =Hardecourt；特罗恩树林 =Trones；德尔维尔树林 =Delville；佩罗讷 =Peronne；埃尔贝库尔 =Herbécourt；弗里斯 =Frise；许涅 =Chuignes；卡皮 =Cappy；弗洛库尔 =Flaucourt；贝卢瓦 =Belloy；栋玻埃尔 =Dompierre；费

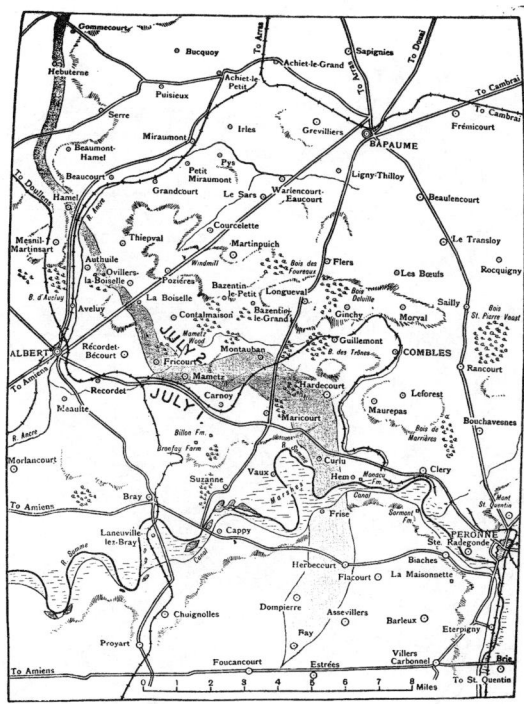

村 =Fay；莫勒帕 =Maurepas；阿瑟维莱尔 =Assevillers；勒福雷 =Leforest；马里埃尔斯树林 =Bois de Marrieres；圣皮埃尔·瓦斯特树林 =St. Pierre Vaast；萨伊 =Sailly；沃 =Vaux；沼泽地 =Marshes；埃姆 =Hem；埃莫纳库农场 =Monacu；运河 =canal；屈尔吕 =Curlu；卡皮 =Cappy；克莱里 =Clery；弗里斯 =Frise；索蒙特农场 =Sormont Farm；博朗库尔 =Beaulencourt；勒特朗斯卢瓦 =Le Transloy；罗基尼 =Rocquigny；朗库尔 =Rancourt；布沙韦讷 =Bouchavesnes；圣昆廷山 =Mont St.Quentin；圣拉德贡德 =Sainte-Radegonde；比亚什 =Biaches；通往圣昆廷 =to St.Quentin；弗拉古 =Flacourt；拉麦森讷特 =La Maisonnette；叙扎讷 =Suzanne；布赖 =Bray；拉纳维尔布赖 =La Neuville Bray；许尼奥勒 =Chuignolles；普罗亚尔 =Proyart；巴尔勒 =Barleux；布里 =Brie；埃泰尔皮尼 =Éterpigny；富科库尔 =Foucaucourt；埃斯特雷 =Estrees；维莱 - 卡博内勒 =Villers-Carbonnel

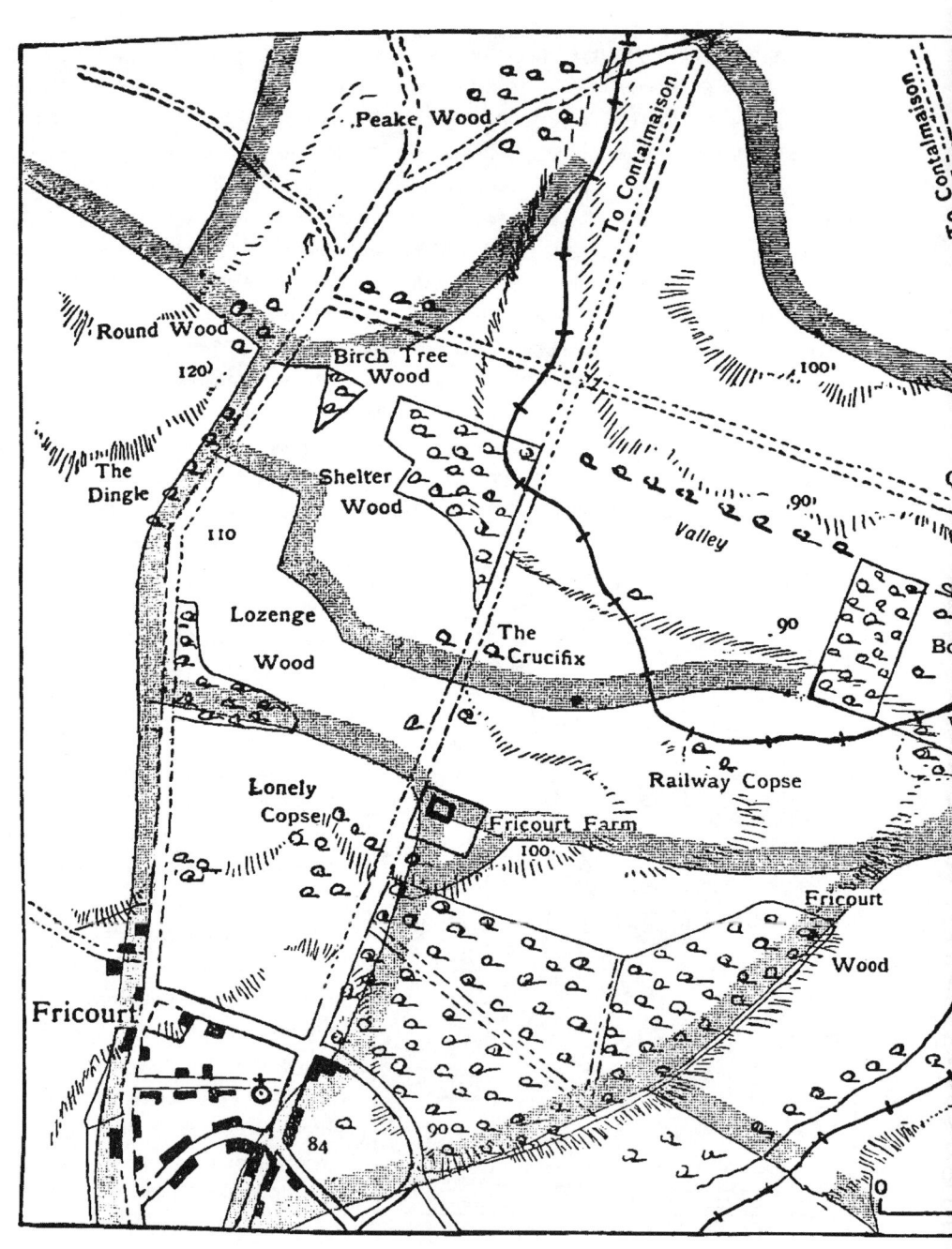

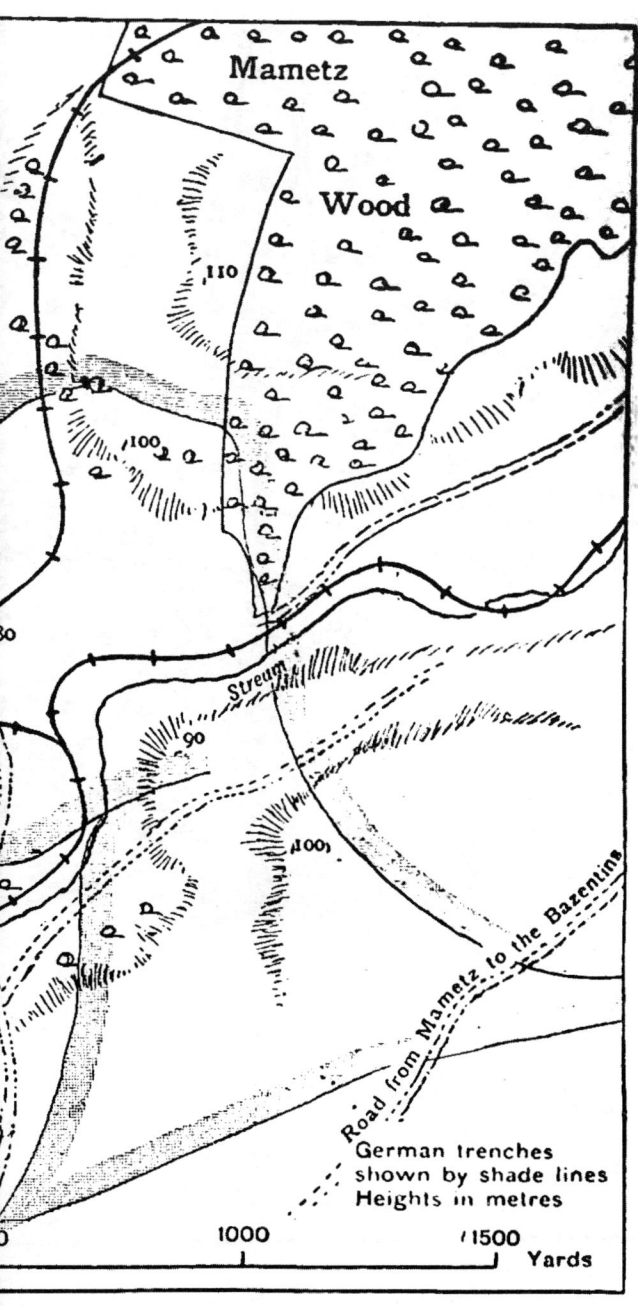

地图四：树木原茂的弗里库尔和马梅斯腹地。 皮克树林 =Peake Wood；"白桦"树林 =Birch Tree Wood；通往孔塔尔迈松 =to Contalmaison；"四边形工事" =Quadrangle；马梅斯树林 =Mametz Wood；"菱形"树林 =Lozenge Wood；山谷 =the Dingle；"圆形"树林 =Round Wood；"庇护所"树林 =Shelter Wood；"寂寞"灌木丛 =Lonely Copse；弗里库尔（农场/树林）=Fricourt（Farm/Wood）；山谷 =valley；波顿树林 =Bottom Wood；通往马梅斯 =to Mametz；"十字架"地区 =The Crucifix；溪流 =Stream；"火车"灌木林 =Railway Copse；马梅斯—巴藏丹道路 =Road from Mametz to Bazentin；德军战壕用阴影部分标记 =German trenches shown by shade lines；等高线单位：米 =Heights in metres

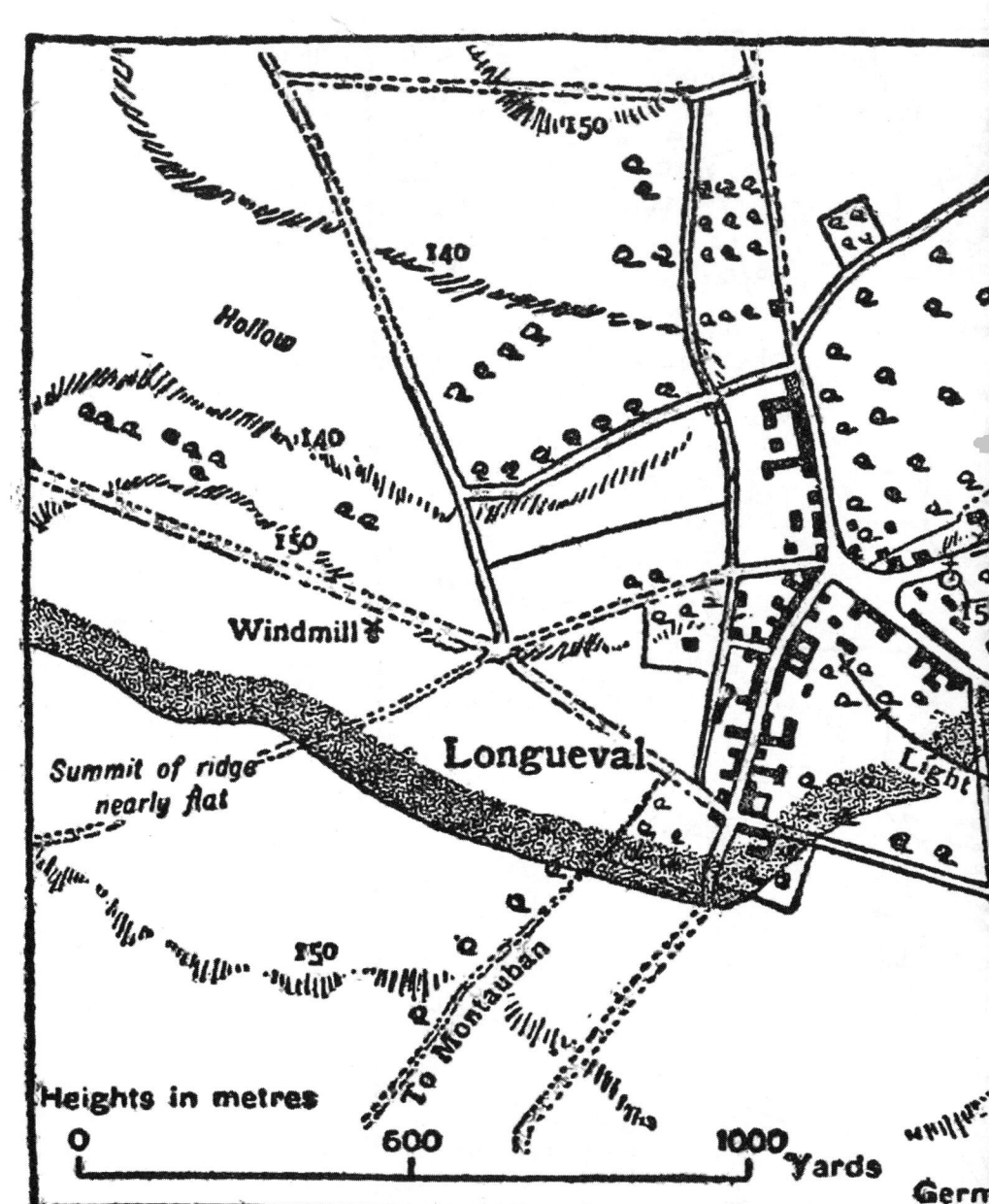

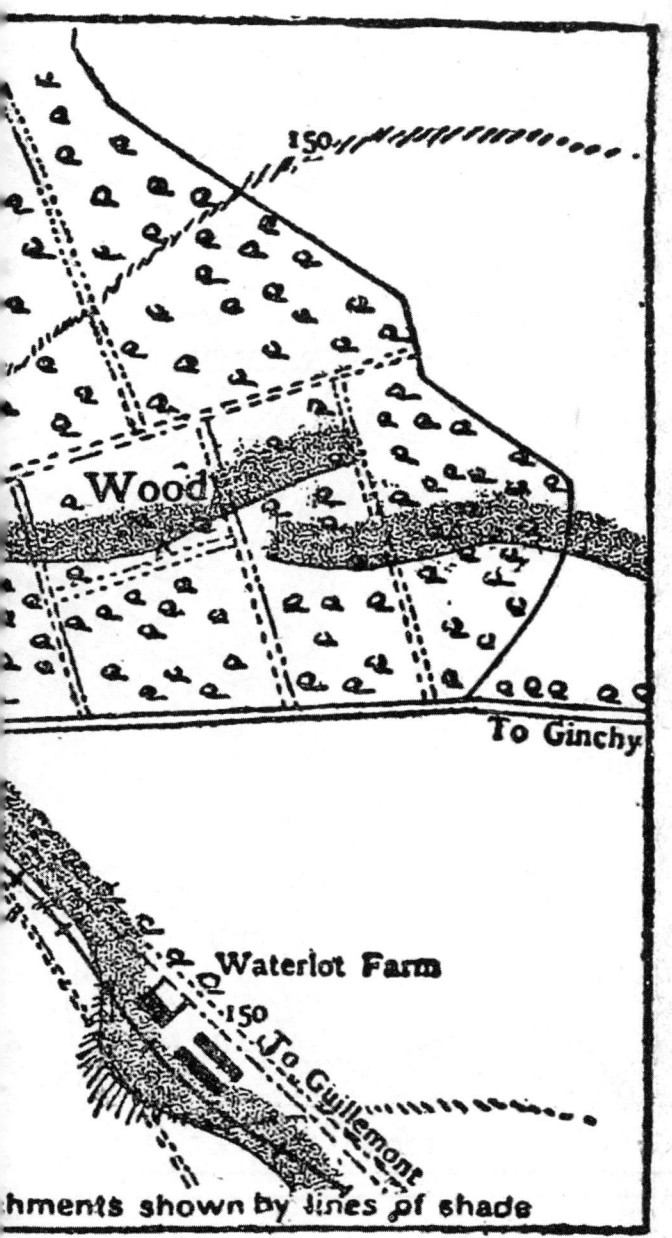

地图五：隆格瓦勒和德尔维尔树林。地堑 =Hollow；风车 =Windmill；山脊线最高峰（几乎是平的）=Summit of ridge（nearly flat）；隆格瓦勒 =Longueval；德尔维尔树林 =Delville Wood；轻型铁路 =Light railway；通往然希 =to Ginchy；瓦特洛农场 =Waterlot Farm；通往吉耶蒙 =to Guillemont；德军战壕用阴影部分标记 =German entrenchments shown by lines of shade；等高线单位：米 =Heights in metres

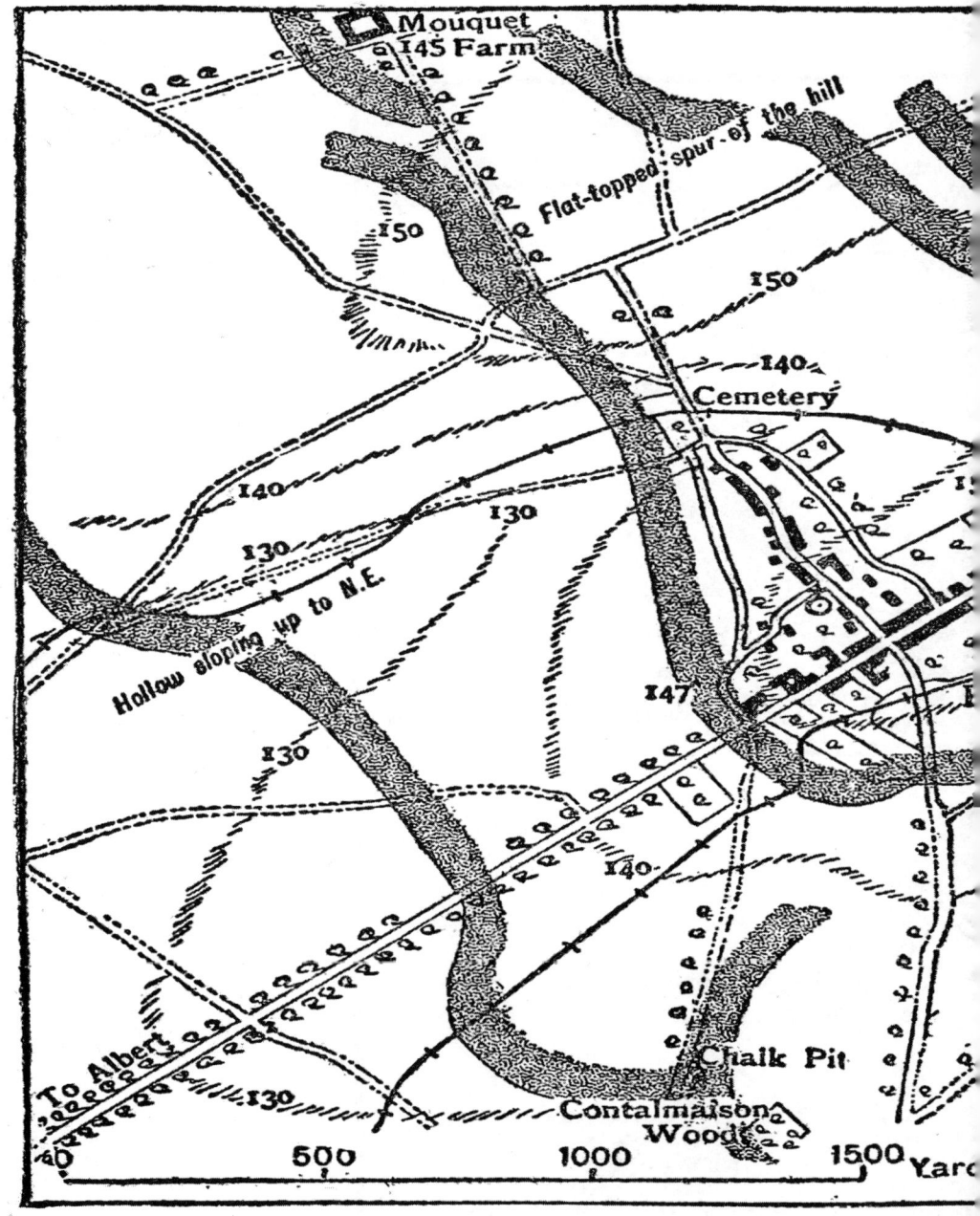

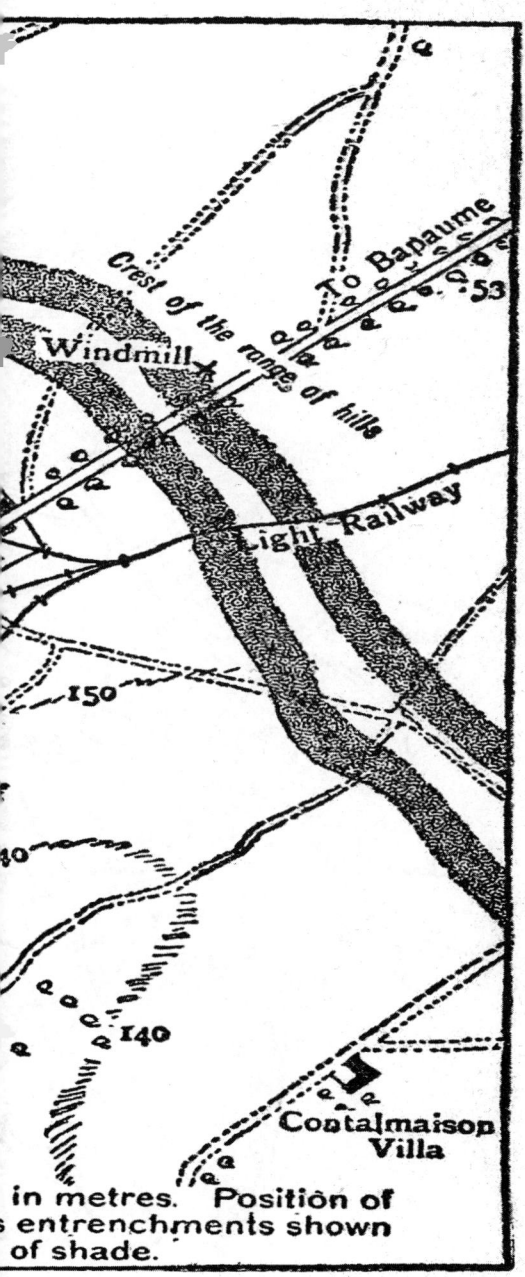

地图六：波济耶尔地图。莫奎特农场 =Moquet Farm；地堑向东北延伸 =hollow slope up to NE；通往阿尔贝 =to Albert；小山的分支（平顶）=Flat-topped spur of the hill；公墓 =Cemetery；波济耶尔 =Pozieres；白垩矿场 =Chalk Pit；通往巴波姆 =To Bapaume；小山的最高峰 =Crest of the range of hills；风车 =Windmill；轻型铁路 =Light Railway；孔塔尔迈松树林（别墅区）=Contalmaison Wood（Villa）；德军战壕用阴影部分标记出 =German trenches……等高线单位：米 =Heights in metres

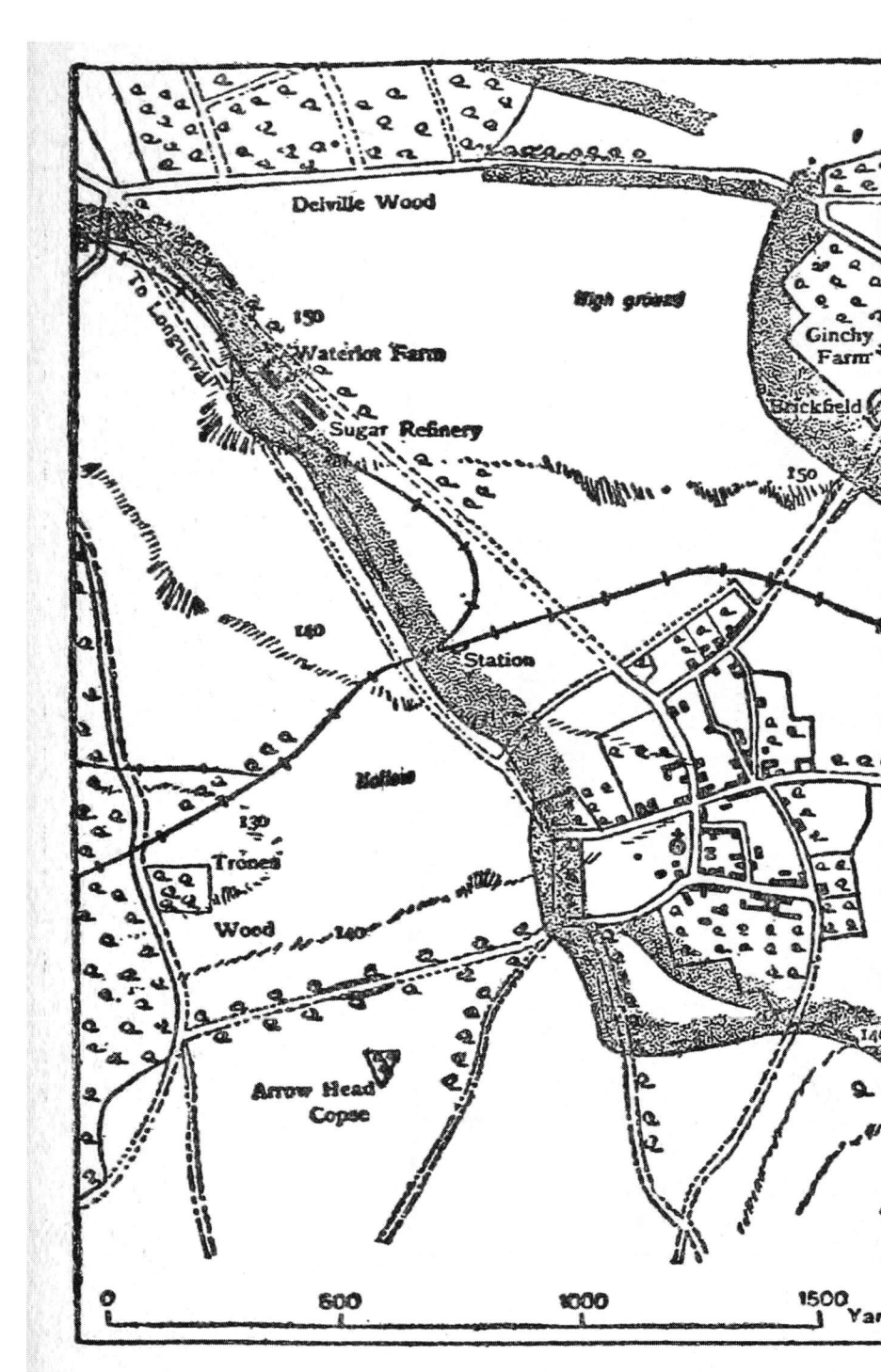

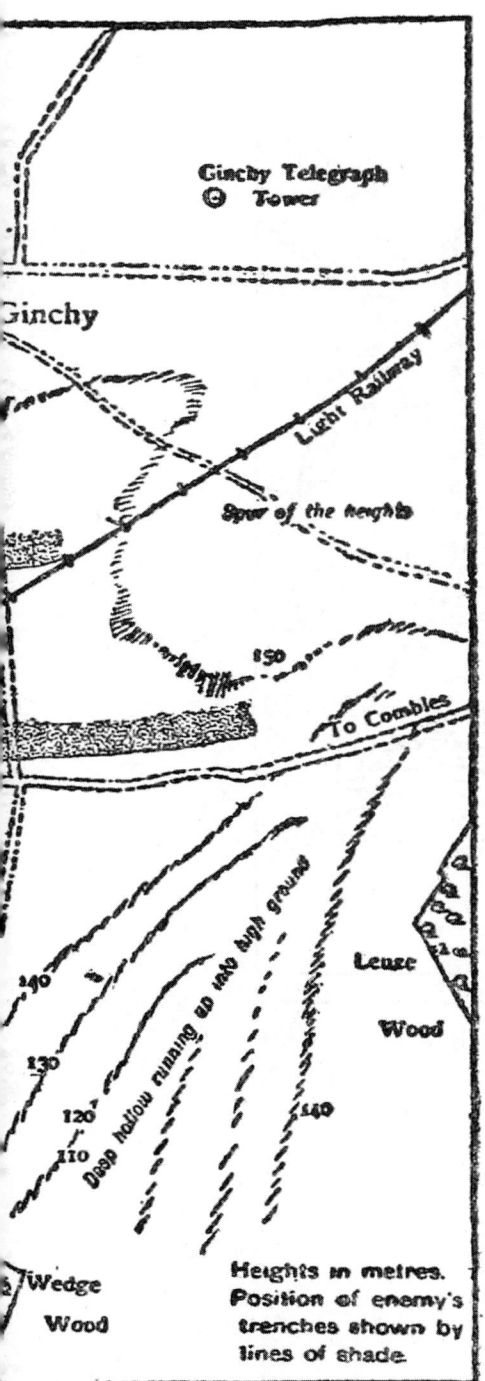

地图七：吉耶蒙和然希地图。德尔维尔树林=Delville Wood；瓦特洛农场=Waterlot Farm；糖厂=Sugar Refinery；车站=Station；"箭头"灌木林=Arrow Head Copse；高地=High Ground；然希（农场）=Ginchy（Farm）；砖场=Brickfield；公墓=Cemetery；吉耶蒙=Guillemont；"楔型"树林=Wedge Wood；轻型铁路=Light Railway；高地坡尖=spur of the heights；通往孔布勒=to Combles；勒兹森林=Leuze Wood；深谷向高地延伸=Deep Hollow....；.德军战壕用阴影部分标记=German entrenchments shown by lines of shade；等高线单位: 米=Heights in metres

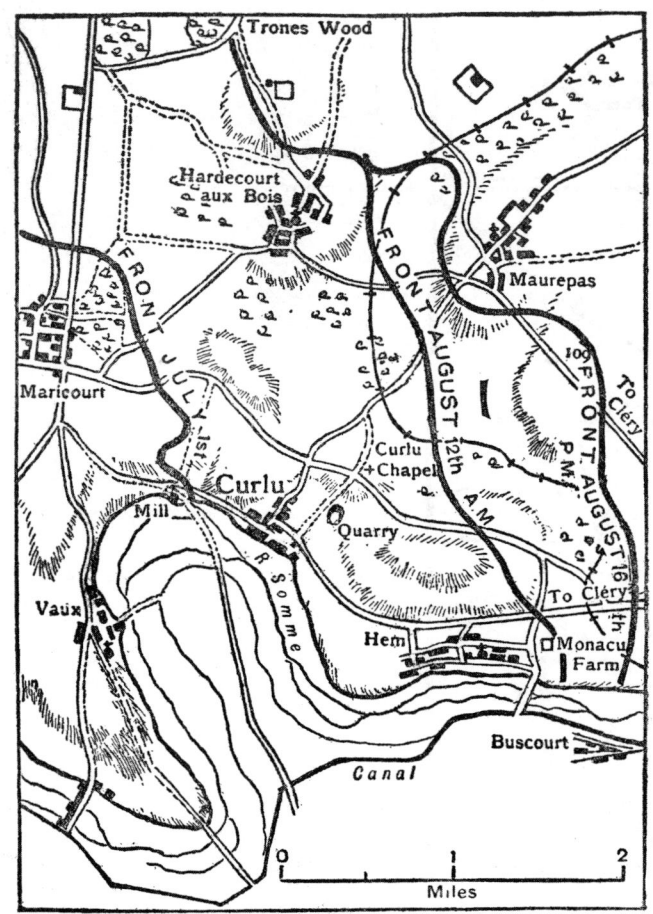

地图八：1916年8月12日到16日法军进攻示意图。 马里库尔=Maricourt；沃=Vaux；特洛恩树林=Trines Wood；阿尔德库尔欧布瓦=Hardecourt-aux-Bois；屈尔吕=Curlu；磨坊=Mill；索姆河=Somme；埃姆=Hem；运河=Canal；屈尔吕教堂=Curlu chapel；采石场=Qurry；莫勒帕=Maurepas；通往克莱里=To Clery；莫纳库农场=Maurepas；布斯库尔=Buscourt；1916年7月1日前线=Front July 1st；1916年8月12日上午前线=Front August 12th A.M；1916年8月16日下午前线=Front August 16th P.M

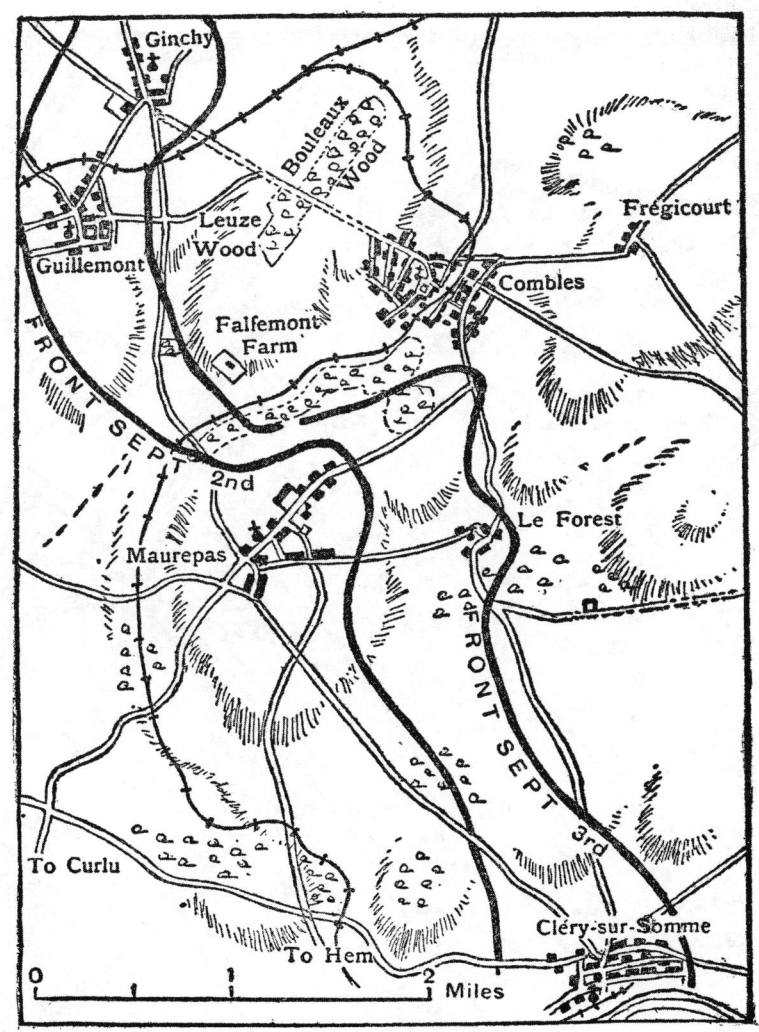

地图九：**1916年9月3日协约国进攻示意图**。然希=Ginchy；吉耶蒙=Guillemont；1916年9月2/3日前线位置=Front Sept.2nd/3rd；莫勒帕=Maurepas；通往屈尔吕=to Curlu；"白桦"树林=Bouleaux Wood；勒兹树林=Leuze Wood；法夫蒙农场=Falfemont Farm；弗雷基库尔=Fregicourt；勒福雷=Le Forest；索姆河畔的克莱里=Cléry-sur-Somme

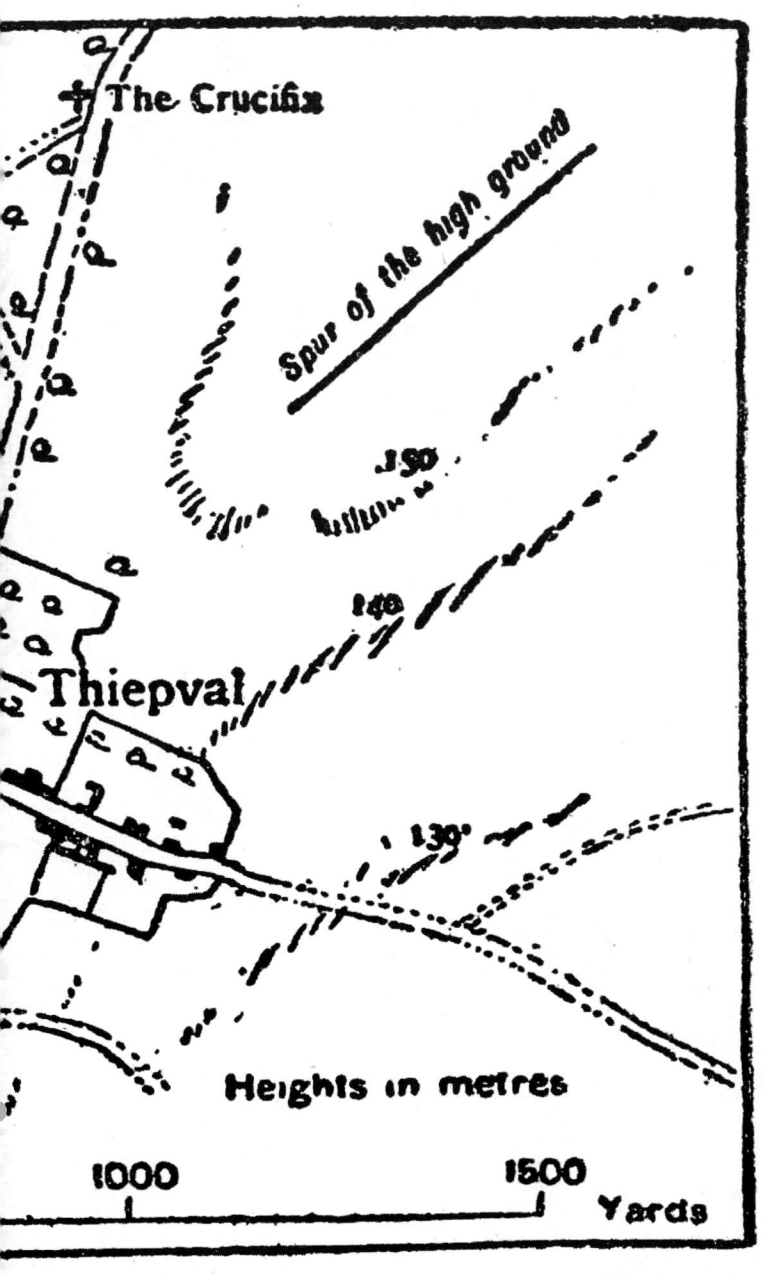

地图十：蒂耶普瓦勒地图。英军前线战壕 =British Front Trench；蒂耶普瓦勒树林 =Thiepval Wood；山谷 =Valley；城堡 =Chateau；蒂耶普瓦勒 =Thiepval；等高线单位：米 =Heights in meters；德军前线战壕 =German Front Line；"十字架"地区 =Crucifix；高地坡尖 =spur of the high ground

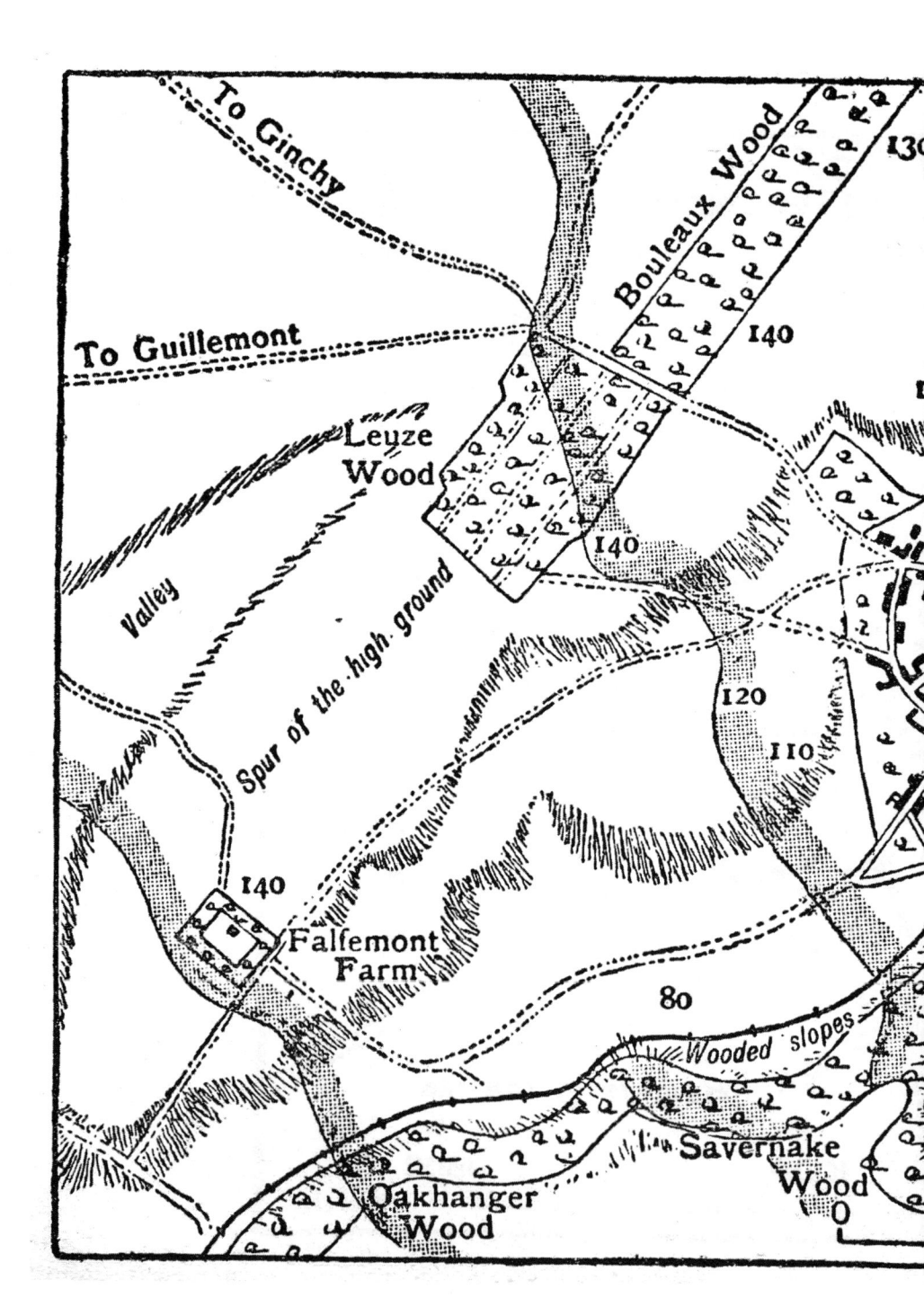

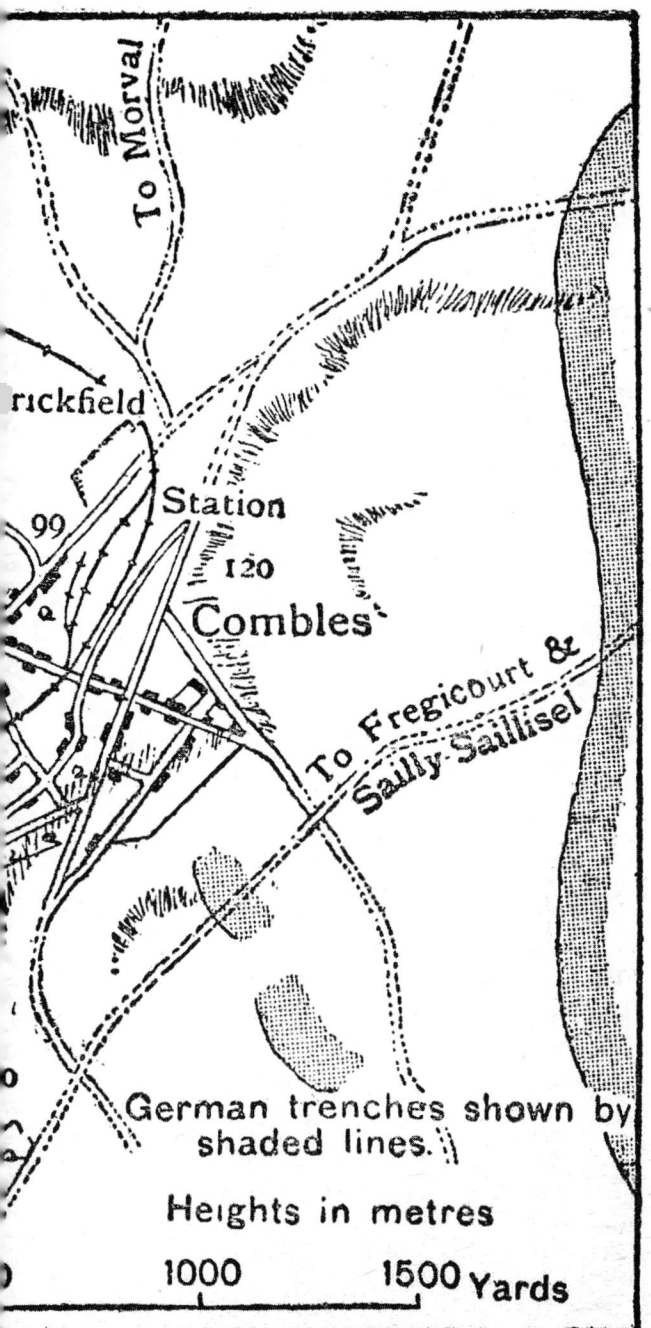

地图十一：法夫蒙农场和孔布勒地区图 1916年11月13日英军蒂耶普瓦勒以北战线图。通往然希/吉耶蒙/弗雷吉库尔/萨伊－萨伊塞勒/莫瓦尔=To Ginchy/Guillemont/Fregicourt&Sailly-Saillisel/Morval；勒兹树林=Leuze Wood；高地坡尖=Spur of the high ground；法夫蒙农场=Falfemont Farm；"白桦"树林=Bouleaux Wood；"橡木吊架"/萨弗纳克树林=Oakhanger/Savernake Wood；车站=Station；孔布勒=Combles

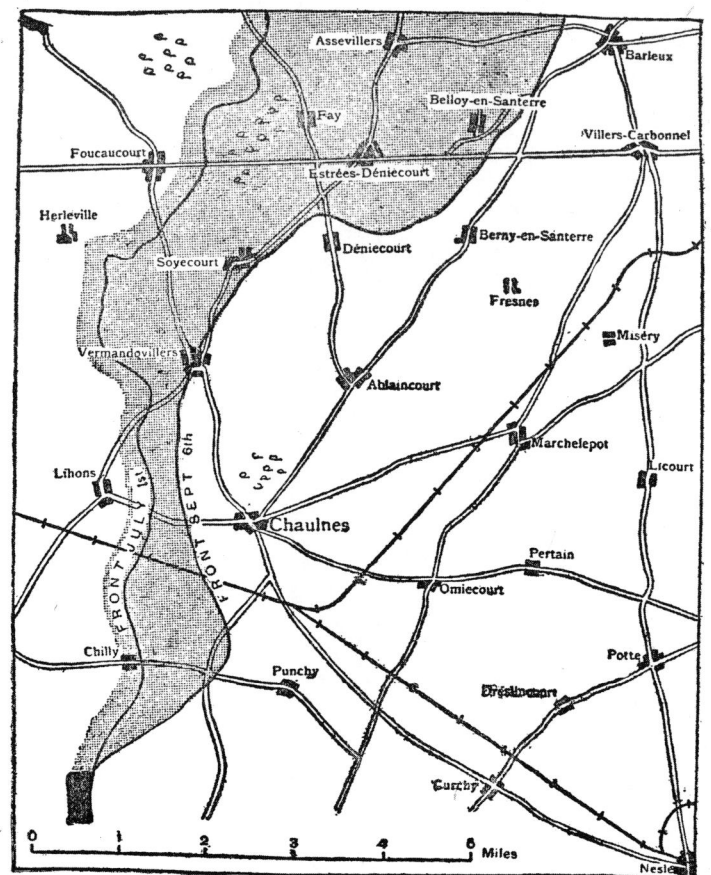

地图十二：法国第 10 集团军在 1916 年 9 月 5 日及 6 日的进军。 阿瑟维莱尔 =Assevillers；费村 =Fay；富科库尔 =Foucaucourt；苏瓦耶库尔 =Soyécourt；韦尔芒多维莱尔 =Vermandovillers；利翁 =Lihons；希利 =Chilly；埃尔勒维尔 =Herleville；1916 年 7 月 1 日 /9 月 6 日前线 =Front July 1st/Sept 6th；埃斯特雷代涅库尔 =Estréees-Déniécourt；代涅库尔 =Déniécourt；阿布朗库尔 =Ablaincourt；绍讷 =Chaulnes；潘希 =Punchy；屈尔希 =Curchy；波特 =Potte；德雷斯林库尔 =Dreslincourt；巴尔勒 =Barleux；贝卢瓦昂桑泰尔 =Belloy-en-Santerre；贝尔尼昂桑泰尔 =Berny-en-Santerre；弗雷讷 =Fresnes；维莱卡博内勒 =Villers-Carbonnel；米塞里 =Misery；佩尔坦 =Pertain；奥米耶库尔 =Omiécourt；内勒 =Nesle；利库尔 =Licourt

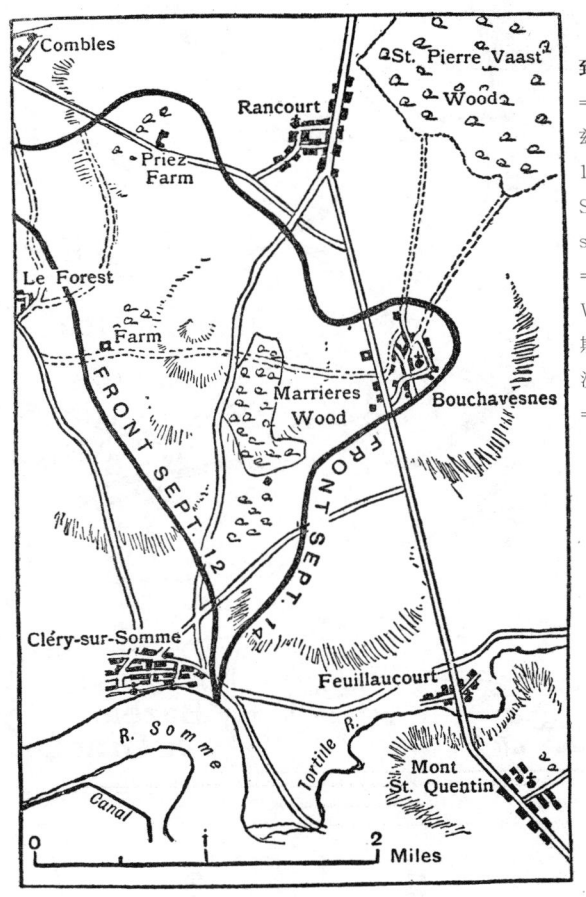

地图十三：1916年9月12日到14日法军进军示意图。孔布勒=Combles；勒福雷=Le Forest；佩里兹农场=Priez Farm；农场=Farm；1916年9月12/14日前线位置=Front Sept.12/14；索姆河畔克莱里=Clery-sur-Somme；索姆河=Somme；运河=Canal；马里埃尔斯树林=Marrieres Wood；朗库尔=Rancourt；圣皮埃尔·瓦斯特树林=St. Pierre Vaast Wood；布沙韦讷=Bouchavesnes；费卢拉库尔=Feuillaucourt

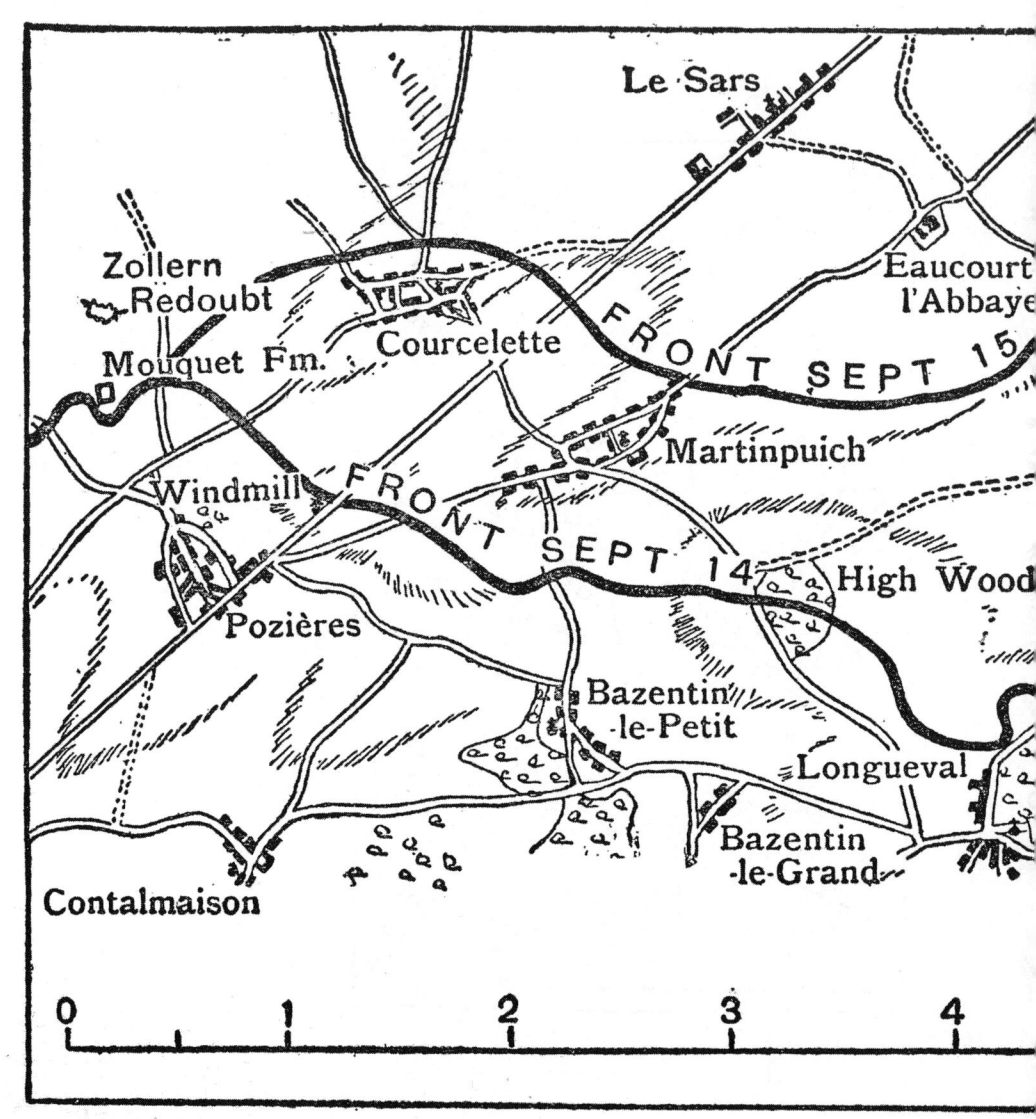

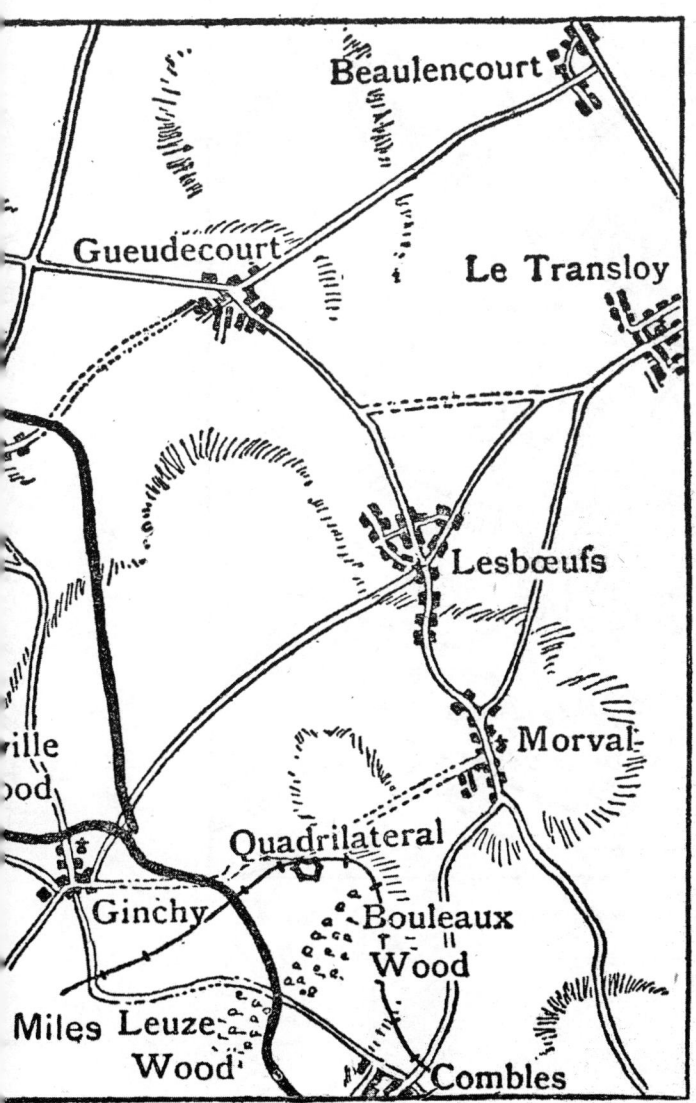

地图十四：英军1916年9月15日进攻示意图。勒萨尔=Le Sars；库尔瑟莱特=Courcelette；佐伦要塞=Zollern Redoubt；莫奎特农场=Moquet Fm；风车=Windmill；波济耶尔=Pozieres；孔塔尔迈松=Contalmaison；奥库尔修道院=Eaucourt l'Abbaye；"高地"树林=High Wood；弗莱尔=Flers；隆格瓦勒=Longueval；德尔维尔森林=Delville Wood；大/小巴藏丹=Bazentin-le-Grand/Petit；"四边形"工事=Quadrilateral；"白桦"树林=Bouleaux Wood；孔布勒=Combles；莫瓦尔=Morval；雷斯伯夫=Lesboeufs；勒特朗斯卢瓦=Le Transloy；博朗库尔=Beaulencourt；格德库尔=Gueudecourt

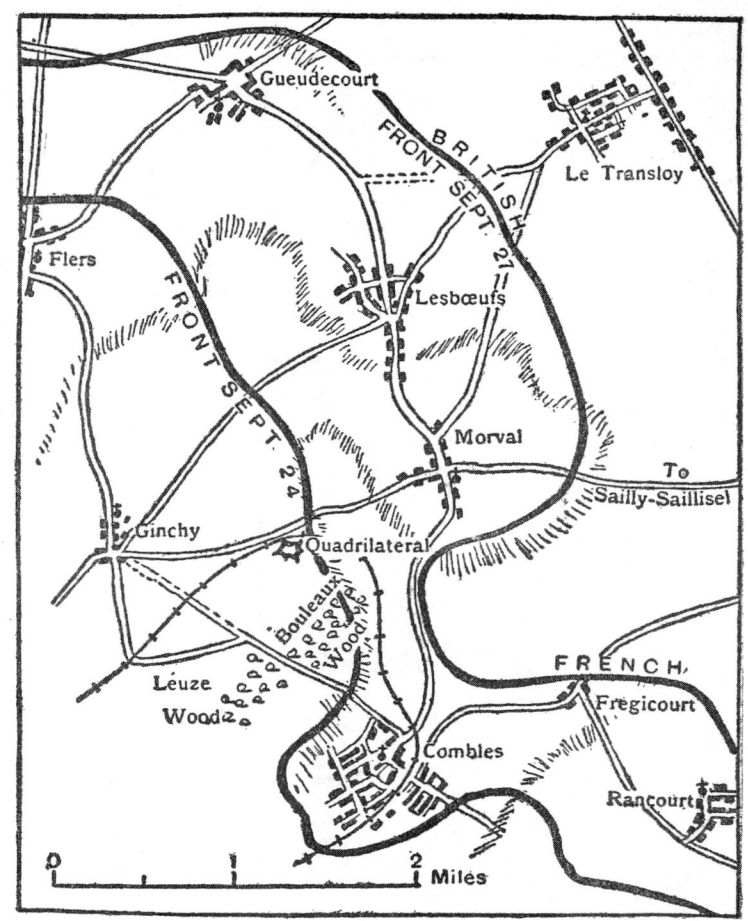

地图十五：**1916 年 9 月 25 日及 26 日协约国进攻示意图**。孔布勒 =Combles；勒福雷 =Le Forest；佩里兹农场 =Priez Farm；农场孔布勒 =Combles；勒福雷 =Le Forest；莫瓦尔 =Morval；雷斯伯夫 =Lesboeufs；勒特朗斯卢瓦 =Le Transloy；格德库尔 =Gueudecourt；"四边形"工事 =Quadrilateral；然希 =Ginchy；"白桦"/勒兹树林 =Bouleaux Wood/Leuze；弗雷吉库尔 =Fregicourt；朗库尔 =Rancourt；1916 年 9 月 24 日前线 =Front Sept 24th；1916 年 9 月 27 日前线 =Front Sept 27th；英军 =British；法军 =French；通往萨伊－萨伊塞勒 =To Sailly-Saillisel

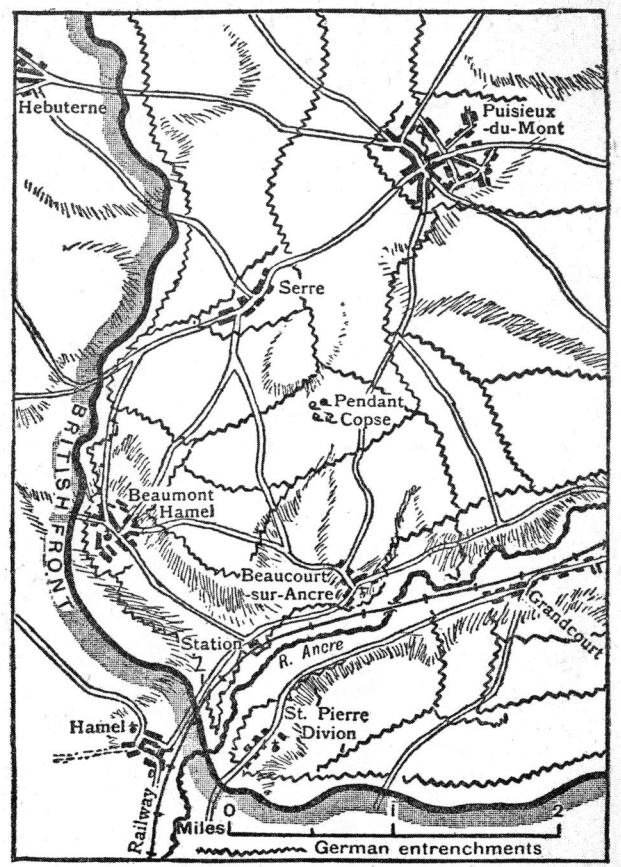

地图十六：1916 年 11 月 13 日英军蒂耶普瓦勒以北战线图。 英军前线 =British Front；埃比泰尔讷 =Hebuterne；塞尔 =Serre；彭丹特灌木林 =Pendant Copse；昂克尔河 =Ancre；车站 =Station；圣皮埃尔·迪维永 =St.Pierre Divion；阿梅尔 =Hamel；格朗库尔 =Grandcourt；德军战壕 =German entrenchments；皮西厄杜蒙特 =Puisieux-du-Mont

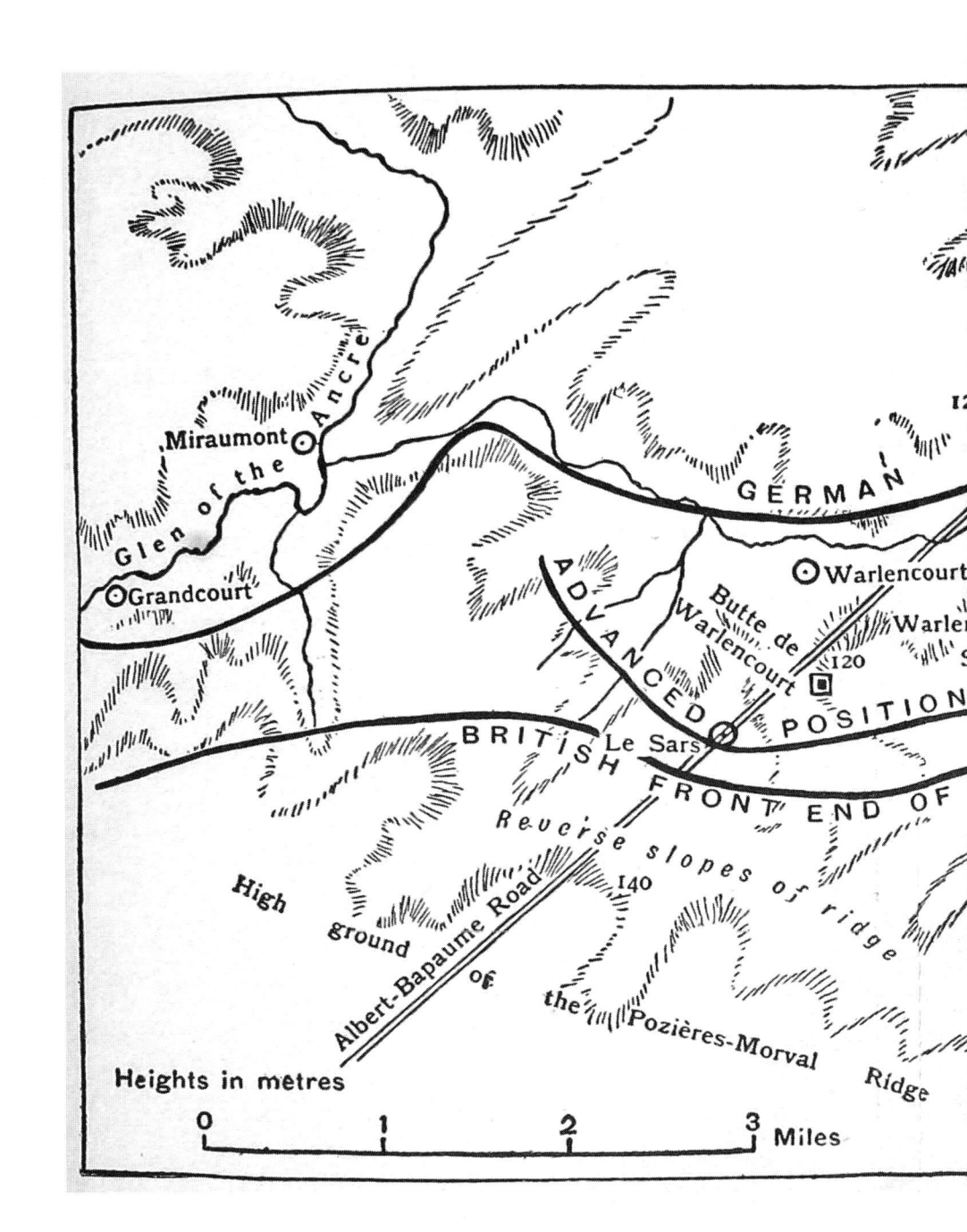

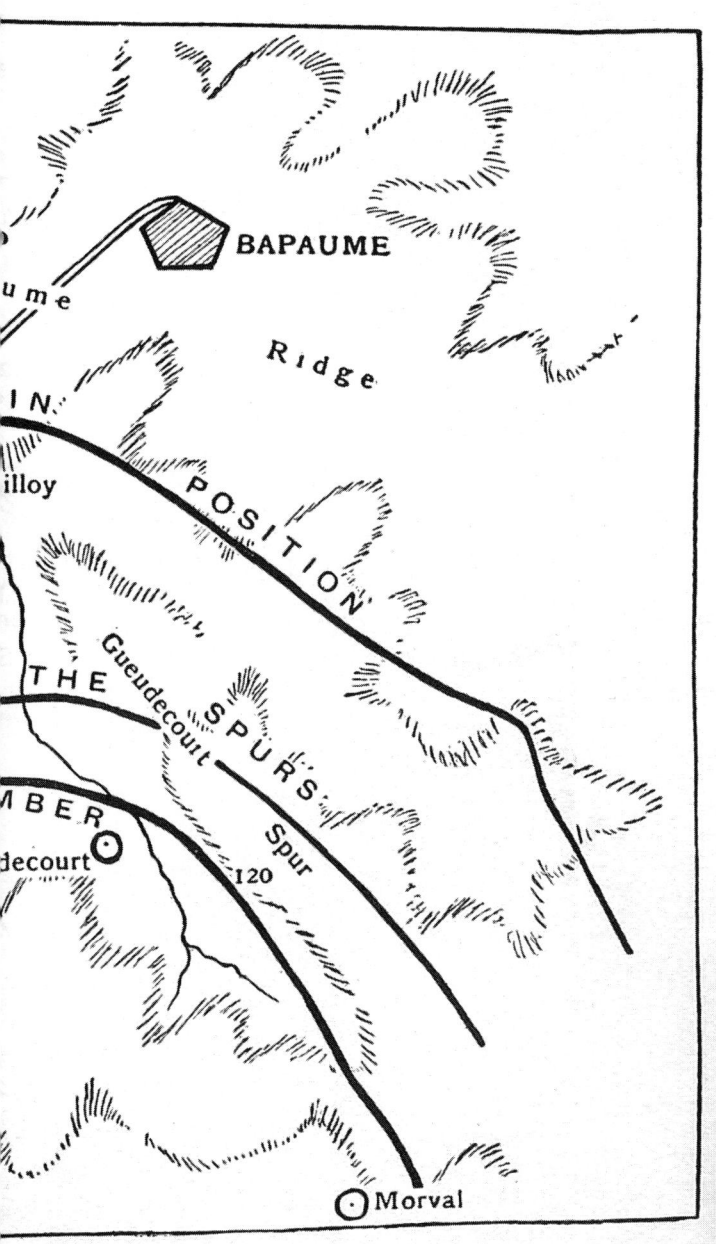

地图十七：格朗库尔和瓦尔朗库尔地区山脊线分支图。英军前线 =British Front；埃比泰尔讷 =Hebuterne；塞尔 =Serre；彭丹特灌木林 =Pendant Copse；昂克尔河 =Ancre；车站 =Station；圣皮埃尔·迪维永 =St.Pierre Divion；阿梅尔 =Hamel；格朗库尔 =Grandcourt；德军战壕 =German entrenchments；皮西厄杜蒙特 =Puisieux-du-Mont

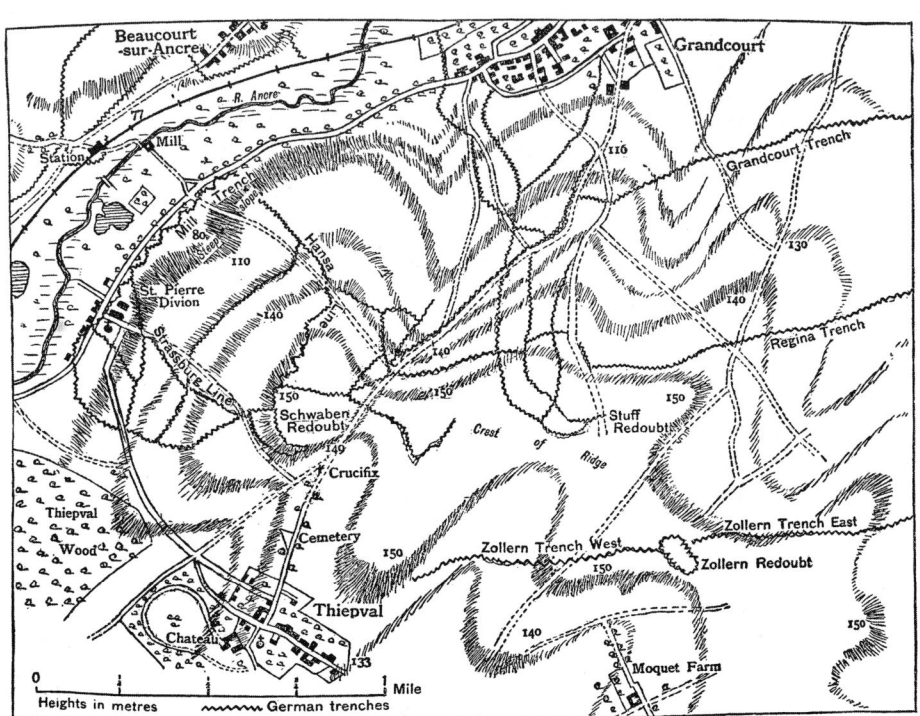

地图十八：蒂耶普瓦勒山脊线图。昂克尔河畔博库尔 =Beaucouet-sur-Ancre；车站 =Station；磨坊 =Mill；圣皮埃尔·迪维永 =St.Pierre Divion；昂克尔河 =Ancre；蒂耶普瓦勒森林 =Thiepval Wood；城堡 =Chateau；战壕 =Trench；陡坡 =steep slope；"斯特拉斯堡"防线 =Strasbourg Line；"汉莎"防线 =Hansa Line；施瓦本要塞 =Schwaben Redoubt；"十字架"地区 =Crucifix；公墓 =Cemetery；蒂耶普瓦勒 =Thiepval；格朗库尔 =Grandcourt；格朗库尔战壕 =Grandcourt Trench；里贾纳战壕 =Regina Trench；斯塔夫要塞 =Stuff Redoubt；佐伦要塞 =Zollern Redoubt；西/东佐伦战壕 =Zollern Trench West/East；莫奎特农场 =Moquet Farm；等高线单位：米 =Heights in Meters；德军战壕 =German Trenches

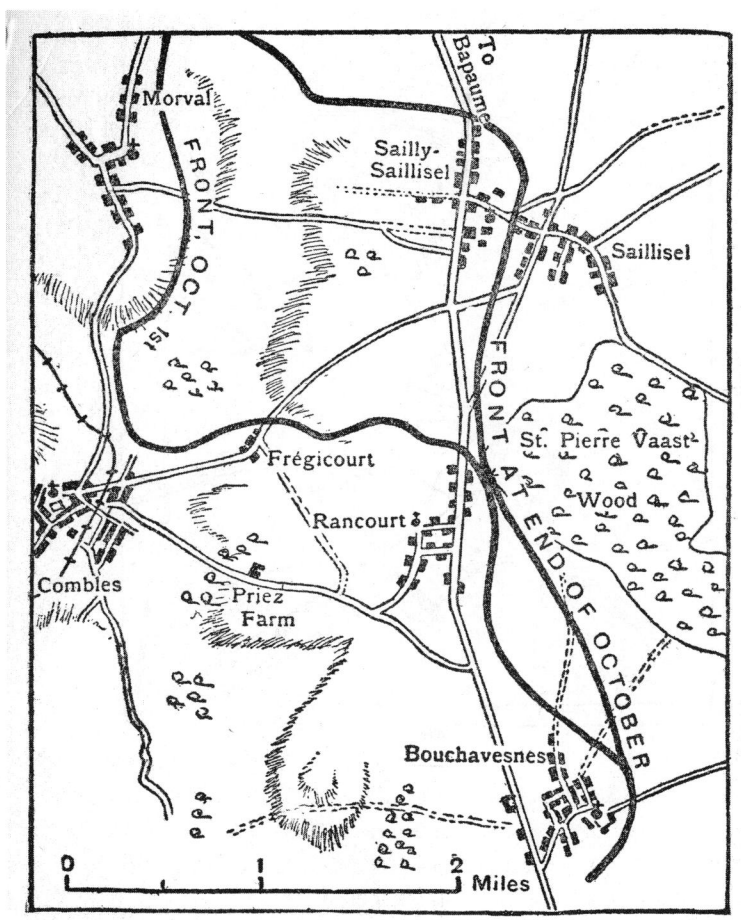

地图十九：1916 年 10 月法军在索姆河以北进展图。孔布勒 =Combles；莫瓦尔 =Morval；1916 年 10 月 1 日法军前线位置 =Front Oct.1st；1916 年 10 月月底法军前线位置 =Front at end of Oct；通往巴波姆 =To Bapaume；萨伊-萨伊塞勒 =Sailly-Saillisel；萨伊塞勒 =Saillisel；佩里兹农场 =Priez Farm；弗雷基库尔 =Fregicourt；朗库尔 =Rancourt；布沙韦讷 =Bouchavesnes；圣皮埃尔·瓦斯特树林 =St. Pierre Vaast

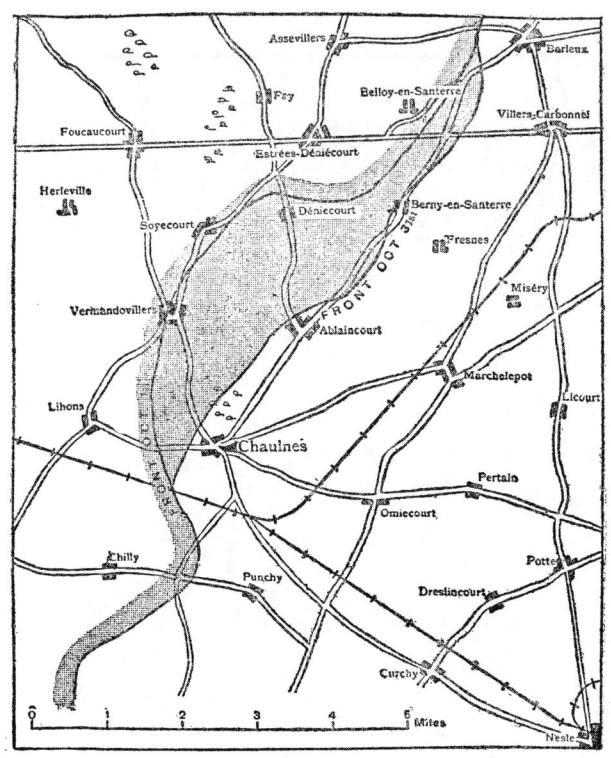

地图二十：1916 年 10 月索姆河以北法军进展图。 孔布勒 =Combles；莫瓦尔 =Morval；1916 年 10 月 1 日法军前线位置 =Front Oct.1s；阿瑟维莱尔 =Assevillers；费村 =Fay；巴尔勒 =Barleux；贝卢瓦昂桑泰尔 =Belloy-en-Santerre；维莱卡博内勒 =Villers-Carbonnel；米塞里 =Misery；德雷斯林库尔 =Dreslincourt；利翁 =Lihons；希利 =Chilly；内勒 =Nesle；富科库尔 =Foucaucourt；苏瓦耶库尔 =Soyécourt；利库尔 =Licourt；韦尔芒多维莱尔 =Vermandovillers；埃尔勒维尔 =Herleville；绍讷 =Chaulnes；潘希 =Punchy；屈尔希 =Curchy；波特 =Potte；埃斯特雷代涅库尔 =Estrées-Deniécourt；奥米耶库尔 =Omiécourt；代涅库尔 =Deniécourt；贝尔尼昂桑泰尔 =Berny-en-Santerre；佩尔坦 =Pertain；弗雷讷 =Fresnes；阿布朗库尔 =Ablaincourt；马尔谢勒波 =Marchelepot；1916 年 10 月 1 日法军前线位置 =Front Oct 1st；1916 年 10 月 31 日法军前线位置 =Front Oct 31st

专有名词英汉对照

Picardy	皮卡第省
Santerre	桑德里亚
Somme Front	索姆河前线
Allied	协约国
British New Army	英国新军
Western Front	西线
Arras	阿拉斯
Artois	阿图瓦
Ancre	昂克尔河
Roman	罗马时代
Wiltshire	威尔特郡
Flanders	佛兰德
Pas de Calais	加莱海峡
Champagne	香槟地区
Verdun	凡尔登
Peter the Hermit	隐士彼得
Picard	皮卡第人
Crusaders	十字军战士
Gascony	加斯科涅
Clovis I	克洛维一世
Charlemagne	查理曼大帝
Norman	诺曼人
English	英国人
Louis XI	路易十一

Charles the Bold	"大胆"查理
Hundred Years's War	英法百年战争
German	德国人
Spaniard	西班牙人
pandours of Eugene	欧根亲王的潘都尔兵
Peronne	佩罗讷
de. Castelnau	卡斯泰尔诺
Louis de Maud`huy	路易·德·毛德休伊
Battle of Verdun	凡尔登战役
Frise	弗里斯
Dompierre	栋皮埃尔
Amiens	亚眠
St.Quentin	圣昆廷
Cambrai	康布雷
La Fere	拉费尔
Aubers	欧贝岭
Lens	朗斯
Vimy	维米岭
Albert	阿尔贝
Marne	马恩河
Ypres	伊普尔
East	东线
Russia	俄国
German High Command	德军最高统帅部
Dvina	德维纳河
Balkans	巴尔干半岛
King of Syria	叙利亚王
King of Israel	以色列王
Ferdinand Foch	斐迪南·福煦
Central Powers	同盟国
Austrian-Hungary	奥匈帝国
Trentino	特伦蒂诺
Italy	意大利

Tom Toddler`s Ground	汤姆·托德勒的土地
Dual Monarchy	二元君主制
Paul von Hindenburg	保罗·冯·兴登堡
North Sea	北海
Soissons	苏瓦松
Reinhard Scheer	莱茵哈特·舍尔
Laon	拉昂
Poland	波兰
Galicia	加利西亚
Allied Command	协约国最高统帅部
Bapaume	巴波姆
Aleksei Alekseyevich Brusilov	阿列克谢·阿列克谢耶维奇·布鲁西洛夫
Sir Douglas Haig	道格拉斯·黑格爵士
Second Army	第二集团军
Otto von Below	奥托·冯·贝洛
Monchy	蒙希
Gommecourt	戈默库尔
Expeditionary Force	英国远征军
India	印度
Old Contemptibles	老兵油子
Hooge	霍格
Loos	洛斯
First Battle of Ypres	第一次伊普尔战役
Old Army	旧陆军
Second Battle of Ypres	第二次伊普尔战役
Territorials	本土自卫部队
New Army	新军
British Empire	大英帝国
Henry Rawlinson	亨利·罗林森
Maricourt	马里库尔
Aylmer Hunter-Weston	艾尔默·亨特-韦斯顿
Thomas Lethbridge Napier Morland	托马斯·莱思布里奇·纳皮尔·莫兰
William Pulteney	威廉·普尔特尼

Henry Horne	亨利·霍恩中将
Victoria Cross	维多利亚勋章
Walter Norris Congreve	沃尔特·诺里斯·康格里夫
Hubert Gough	休伯特·高夫
Marie Émile Fayolle	马里·埃米尔·法约勒
Victor d'Urbal	维克多·德巴尔
Joseph Alfred Micheler	约瑟夫·阿尔弗雷德·米歇尔
Glasgow Highlanders	格拉斯哥高地步兵
Vermelles	韦尔梅勒
La Bassee	拉巴赛
Beaumont-Hamel	博蒙阿梅尔
Bethune	贝蒂讷
Church of Notre Dame de Bebrieres	贝布雷斯圣母院教堂
Thiepval	蒂耶普瓦勒
Ulster Division	阿尔斯特师
Mametz	马梅斯
Becquincourt	贝克坎库尔
Bussu	比叙
Fay	费村
Curlu	屈尔吕
Assevilliers	阿瑟维莱尔
La Boisselle	拉布瓦塞勒
Ovillers	奥维莱尔
Contalmaison	孔塔尔迈松
Mametz Wood	马梅斯树林
Bernafay Wood	博纳菲树林
Trones Wood	特罗恩树林
Belloy	贝卢瓦
Estrees	埃斯特雷
Biaches	比亚什
Saxons	撒克逊人
Celts	凯尔特人
Montauban	蒙托邦

Vaux	沃
Soyecourt	苏瓦耶库尔
Lihons	利翁
Edmund Allenby	埃德蒙·艾伦比
Authuille	欧蒂耶
Gallipoli	加利波利
Serre	塞尔
Howthorn Redoubt	霍索恩要塞
Rhodesians	罗德西亚
Newfoundland	纽芬兰营
Pendant Copse	彭丹特灌木林
Quarry	采石场
Station Road	车站路
Battle of Boyne	布瓦讷战役
Sausage Valley	"香肠"山谷
Festubert	费斯蒂贝尔
Manchester	曼彻斯特人
Carnoy	卡尔努瓦
Grand Couronne	大策罗讷
Douaumont	杜奥蒙
General Nourrisson	努里松将军
Balfourier	巴尔富里耶
Arrow Head Copse	"箭头"灌木林
Krupp	克虏伯
Round Wood	"圆形"树林
Bernafay	伯纳菲
wood of Mereaucourt	梅罗库尔树林
village of Herbecourt	埃尔贝库尔村
Pozieres	波济耶尔
Bazentin-le-Grand/Petit	大小巴藏丹
Guillemont	吉耶蒙
Fricourt Wood	弗里库尔树林
Bottom Wood	波顿树林

High Wood	"高地"树林
Foureaux Wood	富罗树林
Longueval	隆格瓦勒
Trones	特罗恩
Delville	德尔维尔
Mash Valley	醪糟谷
West Yorkshire	西约克郡营
Birch Wood	"白桦"树林
Shelter Wood	"庇护所"树林
Quadrangle	"四角"防御工事
Leipzig	莱比锡
Belloy-en-Santerre	贝卢瓦昂桑德里亚
La Maisonnette	拉曼松内特
Barleux	巴尔勒
Upper Somme	索姆河上游
Hem	埃姆
Fete-Day of France	法国国庆日
Bastille	巴士底狱
Vive la France	法兰西万岁
Leuze	勒兹
Bazentin-le-Petit Wood	小巴藏丹树林
Champagne battle	香槟战役
General Baratier	巴拉迪尔将军
Colonial Horse	殖民地骑兵
Deccan Horse	德干马
Dragoon Guards	龙骑兵禁卫队
Maltzhorn Farm	马兹仲农场
South African	南非
Henry Timson Lukin	亨利·蒂姆森·卢金
Princes Street	王子街
South African Brigade	英军南非旅
Guards Fusiliers	禁卫燧发枪团
Lehr Regiment	教导团

Flers	弗莱尔
Le Sars	勒萨尔
Magdeburg	马德堡
Windmill	风车
Thiepval plateau	蒂耶普瓦勒高原
Moquet Farm	莫奎特农场
Falfemont Farm	法夫蒙农场
Combles Valley	孔布勒山谷
Sailly-Saillisel	萨伊－萨伊塞勒
Morval	莫瓦尔
River Tortille	托蒂尔河
Maurepas	莫勒帕
Le Forest	勒福雷
Rancourt	朗库尔
Fregicourt	弗雷基库尔
Australians	澳大利亚部队
Long Pine position	"长松"点
Thomas Cooke	托马斯·库克
William Jackson	威廉·杰克逊
Martin O`Meara	马丁·奥马拉
John Leak	约翰·利克
Midlanders	中部师
Lowland Scot	苏格兰低地人
Delville Wood	德尔维尔树林
Hem Wood	埃姆树林
Avocourt	阿沃库尔
Chasseurs	猎骑兵
Duc de Rohan Henri	罗昂公爵亨利
Yorkshires	约克郡
Stewart Loudoun-Shand	斯图尔特·劳登－尚德
Lieutenant Geofferey Cather	杰弗里·卡瑟中尉
Donald Simpson Bell	唐纳德·辛普森·贝尔
Corporal George Sanders	乔治·桑德斯下士

Devons	德文郡
Worcesters	伍斯特郡
Robert Quigg	罗伯特·奎格
Seaforths	锡福斯
Drummer Walter Potter Ritchie	鼓手沃尔特·波特·瑞奇
East Lancashires	东兰开夏郡
Leipzig Redoubt	莱比锡要塞
Cavalry Hill	"骑兵"山丘
Munster	芒斯特
Leinster	伦斯特
Connaught	康诺特
Leuze Wood	勒兹树林
Vermandovillers	韦尔芒多维莱尔
Chilly	希利
Anderlu Wood	昂代吕树林
Hopital Farm	霍皮特农场
Rainette Wood	雷内特树林
Marriere Wood	玛丽埃尔树林
Bouchavesnes	布沙韦讷
Omiecourt	奥米耶库尔
Quadrilateral	"四边形"工事
Chaulnes	绍讷
Roye	鲁瓦
Courcelette	库尔瑟莱特
Lesboeufs	雷斯伯夫
Eaucourt l'Abbaye	奥库尔修道院
Le Transloy	勒特朗斯卢瓦
Crown Prince of Bavarian	巴伐利亚王储
Upper Ancre	昂克尔河上游
Transylvania	特兰西瓦尼亚
Austro-German forces	德国-奥匈联军
Hohenzollern Trench	霍亨索伦战壕
French-Canadian troops	法加联军